Clément Colson

Organisme économique et Désordre social

essai

ISBN : 978-1522771517

10 9 8 7 6 5 4 3 2 1

Clément Colson

Organisme économique et Désordre social

essai

Table de Matières

Introduction	6
Livre premier	14
Livre deuxième	47
Livre troisième	107
Livre quatrième	152
Livre cinquième	244

Introduction
Par Clément Colson, 1ᵉʳ mai 1918.

Lorsqu'on cherche à dégager quelques vues philosophiques des faits qu'étudient les sciences économiques, la première impression ressentie est celle d'une profonde admiration pour le merveilleux agencement par l'effet duquel se coordonnent les initiatives individuelles d'une foule d'hommes, dont aucun ne se préoccupe sérieusement des répercussions de son activité personnelle sur la situation générale. Pour n'en prendre qu'un exemple, peut-on constater sans étonnement l'équilibre qui s'établit dans les opérations des millions d'individus participant aux transactions entre un pays comme l'Angleterre et le reste du monde ? Il n'est pas douteux que, si l'on ajoute aux achats et aux ventes de marchandises les émissions et les transmissions de titres, le revenu des placements à l'étranger, les transports sur mer, les dépenses des voyageurs, le total de ces opérations se chiffre chaque année par plus de 20 milliards à payer et à peu près autant à recevoir. Or, il se trouve qu'elles se compensent toujours assez exactement pour que le solde annuel se traduise par l'entrée ou la sortie de quelques centaines de millions d'or, tout au plus, et que ces entrées et ces sorties elles-mêmes s'équilibrent à très peu près dans une période de quelques années.

On ne peut s'empêcher de comparer cette convergence des activités économiques à celle de toutes les actions mécaniques, physiques et chimiques qui constituent la vie d'une plante ou d'un animal. En commençant ce livre même, où nous insisterons sur l'impossibilité de découvrir dans les groupements sociaux rien d'analogue à l'unité réelle ou apparente de l'être vivant et conscient, le premier mot venu à notre pensée, pour désigner cette coordination, n'est-il pas celui d'organisme *économique,* dont cependant nous reconnaissons hautement le caractère métaphorique ?

La permanence des connexions d'où résulte l'agencement des phénomènes économiques a conduit les premiers maîtres de la science à en accepter les conséquences, comme on accepte celles des lois naturelles, en cherchant à tirer profit de leur connaissance, mais non à les modifier. C'est cette acceptation que l'on appelle, suivant le tempérament de chaque auteur ou de chaque critique, tantôt un optimisme béat, tantôt un pessimisme navrant, car on peut la traduire indifféremment par l'une ou l'autre de ces formules : tout est pour le mieux dans le meilleur des mondes possibles, - ou : tout va au moins mal dans le moins mauvais des mondes possibles, - ou même : tout marche au plus mal dans le pire des mondes possibles, - formules qui toutes reviennent à dire que le inonde est ce qu'il est, que nous arrivons très difficilement à en imaginer un autre et jamais à démontrer sa possibilité.

Mais le monde qu'étudient les économistes est un monde où les rapports entre les hommes se présentent sous la forme d'échanges, de dons et de contrats librement consentis, - nous voulons dire consentis par chacun des participants, à raison de la prédominance en lui de certains intérêts ou de certains sentiments, sans qu'une violence extérieure lui enlève toute possibilité de délibérer. Les lois économiques, fondées sur les préférences de la généralité des hommes, sont sans application, si c'est la force matérielle qui impose à chacun sa tâche et qui règle la part à lui attribuée dans les produits fournis par la nature ou obtenus par le travail. Elles peuvent encore fonctionner pour les relations entre les hommes libres, dans une société où l'esclavage réduit une fraction seulement de l'humanité à la condition des choses ou des bêtes de somme. Elles n'auraient plus de champ d'action dans une société régie uniquement par la violence, si une pareille société pouvait subsister ; dans toute société, leur empire s'arrête où commence celui de la force.

Afin de restreindre ce dernier, il s'établit, dans chaque nation, un organe collectif chargé de substituer le Droit à la violence, pour la solution des litiges privés, et de faire fonctionner les services d'intérêt général auxquels l'initiative individuelle ne peut pourvoir ; tels sont, par exemple, la défense nationale ou les travaux publics, qui supposent l'usage d'un pouvoir coercitif pour obtenir, bon gré mal gré, les concours personnels ou pécuniaires et les cessions de biens dont ces services ont besoin. L'ordre social, que l'État doit maintenir, est la condition du fonctionnement de l'organisme économique, comme de toute la civilisation. Le moindre relâchement, à cet égard, est un commencement de retour à la barbarie.

Or, après une longue période de progrès continu, au point de vue de, l'ordre comme à presque tous les autres, des symptômes menaçants de désordre social apparaissaient au début du XXe siècle. Peu de temps auparavant, quiconque les signalait passait pour un esprit chagrin et paradoxal ; dans les années qui ont précédé la guerre européenne, des faits assez nombreux ont révélé à l'opinion publique une situation sinon grave, du moins sérieuse.

Le désordre social peut naître de deux causes en apparence fort opposées : d'une tendance anarchique ou d'une tendance tyrannique. Il naît de la faiblesse des gouvernements, quand le sentimentalisme ou la lâcheté générale les empêchent de réprimer les crimes ou les délits individuels, d'imposer le respect du droit d'autrui aux groupements assez forts pour se faire craindre, de maintenir la discipline dans le personnel des services publics et de protéger les chefs d'entreprises privées qui entendent la maintenir chez eux. Le désordre social peut naître aussi des empiétements des pouvoirs publics, quand ceux-ci prétendent substituer leur action à celle des individus dans les domaines où l'initiative privée peut pourvoir à tous les besoins, ou quand ils affaiblissent la solidarité établie par la nature elle-même entre les membres d'une même famille, pour y substituer une solidarité factice, imposée soit par la loi, soit par certains groupements qu'elle favorise : congrégations, corporations aristocratiques ou patronales, syndicats ouvriers, etc. En prétendant étendre arbitrairement son rôle ou celui de ces associations, l'autorité désorganise la vie économique, dans des domaines où les combinaisons artificielles qu'elle imagine ou qu'elle protège sont incapables de remplacer l'agencement spontané des activités individuelles.

Les économistes classiques ont surtout combattu les abus de l'intervention de l'État, auxquels les gouvernements despotiques d'autrefois étaient aussi enclins que les gouvernements populaires modernes. Leurs études avaient amené un recul assez marqué des idées interventionnistes, d'abord à la fin du XVIIIe siècle, puis au milieu du XIXe. Depuis une trentaine d'années, ces idées et les doctrines socialistes, qui en constituent le plein épanouissement, sont plus en faveur que jamais ; elles engendrent le désordre, en détruisant l'ordre économique naturel. En même temps, la notion de la répression pénale ou disciplinaire, de la sanction légale des engagements civils est entrée dans une période d'affaiblissement qui constitue, elle aussi, une cause de désordre grave. Ce sont les menaces résultant de cette dernière tendance, se combinant avec la première, que le présent ouvrage à pour objet de signaler,

Pour avoir le droit de critiquer ces tendances nouvelles, il faut d'abord montrer comment un régime de liberté des individus, combiné avec le maintien rigoureux du bon ordre, assure la satisfaction des besoins essentiels de toute société, d'une manière, sinon parfaite, du moins tolérable et susceptible de progrès. C'est à cette nécessité que répond le plan que nous avons adopté. Le Livre premier indique les tendances diverses et les méthodes en honneur dans l'étude des questions économiques et sociales. Dans le Livre II, nous avons tâché d'esquisser, autant que le permet un exposé très sommaire, le mécanisme grâce auquel l'organisme économique fonctionne spontanément, sous l'impulsion des initiatives privées que dirige l'appréciation des valeurs, manifestée dans les prix courants. Dans les Livres suivants, nous signalons les dangers qui menacent l'ordre social indispensable, au fonctionnement de ce mécanisme. Le Livre III est consacré aux solidarités nouvelles par lesquelles on veut remplacer la solidarité familiale. Le Livre IV traite des personnes fictives auxquelles on prétend sacrifier les individus, seuls réels et vivants, et notamment du rôle des plus envahissantes parmi ces personnes : l'État souverain, qui fut de tout temps porté aux empiètements, et les syndicats ouvriers, qui aujourd'hui prétendent tout dominer, avec son appui, et peut-être la remplacer un jour. Le Livre V a pour sujet l'affaiblissement des sanctions civiles et pénales, amené par la préférence donnée à l'idée de charité sur celle de justice, et les dangers qui en résultent pour la sécurité publique. Nous concluons en constatant le caractère illusoire de tout système fondé, soit sur l'espoir d'une transformation rapide et profonde de la nature humaine, soit sur l'idée d'arriver au bonheur universel par le progrès économique.

Nous avons été amené, dans cette étude, à nous prononcer sur beaucoup de questions morales, philosophiques ou religieuses sur lesquelles nous sommes peu qualifié pour formuler un avis. Mais, obligé de toucher à ces matières par la nature même de notre sujet, nous considérons comme une règle de bonne foi de ne point laisser ignorer dans quel sens nos opinions, sur ces divers points, ont pu exercer quelque influence sur nos idées économiques et sociales, que nous en ayons conscience ou non.

Lorsque nous signalions dans la première édition de cet ouvrage, en 1911, certains dangers qui nous paraissaient menacer les sociétés modernes, nous ne cédions nullement à une vision pessimiste de l'état de ces sociétés. Nous sommes convaincu que, là vie n'a jamais été si facile pour l'immense majorité des hommes qu'avant la guerre déchaînée par la barbarie allemande. Nous n'ignorons aucun des motifs sur lesquels se fondait, à ce moment, l'espoir légitime de voir durer longtemps encore l'ère de progrès sans précédents que l'humanité traversait depuis un siècle. Nous savions que le désordre social dont nous signalions les débuts, en France, ne portait encore une atteinte sérieuse qu'aux intérêts d'un petit nombre de personnes et que son influence sur la prospérité générale était restée très faible. Mais nous pensions qu'il ne faut jamais attendre, pour signaler un mal, qu'il soit devenu grave et universel. C'est en observant les premiers symptômes et en. réglant sa conduite en conséquence qu'on peut prévenir les maladies, ou les guérir avant qu'elles soient mortelles.

L'Allemagne qui, en même temps qu'elle subordonnait toute sa culture intellectuelle à la volonté de puissance et à la recherche du bien-être matériel, avait conservé une forte discipline sociale, était on voie de prendre pacifiquement, le premier rang en Europe dans l'essor industriel et la richesse, quand son infatuation et son mépris inintelligent des autres nations lui ont fait croire le moment venu d'imposer d'un seul coup son hégémonie par la force. Les pertes de vies humaines et de capitaux inséparables d'une grande guerre ont été accrues au delà de tout ce qui s'était jamais vu par

Clément Colson

des causes multiples : la militarisation de toute la population mâle, que l'Allemagne avait imposée peu à peu à tout le continent ; l'organisation longuement préparée qui lui permet de prolonger sa lutte contre les nations jadis orientées -vers la paix et soulevées par son agression ; la sauvagerie, dissimulée sous un vernis de civilisation, qui lui a fait chercher, dans les méthodes de guerre condamnées par la droit des gens, dans le massacre des populations civiles et l'incendie des villes ouvertes, les moyens de terroriser les peuples victimes de son agression. Nul ne peut imaginer ce que sera une Europe qui aura perdu un cinquième peut-être de ses travailleurs mâles les plus vigoureux, morts ou invalides, qui aura détruit ou consommé improductivement le tiers ou la moitié des capitaux accumulés par le travail des siècles pour la mise en oeuvre dés richesses naturelles. Un recul colossal dans le bien-être matériel de tous les peuples est inévitable.

Mais ces portes seront bien vite réparées, grâce à la puissance que donne à l'homme moderne la science asservissant les forces naturelles, si les forces là orales, le goût du travail et de l'épargne se retrouvent intacts et renforcés par l'épreuve.

Au point de vue du dévouement à la patrie, du sacrifice de soi, de la discipline militaire, le peuple français a prouvé l'inanité de la prétendue dégénérescence, qui était l'espoir de ses ennemis et la crainte avouée ou secrète de beaucoup de ses enfants. Au point de vue de la discipline sociale, des efforts laborieux, quels seront les effets d'une guerre aussi prolongée ? Nul ne peut le dire.

Au moment où nous poussions notre premier cri d'alarme, nos préoccupations avaient semblé trouver un écho qui, déjà, cessait de se faire entendre quand la guerre a éclaté. Le trouble qu'elle a jeté dans la vie économique exigeait certaines interventions anormales de l'État, l'obligeait à étendre ses secours, à suspendre l'exécution forcée de beaucoup d'engagements. Loin de restreindre au minimum ces mesures, toujours périlleuses, les pouvoirs publics les ont sans cesse élargies. Au début d'une guerre que la puissance même des moyens de destruction mis en œuvre semblait devoir rendre très courte, ils ont cru n'avoir pas à s'occuper de conséquences qui ne deviendraient graves qu'à la longue. On a distribué les allocations de toute nature sans distinguer entre les chômeurs volontaires et ceux à qui le travail manquait réellement, entre les familles régulières privées de leur soutien et les filles privées du produit de leur inconduite ; on a dispensé de payer leurs dettes et leurs loyers ceux mêmes que rien n'en eût empêchés ; on a bercé le public de l'espoir qu'il suffirait de taxer les denrées dont la production est déficitaire pour que chacun pût en consommer autant et aux mêmes prix que d'habitude ; enfin, sous prétexte d'union sacrée, on a trop souvent voulu effacer les traces des fautes passées, même pour ceux qui ne les avaient rachetées par aucun sacrifice à la patrie. Ce, ne sont point là des mesures propres à rétablir le goût du travail, le respect des engagements, et surtout les distinctions, plus nécessaires encore au point de vue social qu'au point de vue moral, entre les hommes qui s'efforcent de vivre de leur travail, en s'acquittant de toutes leurs obligations, et les parasites dont l'unique désir est de s'affranchir de toute charge et de tout lien.

Nous ne croyons donc point qu'il soit devenu inutile d'insister sur le danger du relâchement des véritables liens sociaux, impossibles à remplacer par une prétendue solidarité trop souvent verbale. Les mesures et les tendances dont nous signalions les conséquences fâcheuses avant la guerre n'ont pas disparu. Nous ne tirerons pas argument des dispositions nouvelles qui ont aggravé beaucoup d'entre elles, puisque ces dispositions nouvelles sont provisoires ; pourtant, quelques-unes d'entre elles se perpétueront peut-être et, en tout cas, elles sont loin d'atténuer les graves périls que nous voulions contribuer à prévenir. S'il n'était rien fait pour y obvier, le recul économique amené par la guerre ne serait sans doute suivi que d'une reprise momentanée et sa marche recommencerait bientôt, non plus violente et temporaire, mais lente, durable, et avec des conséquences infiniment plus difficiles à arrêter ou à réparer. Sans doute, le courage de la répression a reparu depuis quelques mois, pour le soulagement de la conscience publique, en ce qui concerne les crimes les plus graves contre la patrie ; mais il est loin d'avoir triomphé de toutes les lâchetés qui protègent encore les fauteurs de grèves dans les ateliers de la Défense nationale, pour prendre un exemple entre beaucoup d'autres. C'est pourquoi nous croyons utile de -répéter aujourd'hui ce qu'il nous avait paru nécessaire de dire il y a sept ans.

1er mai 1918.

Livre premier
L'économie politique, l'économie sociale et le socialisme

Chapitre I
La théorie et les applications dans la science économique

Sommaire :
I. L'Économie politique appliquée et l'Économie sociale.
II. Rôle des mathématiques dans les études économiques.

I.
L'Économie politique appliquée et l'Économie sociale.

Il n'est guère aujourd'hui d'étude plus démodée et plus décriée que celle de L'Économie politique. Sans doute, elle tient une place aussi grande et plus grande que jamais dans les programmes et dans la nomenclature des diplômes et des cours. Mais savants et hommes d'action sont généralement d'accord pour lui dénier toute valeur scientifique comme toute utilité pratique et, symptôme plus grave, les économistes eux-mêmes sont trop souvent prêts à renier leur science ou à en abandonner les parties essentielles, telles que la théorie de la valeur, pour quelque branche latérale, comme la statistique. Parmi ceux qui y croient encore, beaucoup jugent prudent de se dégager de solidarités compromettantes, en traitant de haut l'œuvre des anciens maîtres, même quand ils y puisent le meilleur et le plus solide de leurs doctrines, en la qualifiant de purement verbale, étrangère à toutes les réalités de la vie et aussi dénuée de bases expérimentales que de rigueur dans les raisonnements. Pour garder à cette discipline, déchue de son prestige passé, quelque crédit dans la presse ou dans les conférences d'étudiants, dans les salons ou dans les assemblées délibérantes, il faut lui donner un nom nouveau : c'est ainsi que, sur les ruines de L'Économie politique, on voit grandir chaque jour L'Économie sociale.

Clément Colson

Quand on cherche cependant en quoi cette dernière diffère de sa devancière, on est fort en peine pour le découvrir. L'une comme l'autre s'occupe des moyens matériels de satisfaire aux besoins des hommes, étudie la manière dont les biens destinés à y pourvoir sont produits et répartis, recherche les conditions propres à accroître les jouissances ou à diminuer les souffrances humaines. L'épithète *sociale* montre que c'est de la situation des hommes vivant en société qu'il s'agit, que le mécanisme et l'organisation de leurs rapports sont, dans la science économique, un élément tellement essentiel qu'on ne saurait désigner cette science avec exactitude par un mot où cette idée n'entrerait pas. Mais l'adjectif *politique* n'éveille pas moins clairement l'idée de société organisée : l'économie politique de Robinson, s'il en a été parfois question, ne tient guère plus de place dans les traités des économistes classiques que l'idée d'une société dénuée de toute organisation politique, dans ceux des économistes sociaux. Les uns comme les autres s'occupent de l'économie des sociétés organisées ; c'est même sur le rôle des pouvoirs politiques placés à leur tête, sur le caractère utile ou nuisible de l'action exercée par ceux-ci, dans tel ou tel cas, dé telle ou telle manière, que portent à peu près exclusive. ment leurs discussions.

On a proposé parfois de réserver le nom d'Économie politique à la partie de la science appelée *Économie politique pure,* dont l'objet est d'établir une théorie complète de la valeur par voie déductive, en partant de quelques définitions et de quelques principes très généraux, - tirés de l'observation des faits par une œuvre de simplification consistant à éliminer toutes les particularités qui font la réalité vivante. L'Économie sociale serait alors *l'Économie politique appliquée,* qui s'attache surtout aux résultats pratiques, en étudiant la mesure dans laquelle les principes de la science pure restent applicables à travers les complications de la vie sociale, ainsi que les améliorations dont celle-ci est susceptible. Si telle était réellement la division poursuivie, les vieux termes d'Économie politique pure et d'Économie politique appliquée l'exprimeraient d'une manière infiniment plus claire et plus satisfaisante. Mais une pareille division doit-elle prévaloir ? Serait-elle profitable aux progrès, soit des études théoriques, soit des applications pratiques ?

Nous avons à cet égard les plus grands doutes.

Pour en examiner l'utilité, il faut commencer par en bien définir le sens. Qu'on ne puisse confondre dans l'étude de L'Économie politique l'apprentissage de certains métiers, où les applications des principes économiques sont constantes, cela va de soi. Il y a une technique des assurances, des tarifs de chemins de fer ou de la Banque, qui ne peut être comprise entièrement et dans son ensemble que par un homme en possession de solides principes économiques ; il faut d'ailleurs aussi, pour la bien saisir, être assez bon juriste et avoir, suivant les cas, des notions générales sur le calcul des probabilités, sur les éléments mécaniques d'où dépend le prix de revient des transports, etc. Chacune des applications de la science économique constitue ainsi un art spécial, qui n'est point compris dans cette science, et il n'y a nulle raison de grouper en une discipline unique ces arts divers, dont chacun exige une culture préalable distincte, comportant certaines notions particulières inutiles aux autres.

II
Rôle des mathématiques
dans les études économiques.

Aussi n'est-ce point là ce que l'on entend, quand on parle de séparer la science pure de la science appliquée. On imagine une distinction analogue à celle que l'on établit entre la physique mathématique et la physique expérimentale ; car, à vrai dire, les sciences pures ne sauraient être autre chose que des sciences mathématiques. C'est pourquoi il nous faut dire ici quelques mots des caractères qui distinguent ou qui rapprochent les unes des autres.

Faire de la science pure, séparée de toute application, c'est partir de quelques principes généraux, qu'on a réussi à dégager des résultats de nombreuses observations, et en déduire les conséquences par une suite de raisonnements, abstraction faite des phénomènes observables. Le seul langage qui permette de suivre un long enchaînement de raisonnements sans tomber dans la confusion, c'est le langage mathématique. La suite des déductions que l'on peut tirer des formules par lesquelles on a réussi à représenter les faits élémentaires constatés expérimentalement, d'abord en mécanique, puis dans les autres branches de la physique générale, peut être poursuivie par de purs mathématiciens. Mais les savants qui se bornent à dérouler ces théories mathématiques ne sont point des physiciens. Le physicien est celui qui, dans son laboratoire, contrôle la théorie par les faits : c'est lui, d'une part, qui constate si le développement mathématique, susceptible de se poursuivre dans des directions très diverses, est orienté suivant celle où il trouvera des applications utiles, s'il donne l'explication de phénomènes restés jusque-là en en dehors de la théorie et s'il permet d'en prévoir de, nouveaux ; c'est lui, d'autre part, qui vérifie la concordance du calcul avec les faits, qui constate la nécessité d'introduire dans les équations de nouveaux éléments, quand des mesures nouvelles ou plus précises font apparaître une divergence entre les résultats du calcul et les expériences, qui reconnaît même la nécessité, de substituer une théorie nouvelle à la théorie ancienne, quand celle-ci n'est plus assez large pour englober tous les faits nouveaux.

La séparation que nous venons d'esquisser se conçoit, mais elle ne saurait être absolue. Un mathématicien pur peut bien tirer des conséquences nouvelles de certaines formules employées en physique ; mais il risque d'apprendre, au terme de ses calculs, que ceux-ci ne trouvent aucune application dans les phénomènes observés ou que les données qui lui servaient de point de départ ne répondent plus à l'état de la science, d'où il résulte que les théories établies par lui pour accroître notre connaissance du monde ne valent plus que par leur beauté mathématique. D'autre part, un physicien ne peut plus guère aujourd'hui faire des expériences et des mesures utiles au progrès de la science, s'il ne comprend et ne connaît les théories mathématiques dont ses constatations viendront confirmer l'exactitude ou révéler tantôt l'insuffisance, tantôt le caractère erroné. Un fait nouveau que le hasard révèle à un ignorant, en supposant que l'ignorant puisse s'apercevoir de la nouveauté du fait et soit apte à en relever avec exactitude les traits essentiels, ne devient un élément de la science que le jour où les savants ont constaté, soit sa concordance avec les théories admises, soit l'obligation qu'il entraîne de rénover ces théories.

Si imparfaite qu'elle soit, cependant, la distinction entre la théorie pure, et son application aux faits réels est possible, quand une science est assez avancée pour déterminer les rapports numériques des phénomènes et pour les représenter par certaines formules, d'où puissent partir des calculs conduisant à des formules nouvelles qui englobent une partie notable des réalités observables ; encore faut-il que la matière étudiée ne soit pas trop complexe pour être ainsi représentée au moyen de formules dont le maniement n'excède pas les possibilités de la mathématique actuelle. Les progrès réalisés dans la connaissance des faits, d'une part, dans la variété et l'étendue des ressources de l'analyse mathématique, d'autre part, accroissent sans cesse le nombre des phénomènes que nous savons transcrire en formules précises, avec une approximation du même ordre que celle de nos mesures. Nous avons vu récemment une grande partie de la chimie amenée à l'état d'avancement où le mot science pure a un sens. Peut-être un jour la biologie, la psychologie, la sociologie parviendront-elles au même point ; ce qui est sûr, c'est qu'elles n'y sont pas encore.

Certes, nous rendons pleine justice aux travaux des économistes mathématiciens, Stanley Jevons, Marshall, Walras, ainsi qu'à ceux de l'École autrichienne, qui ont donné à la théorie de la valeur une précision absolument inconnue jusqu'ici ; nous sommes très heureux du regain de faveur que trouvent, dans cette branche au moins, les vieilles doctrines classiques. Il est vrai que, cédant à la fois au courant d'impopularité de ces doctrines et à la tendance naturelle en vertu de laquelle chaque penseur voit aisément dans ses travaux une découverte toute nouvelle, la plupart des jeunes auteurs qui suivent cette voie, loin de se réclamer des anciens maîtres, se joignent au chœur des novateurs pour déclarer leurs doctrines périmées et se targuent de leur avoir donné le coup de grâce.

Seulement, il suffit de se dégager de ces courants de mode, auxquels n'échappent pas même des sciences plus avancées que l'Économie politique, pour retrouver la continuité dans les progrès de celle-ci. On constate alors que les théories nouvelles de la valeur, - et c'est là une raison sérieuse de confiance en leur solidité, - ne font que développer, préciser et rectifier des notions faciles à retrouver, sous une forme plus ou moins explicite, dans les œuvres des fondateurs de l'École libérale, notamment de celui d'entre eux qu'il sied particulièrement de honnir, Ricardo.

Mais, si les méthodes nouvelles ont singulièrement amélioré l'exposé des doctrines anciennes et en ont tiré quelques conséquences inaperçues jusque-là, ce serait, croyons-nous, exagérer singulièrement leur portée que d'y voir la fondation d'une Économie politique mathématique qui donnerait à la science le fondement solide de démonstrations rigoureuses et conduirait à la découverte de lois nouvelles. Les phénomènes économiques sont trop complexes, les actions qui s'entre-croisent pour déterminer chacun d'eux sont trop nombreuses et encore trop mal débrouillées pour qu'il soit possible de mettre les problèmes en équations conduisant à des solutions positives. Les tentatives les plus heureuses faites jusqu'ici n'ont guère eu d'autre effet que d'exposer sous une forme nouvelle des idées déjà connues, sans apporter des démonstrations irréfutables dans les questions controversées, parce que le fondement même de la controverse est la légitimité des simplifications qu'il faut admettre pour poser les équations. Elles n'ont pas non plus apporté ces trouvailles qui sont la marque des théories fécondes, dans les calculs appliqués aux sciences mûres pour cette application.

Nous sommes bien loin de vouloir dire par là que toute forme mathématique doive être exclue dans l'exposé des doctrines économiques. Mais il nous semble qu'en l'état actuel de la science, et pour longtemps sans doute encore, l'usage qui. pourra en être utilement fait se bornera à des comparaisons on à des représentations graphiques, servant simplement à figurer, sous une forme plus précise et plus rapide, des raisonnements qui n'atteignent pas le degré de complexité où le langage mathématique est seul admissible. Même ainsi limité, cet usage présente un intérêt considérable. L'expérience d'un enseignement donné d'un côté à des jeunes gens nourris dans l'étude des sciences exactes, de l'autre à des élèves ayant une formation littéraire et juridique, nous a permis de constater combien il est rare que les esprits qui se refusent à recourir à ce mode d'exposition arrivent à se faire une idée juste et précise de notions aussi essentielles que celles de la valeur ou de l'offre et de la demande.

Mais les connaissances mathématiques qu'il est nécessaire de posséder, pour se représenter ainsi les phénomènes économiques, sont des plus simples. Si jadis quelques-unes d'entre elles n'étaient abordées que dans les cours de mathématiques spéciales, on les a fait aujourd'hui passer, avec grande raison, dans ceux d'élémentaires. Elles feront partie des notions que comportera toute éducation secondaire poussée jusqu'à son terme normal, le jour où l'on renoncera à l'idée absurde, aussi nuisible au développement intellectuel qu'aux intérêts pratiques des jeunes gens, qu'il faut les spécialiser dès l'enfance, qu'il faut faire entrer dans l'instruction de chacun d'eux, à l'âge où il ignore totalement quelle sera sa carrière, les connaissances particulièrement utiles dans telle ou telle catégorie de carrières. En présence, d'une part des plaintes unanimes que l'on entend exprimer par quiconque emploie de jeunes ingénieurs sur leur insuffisance dans l'art essentiel -de rédiger et d'exposer leurs idées, d'autre part de la nécessité croissante d'introduire dans les études économiques ou juridiques la précision que donne seule l'habitude des sciences exactes, on finira bien par abandonner ces catégories diverses d'enseignement et cet amas de prétendues connaissances pratiques, qui enlèvent au travail de la jeunesse une grande partie de son efficacité. On reconnaîtra que ce qu'il faut donner à tout enfant, c'est à la fois : 1° l'habitude de raisonner juste et de coordonner ses idées, de les exposer en serrant de près le sens des mots, comme oblige seule à le faire la traduction par écrit d'une langue dans une autre ; 2° les cadres généraux dans lesquels viendront se loger plus tard les notions plus précises sur certains points d'histoire, de géographie, de physique, de chimie ou d'histoire naturelle, qu'il acquerra dans la branche de l'enseignement supérieur ou professionnel qu'il abordera.

Ce jour-là, nul étudiant en Économie politique n'aura plus besoin d'un effort spécial pour s'assimiler les conceptions mathématiques nécessaires à ses études, car elles se réduisent à un petit nombre de notions indispensables à tout homme cultivé.

La première, c'est la notion de *fond»*, l'idée de correspondance entre les valeurs numériques de deux grandeurs liées par une relation d'interdépendance, quand elles varient seules, toutes choses restant égales d'ailleurs. Il est impossible, en effet, de raisonner utilement sur les lois que l'on rencontre dans toute étude du monde physique ou social, si l'on n'est pas familier avec cette idée ; elle n'implique d'ailleurs aucune affirmation sur la question de savoir laquelle, dans les variations ainsi liées, est cause et laquelle est effet, question si souvent insoluble ou, pour mieux dire, dénuée de sens, quand on est en présence d'une action réciproque. Il faut aussi être habitué à représenter graphiquement les liens de cette nature entre deux grandeurs et à figurer, par des courbes appropriées, les rapports entre les variations de l'une et celles de l'autre.

Il est indispensable, en second lieu, d'être bien pénétré de l'idée que, quand un certain nombre de quantités inconnues sont liées entre elles par un nombre égal de relations, leurs valeurs sont déterminées, sauf dans des cas exceptionnels, et qu'il ne dépend plus alors de personne de les changer, - que, si le nombre des conditions est inférieur à celui des inconnues, on peut fixer arbitrairement la valeur de l'une ou de plusieurs de celles-ci, - que si, au contraire, le nombre des conditions que l'on croit apercevoir dépasse celui des quantités à déterminer, dans un problème que la pratique résout tous les jours, c'est que ces conditions ne sont pas indépendantes les unes des autres et que quelques-unes d'entre elles sont tout simplement la conséquence nécessaire des autres, leur énoncé reproduit sous une forme différente.

Avec ces notions, qu'il n'est pas difficile d'acquérir, que tout bachelier devrait posséder parce qu'elles font partie du bagage intellectuel indispensable aux études les plus diverses, on a tout ce qu'il faut de mathématiques pour porter la précision nécessaire dans L'Économie politique pure. Il est inutile d'être expert dans le calcul intégral et dans les mathématiques supérieures, parce que, nous le répétons, L'Économie politique n'est pas parvenue (si elle doit jamais y parvenir) au point où l'on peut espérer trouver dans le raisonnement pur, ou dans l'analyse mathématique qui en est la forme la plus commode et la plus précise, la solution des problèmes qu'elle pose.

III
Impossibilité de séparer la théorie
des applications pratiques.

Par cela même, l'Économie politique ne comporte aucune de ces théories vastes et complexes qui peuvent se développer par le calcul, indépendamment de toute Observation. Les seuls raisonnements dont elle use sont ceux qui sont indispensables à l'observateur, en toute recherche scientifique, Pour diriger ses études dans un sens utile, et au réformateur pour se rendre quelque compte des effets à attendre de telle ou telle mesure. En cette branche comme en beaucoup d'autres, l'observation et le raisonnement, dont le concours est indispensable pour progresser dans la connaissance du monde physique, de l'homme ou de la société, n'ont pas encore atteint le degré d'avancement où une certaine spécialisation dans l'un de ces modes de travail est utile, - à la condition encore de n'être pas poussée trop loin.

C'est pourquoi l'idée de séparer L'Économie politique pure de L'Économie politique appliquée nous parait une idée néfaste, propre à multiplier seulement les rêveurs dénués de tout sens de la réalité et les empiriques incapables de prévoir les conséquences indirectes des faits constatés pu des mesures proposées par eux. Si les mots Économie sociale n'étaient, comme on l'a dit parfois, qu'une dénomination nouvelle donnée à la science appliquée, pour la distinguer et la séparer plus aisément de la science pure, leur emploi ne serait pas seulement inutile ; il répondrait à une conception désastreuse de l'orientation des travaux futurs. Il importe au plus haut point que l'étude de la théorie reste indissolublement unie avec celle des faits et de la pratique, dans les études économiques générales. La spécialisation ne peut être utile qu'au moment d'entrer dans le détail d'une branche particulière d'applications ; elle se fait alors en séparant, non plus les procédés d'investigation ou les méthodes d'enseignement, mais les matières diverses auxquelles on les applique.

Chapitre II
Les intérêts des classes populaires et l'interventionnisme

Sommaire.
I. Impossibilité de faire des intérêts des ouvriers l'objet d'une science spéciale.
II. Discrédit actuel des œuvres patronales et méconnaissance de la portée réelle de la mutualité ou de la coopération.
III. L'Économie sociale et l'interventionnisme.

I
Impossibilité de faire des intérêts des ouvriers l'objet d'une science spéciale.

C'est bien à la création d'une science ayant un objet spécial que l'on pense, quand on envisage l'Économie sociale, non comme l'étude économique de la société tout entière, abandonnée à l'Économie politique, mais comme celle du sort des classes ouvrières et des moyens de l'améliorer. Tel est en effet l'objet qui lui est le plus généralement attribué, comme on s'en aperçoit de suite en lisant le programme de la plupart des cours d'Économie sociale. Ainsi interprété, le nom ne répond pas très bien à la pensée qu'il exprime, mais il comporte du moins une définition précise. Nul ne peut d'ailleurs contester l'utilité d'une branche d'études portant plus spécialement sur ce sujet d'un si haut intérêt, de même que l'Économie industrielle ou l'Économie rurale ont pour objet un examen particulièrement approfondi des questions intéressant l'industrie ou l'agriculture.

Seulement, cette spécialisation serait bien plus nuisible qu'utile, si elle allait jusqu'à faire envisager comme des sciences distinctes ce qui ne constitue que des *branches spéciales* d'une seule et unique science. Ce que l'on appelle les *questions ouvrières,* en particulier, ne constitue que l'un des aspects des questions économiques générales ; réciproquement, il n'est pas une de ces dernières qui ne puisse être envisagée de ce point de vue. Le salaire, qui est la base essentielle de la vie de la famille ouvrière, est une des parts en lesquelles se divisé, la valeur des produits obtenus par la collaboration du travail, du capital et des agents naturels, sous la direction des entrepreneurs : on peut bien considérer cette part comme la plus intéressante ou même là seule intéressante, comme celle dont il importe avant tout d'augmenter le montant ; on ne peut pas en étudier les variations sans étudier, en même temps, celles du total des produits obtenus et des fractions de ce total absorbées par les autres parts. Les œuvres de prévoyance destinées à suppléer à la réduction ou à la suppression momentanée du salaire ne sont que des cas particuliers de l'organisation générale des assurances et restent soumises aux nécessités qui la dominent, L'assistance elle-même, qui supplée à son tour au lacunes de l'assurance, ne peut pas, malgré son caractère très spécial, être étudiée isolément et abstraction faite de ses répercussions sur la prévoyance, le travail et les liens de famille. L'alimentation et le logement des familles ouvrières dépendent, comme ceux des autres parties de la population, des conditions générales de la production de la circulation et des prix. Le crédit populaire n'est pas d'une autre essence qu'à le crédit commercial. En faisant une science spéciale de l'étude de ces questions, empruntées à tous les chapitres de l'Économie politique, on risque fort d'oublier ou de méconnaître les conditions inéluctables qui les dominent.

Il est vrai que d'Économie sociale, pour les aborder, peut emprunter à l'Économie politique générale, sur chaque question, les résultats auxquels celle-ci est arrivée et les prendre pour point de départ de ses propres travaux. Mais, dans les matières qui touchent aux intérêts et aux sentiments des hommes, les conclusions de la science ne sont jamais acceptées avec assez de soumission pour que les spécialistes d'une branche particulière regardent comme acquis, sans les contester ou sans les déformer, les résultats fournis par la théorie générale, quand ils ne se sont pas eux-mêmes assimilé les éléments essentiels de cette théorie par un effort personnel. Il faut ajouter que l'extrême complexité des questions, sur laquelle nous avons déjà insisté, n'a permis jusqu'ici, dans aucune branche des sciences morales ou politiques, d'arriver à des résultats démontrés d'une manière assez indiscutable pour que l'on puisse convaincre d'incompétence ou de mauvaise foi quiconque refuse de les tenir pour établis.

Les inconvénients de cette insuffisance dans la rigueur des démonstrations, qui ne permet pas d'en imposer les conclusions, même dans les matières dont la connaissance est assez avancée pour que leur étude sérieuse conduise à des convictions solides, sont singulièrement aggravés par ce fait que l'Économie politique n'a pas su se créer une langue propre ; elle emploie des termes usuels, présentant souvent des sens multiples, imprécis, sans cesse modifiés par l'usage vulgaire, et les économistes qui ont tenté d'en fixer le sens par des définitions n'ont pas réussi à se mettre d'accord sur ces définitions. Il en résulte que bien des mots sont employés dans des sens différents par les divers auteurs, et quelquefois par un même auteur dans les divers chapitres d'un même livre, s'il n'y fait grande attention.

Dans de pareilles conditions, dire que l'Économie sociale étudiera les questions intéressant les classes populaires en partant des conclusions admises par l'Économie politique, sans les reprendre, sans les discuter, sans préciser la portée qu'elle leur reconnaîtra, c'est dire trop souvent qu'elle travaillera sans aucun principe ou avec des principes qu'elle accommodera, dans chaque cas, non seulement à ses besoins, mais aussi à ses tendances.

II
Discrédit actuel des œuvres patronales et méconnaissance de la portée réelle de la mutualité ou de la coopération.

C'est ce qui explique que l'idée, de l'intervention de l'État dans les rapports des particuliers soit presque toujours le moyen essentiel préconisé parles maîtres de l'Économie sociale pour accroître le bien-être du peuple. Sans doute, ce n'est point là une règle sans exception : des hommes éminents, notamment parmi les chrétiens sociaux, ont fait appel à l'action volontaire des patrons, quand il s'agit de travailleurs, à celle de la charité privée des classes possédantes, quand on se trouve en présence des misères engendrées par l'impossibilité de travailler ; d'autres, comme Schulze-Delitsch, ont surtout cherché à susciter et à éclairer l'initiative des travailleurs, à, provoquer le groupement des énergies et des bonnes volontés qui se rencontrent parmi eux. Mais il faut bien reconnaître que ces conceptions sont aujourd'hui fort délaissées, parce qu'elles ne répondent ni à l'impatience moderne d'obtenir des résultats immédiats, ni à cette passion d'égalité qui croit n'avoir rien obtenu quand un progrès réalisé sur un point ne l'est pas aussitôt sur tous. Or, il est de l'essence de toute œuvre d'initiative privée de ne se développer que peu à peu, d'être locale, particulière, de ne point trouver partout les concours nécessaires et de ne pas réussir également entre toutes les mains et dans tous les cas. Il est de l'essence aussi des œuvres sociales libres d'exiger un accord et une entente qui ne peuvent pas se réaliser partout et qui vont à l'encontre de la propagande de division et de haine poursuivie si activement de nos jours.

Le discrédit des œuvres patronales est un des symptômes les plus affligeants de son succès. Que les meneurs de la guerre des classes aient pris pour objectif la destruction de tout ce qui pouvait être un instrument de contact amical entre patrons et ouvriers, cela est tout naturel. Mais que des hommes de bonne foi et de bonne volonté se soient associés à cette campagne, parce que leurs enquêtes avaient révélé quelques abus dans un ensemble d'œuvres presque toutes bienfaisantes, c'est bien un des démentis les plus douloureux donnés aux espérances de quiconque croit au progrès moral, en dépit des violences des uns, de la naïveté ou de la lâcheté des autres. On a vu des hommes graves soutenir sérieusement que ces œuvres étaient le plus souvent une manière d'exploiter les ouvriers, comme si un patron assez maître d'eux pour leur imposer ce genre d'exploitation ne devait pas trouver des moyens infiniment plus efficaces et moins compliqués de réduire leurs salaires. Le législateur, entraîné par les haines des uns et par les méfiances des autres, fait tout ce qu'il peut pour ruiner ces œuvres, comme le montrent de nombreux exemples.

Clément Colson

Les économats organisés par les patrons permettaient de retenir le prix des fournitures faites dans l'intervalle de deux payes sur le salaire de la quinzaine. Ils avaient ainsi l'immense avantage de prélever de quoi assurer la vie du ménage avant que l'ouvrier passe au cabaret, tandis que, trop souvent, c'est le cabaret qui opère d'abord un large prélèvement sur le salaire payé en argent, ne laissant que de maigres restes au ménage. Cependant, la loi a donné satisfaction aux récriminations des débitants et des petits fournisseurs qui, n'ayant pas un gage assuré comme les économats patronaux, doivent majorer leurs prix pour fa-ire couvrir par les bons payeurs les pertes causées par les mauvais. Elle a interdit d'abord la compensation entre les sommes dues et le salaire, qui était la vraie raison d'être de ces institutions, puis elle a pris le parti de les supprimer à peu près complètement dans plusieurs pays.

Les caisses de retraites patronales offraient l'immense avantage de permettre de fixer l'entrée en jouissance des pensions, non à un âge fixe, toujours trop haut pour les uns et trop bas pour les autres, mais au moment variable où l'invalidité commencerait pour chacun, où le patron reconnaîtrait qu'il vaut mieux, pour lui, payer à l'ouvrier dont l'âge diminue le rendement un demi-salaire de retraite qu'un salaire entier d'activité. Les compagnies de chemins de fer avaient institué des caisses de ce genre, en accordant à leur personnel des avantages bien supérieurs à ceux que l'État assure à ses propres agents, dépassant infiniment ceux qui résultent des lois générales les plus larges sur les retraites ouvrières. Une loi spéciale est intervenue, en France, pour aggraver encore considérablement les charges qui en résultaient, de manière à bien montrer à quels châtiments s'expose l'employeur assez imprudent pour essayer d'assurer l'avenir de sou personnel ; elle a notamment donné aux agents le droit de se faire liquider une retraite élevée, sans attendre l'invalidité qui la justifierait.

Il était facile de remédier aux abus réels auxquels pouvaient donner lieu certaines œuvres patronales, par des mesures de police sur la vente de boissons pendant le travail, par un droit à indemnité pour l'ouvrier renvoyé sans motif bien établi aux approches de la retraite. On a préféré interdire les unes, soumettre les autres à des règles étroites rendant leur fonctionnement ruineux, sous prétexte de soustraire l'ouvrier à la pression et aux appréciations arbitraires du patron, - comme si quiconque travaille n'était pas soumis nécessairement aux appréciations et à l'influence de ceux pour qui ou sous les ordres de qui il travaille, Les vraies garanties contre les abus commis par les chefs ne s'obtiennent pas au moyen de règlements protecteurs, qui ne peuvent porter que sur des mesures de détail et qui sont plus souvent nuisibles qu'utiles. Elles se trouvent, pour les cas graves, dans les recours en indemnité ; pour les relations courantes, elles résultent de la faculté qu'a l'employé de changer de maison, s'il est mécontent, et de l'intérêt qu'a le patron à ne pas laisser partir les bons ouvriers, toujours assurés de se recaser aisément en dehors des moments de crise exceptionnelle.

Les institutions nées des efforts des travailleurs eux-mêmes pour améliorer leur sort sont aussi menacées de disparaître, par suite tantôt de, la prétention trop fréquente de leur demander des résultats qu'elles ne peuvent donner, tantôt de la concurrence dont les menacent des organisations administratives. La mutualité est un admirable instrument d'assurance contre la maladie ; on a voulu d'abord en faire un organe d'assurance contre la vieillesse, sans oser porter les cotisations aux taux élevés nécessaires pour obtenir des retraites sérieuses, puis on lui enlève sa clientèle par les assurances d'État. Les associations coopératives sont des oeuvres de fraternité, qui ne peuvent prospérer que grâce à une entente réalisable seulement entre personnes choisies ; on veut leur donner un développement, une organisation fédérative qui font d'elles les plus grands des grands magasins, c'est-à-dire d'immenses établissements dans lesquels toute collaboration effective des associés disparaît ; on réclame en même temps pour elles des faveurs fiscales et des subventions, en vue de les transformer en un moyen de fausser les prix avec le concours du fisc et de faire peu à peu disparaître les entreprises privées.

Les apôtres du socialisme sont cependant peu disposés à pousser dans la voie des organisations de ce genre les travailleurs les plus enclins et les plus aptes à guider leurs camarades. Ils craignent

Clément Colson

qu'elles ne les détournent de la :guerre sociale et qu'elles ne donnent aux groupements ouvriers des intérêts dont ils deviendraient conservateurs ; ils redoutent surtout de voir les syndicats qui s'y adonneraient acquérir des ressources constituant un gage pour les ouvriers indépendants qu'ils persécutent ou pour les patrons envers qui ils ne tiennent pas leurs engagements. Les chefs politiques ne goûtent les coopératives que si les bénéfices réalisés doivent alimenter la caisse du parti et servir à la propagande, ce qui en fausse absolument le caractère.

D'ailleurs ces œuvres, n'admettant comme bénéficiaires que les souscripteurs, aident uniquement ceux qui savent s'aider eux-mêmes, qui sont capables de persévérance dans l'effort et la prévoyance. Elles laissent ainsi en dehors de leur champ d'action, non seulement les infirmes et les incapables, aux besoins de qui l'assistance seule peut pourvoir, mais aussi tous ceux qui vivent au jour le jour, qui n'ont jamais profité des circonstances favorables que pour travailler moins ou pour dépenser davantage. Or, à ceux-ci, la plupart des économistes sociaux ne veulent pas laisser porter la peine de leur défaut d'énergie. Ils répugnent même à leur infliger l'humiliation de la charité, faite volontairement par les hommes qui ont reçu de leurs ancêtres ou qui ont su se créer eux-mêmes un excédent de ressources et qui sont disposés à en faire bénéficier en partie les malheureux.

III
L'Économie sociale et l'interventionnisme.

C'est pourquoi, aujourd'hui, les réformateurs se retournent vers l'État et cherchent dans son intervention la source de tout progrès. Depuis que, dans presque tous les pays, les votes des masses populaires donnent le pouvoir ou pourraient tout au moins soit l'enlever, soit en rendre l'exercice impossible à ceux qui le détiennent, c'est en faveur des, maîtres du jour ou du lendemain que s'exerce de plus en plus l'action législative. Ce n'est point là d'ailleurs une nouveauté : de tout temps, la possession du pouvoir a été un moyen de-servir les intérêts réels ou imaginaires do ceux qui en disposaient ; elle fut jadis, à maintes reprises, un instrument de spoliation aux mains de l'aristocratie territoriale ou de la bourgeoisie commerçante et industrielle, comme elle tend à le devenir dans celles des masses populaires.

C'est même ce constant abus de l'autorité qui explique que l'Économie politique ait si souvent été considérée, par les partis dominants, comme une doctrine d'opposition. Elle a en effet pour tâche de montrer quand, comment et pourquoi les intérêts apparents des classes dominantes sont en opposition avec l'intérêt général., ou même avec leurs propres intérêts envisagés dans l'avenir en même temps que dans le présent. Elle est sans doute une alliée momentanée pour de nouveaux dirigeants, quand ils commencent par détruire les abus du passé, au moment où le pouvoir vient d'être enlevé par une classe jadis opprimée à celle qui le détenait depuis longtemps. Mais elle ne tarde pas à être traitée en ennemie, le jour où elle combat les abus, en sens inverse, que l'autorité nouvelle veut substituer aux anciens, dès qu'elle se sent suffisamment affermie.

l'Économie sociale, de nos jours, ne s'associe guère à cette tâche Ingrate de sa sœur aînée. Si l'on trouve encore quelques libéraux convaincus parmi ses adeptes, et surtout parmi ceux d'entre eux qui puisent dans leurs convictions religieuses les meilleures raisons de se méfier des pouvoirs publics modernes, la très grande majorité d'entre eux ne songe qu'à invoquer l'intervention de l'État sous les deux formes sous lesquelles elle ne manifeste, par l'impôt et par la législation. Chaque jour, de nouvelles lois viennent grossir les subventions et allocations qui grèvent et qui surtout grèveront dans quelques années de som

mes énormes les budgets de l'État, des départements et des communes ; d'autres y ajoutent des dons dissimulés, comme ceux que constituent soit les salaires hors de toute proportion avec la besogne accomplie par les ouvriers de l'État, soit les prix majorés payés pour les travaux confiés aux associations coopératives de production. Chaque jour s'accroît le nombre des impôts déguisés dont sont grevés les industriels, obligés de contribuer aux frais de telle ou telle institution dans des conditions propres, non à faciliter le bon recrutement de la main-d'œuvre ou les bons rapports entre eux et leur personnel, mais à favoriser surtout les ouvriers les plus médiocres. Chaque jour aussi sont votées ou proposées de nouvelles dispositions pour aggraver les obligations des patrons, pour alléger ou pour rendre illusoires celles des ouvriers, et l'on voit se rapprocher le moment où des mesures considérées comme utopiques, il y a peu d'années encore, passeront dans les lois.

Il est probable que les charges colossales résultant de la guerre actuelle obligeront à réserver à l'acquittement d'une dette quadruplée ou quintuplée toutes les ressources du budget, à ne faire appel aux forces contributives des industriels qu'au profit du Trésor ; mais rien ne permet de prévoir que l'esprit de la législation ouvrière ait chance d'être modifié.

Ce qui frappe surtout, dans les tendances des promoteurs de cette législation, c'est d'abord la faveur dont jouit auprès d'eux la nullité d'ordre public frappant toute clause qui ne répond pas à leur conception des accords entre patrons et ouvriers. Que le législateur érige en règle de droit commun l'interprétation la plus favorable à l'ouvrier, sur tous les points où les contrats sont muets, rien de mieux. Mais ce qu'on lui demande, aujourd'hui, c'est d'interdire tout accord qui ne répondrait pas à son idéal ; c'est d'empêcher les intéressés de régler leurs rapports d'après leurs convenances personnelles, sous prétexte de protéger le plus faible des contractants, ou celui qui paraît le plus faible et qui, bien souvent, est en fait le plus fort. C'est ainsi que nous verrons peut-être bientôt l'ouvrier dont le travail ne vaudra pas un minimum de salaire fixé par l'autorité publique obligé de chômer, plutôt que de s'engager à un prix moindre, - comme nous voyons aujourd'hui celui qui voudrait prolonger son travail, pour subvenir à des charges exceptionnelles, n'y réussir que par toutes sortes de subterfuges.

Le second point frappant, c'est la multiplication étonnante des vérifications, des contrôles et-des procès-verbaux. Le nombre des règlements qu'il faut afficher dans tous les établissements, des déclarations qu'il faut faire, des visites qu'il faut subir, va sans cesse croissant. L'effectif du personnel chargé de procéder aux inspections n'est pas encore suffisant pour que l'on en sente tous les inconvénients. Mais, dès qu'il répondra à l'étendue de ses attributions sans cesse accrues, on verra quelle tyrannie peut engendrer une législation si touffue que, quelques soins qu'ils prennent, les chefs de toute industrie sont à chaque instant en contravention et ont constamment à solliciter des autorisations spéciales ; il n'y aura plus alors un seul établissement dont l'existence tout entière ne dépende du plus ou moins de tolérance et de bonne volonté des agents du pouvoir. Avec les lois sociales, les lois protectrices de l'hygiène, les lois contre les falsifications des denrées, avec les responsabilités que la plupart de ces lois instituent pour des faits non intentionnels, jamais nul fabricant ou commerçant n'est sûr d'être à l'abri de poursuites. D'autre part, avec les lois d'assistance aux malades, aux vieillards, aux enfants, aux indigents, aux accouchées, aux parents des hommes appelés au service militaire, etc., toute famille ouvrière trouve moyen de recevoir quelque allocation, lorsqu'elle est en bons termes avec la municipalité, ou avec la préfecture, juge d'appel, si la mairie appartient à l'opposition. La dégradation des caractères, inévitable sous un pareil régime, est chose autrement grave que les inconvénients économiques qu'il peut entraîner.

Les patrons qui se plaignent si énergiquement d'être gênés, molestés et dépouillés, les propriétaires fonciers qui protestent contre le poids de l'impôt, ont fort mauvaise grâce à se dire victimes des abus de pouvoir du gouvernement populaire, lorsque eux-mêmes en ont commis jadis d'analogues et, aujourd'hui encore, réclament sans cesse des majorations de droits de douane pour protéger leurs entreprises et pour faire payer pins cher aux prolétaires les aliments et les objets essentiels à la vie. Malheureusement, l'avènement de la démocratie ne semble pas de-voir mettre un ternie aux abus du protectionnisme. En effet, dans les pays où la terre est suffisamment divisée, ce régime garde une majorité, même avec le suffrage universel ou presque universel, du moment où l'insuffisance de la production agricole exige une importation que, tous les propriétaires ruraux croient avoir intérêt à rendre plus coûteuse. Là où des* industries ont été artificiellement développées par les tarifs douaniers, les ouvriers qu'elles emploient redoutent naturellement l'abaissement de ces tarifs. Enfin les promoteurs de lois sociales espèrent pouvoir étendre plus aisément leurs expériences dans un marché fermé que dans un pays où il faut tenir compte de la concurrence étrangère.

C'est d'ailleurs un fait d'observation constante que chaque individu est plus avide d'obtenir les subsides et l'appui du pouvoir, dans l'exercice de sa profession, que d'être affranchi des charges que font peser sur lui les mêmes faveurs, accordées à une foule d'autres. Ainsi, dans chaque cas, la résistance opposée à l'intervention de l'État, par ceux qu'elle lèse, est bien moins vive que les sollicitations de ceux qui espèrent en tirer profit. De là vient que la protection douanière, jadis instituée par la bourgeoisie capitaliste à son profit, ne s'atténue pas depuis que l'intervention de l'État se développe au profit des classes ouvrières, en prenant des formes différentes. Mais cet équilibre n'amène pas une compensation entre les charges imposées à chaque groupe dans l'intérêt des autres : il subsiste toujours les complications, les faux frais et les entraves résultant de toutes ces réglementations et complications, qui se traduisent finalement par une perte sèche pour la société.

Les habiles s'imaginent qu'au moins, par toutes les mesures prises en faveur du peuple, ils apaiseront les revendications de ceux qui sentent le poids des inégalités sociales, sans en comprendre les causes profondes et le caractère inéluctable. Mais toutes ces mesures, si complexes et si nombreuses qu'elles soient, ne constituent qu'un palliatif très insuffisant aux misères humaines. Loin d'être apaisées par elles, les masses sont amenées à un état croissant d'irritation, par l'insignifiance des résultats obtenus après tant de promesses. Elles se tournent alors vers ceux qui font miroiter à leurs yeux, non plus des améliorations partielles de leur situation, mais une transformation complète de l'organisation sociale actuelle, que tant de voix condamnent et que bien peu osent encore défendre ouvertement.

Chapitre III
Le socialisme et le mysticisme

Sommaire.
I. Différence radicale entre le socialisme et l'interventionnisme.
II. Le caractère mystique des doctrines socialistes et l'intuition.
III. La fin des civilisations.

I
Différence radicale entre le socialisme et l'interventionnisme.

Quand on arrive de l'Économie sociale ou de l'interventionnisme au véritable socialisme, il semble que l'on change brusquement de milieu intellectuel et qu'on passe du domaine des faits dans celui des rêves. La coupure est dissimulée, dans la vie courante, par l'abus qu'on est habitué à faire de l'épithète socialiste. Socialistes d'État, socialistes de la chaire, radicaux-socialistes, toutes ces dénominations ambiguës s'appliquent au fond à des hommes simplement décidés à développer l'intervention de l'État au profit des classes populaires : tantôt ils subissent, ces noms, comme une manifestation de l'inquiétude inspirée par leurs doctrines à leurs adversaires de droite ; tantôt ils les revendiquent, pour ne pas paraître moins avancés que leurs adversaires de gauche. Pourtant, entre l'idée qu'ils se font de la société et celle des économistes libéraux, il n'y a qu'une différence dans le dosage de certains éléments, tandis que la conception socialiste en diffère par son essence.

C'est là un point sur lequel il importe d'insister. Que les règlements de police interviennent plus ou moins dans la vie de tous les particuliers et de toutes les entreprises, - que l'impôt soit plus ou moins lourd et grève plus ou moins telle ou telle catégorie de citoyens, - que les secours et subventions alloués aux frais du public à certaines familles on à certaines branches de la production, tantôt directement en argent, tantôt indirectement au moyen de droits de douane, soient plus ou moins nombreux, - que quelques industries soient ou ne soient pas ajoutées à celles dont l'État s'est déjà réservé le monopole, - cela, certes, présente un haut intérêt ; mais cela ne changera ni l'allure générale, ni le ressort essentiel de la vie sociale. Chaque individu restera maître de chercher un emploi dans un service public ou dans une entreprise privée, d'offrir son concours à un patron ou de travailler à son compte, de consommer les biens dont il dispose ou de les conserver pour les transmettre (plus ou moins réduits par l'impôt) à ses enfants. La concurrence (plus ou moins faussée seulement) continuera à stimuler le zèle des entrepreneurs ou des travailleurs ; les prix se régleront encore par l'offre et la demande, plus ou moins entravées dans leur mécanisme, mais non supprimées ; l'initiative privée, toujours libre sous des restrictions plus ou moins nombreuses, n'en sera pas moins le moteur principal de la vie économique.

Au contraire, dans la cité socialiste, sous toutes les formes sous lesquelles on peut l'imaginer, le rôle respectif des divers organes de la vie économique diffère de ce qu'il est dans la société que nous connaissons, non plus au point de vue, *quantitatif,* mais au point de vue *qualitatif.* Du jour où l'État serait le seul propriétaire de tous les moyens de production et par suite le seul entrepreneur, c'est l'existence tout entière qui serait changée, puisqu'elle serait réglée par lui dans tous ses détails. Nul homme n'aurait plus d'autre emploi en perspective que les services publics, ni d'autres éléments de succès à envisager dans sa carrière que l'appréciation de ses mérites par les pouvoirs publics. Il n'y aurait plus ni produits fabriqués, ni divertissements offerts, ni organisations industrielles tentées, ni procédés appliqués, en dehors de ceux qu'auraient approuvés les élus du suffrage universel on leurs délégués. Nul n'aurait plus ni la possibilité d'améliorer et de rendre moins précaire l'avenir de ses enfants, ni la responsabilité de leur entretien.

Les socialistes peuvent bien nous dire que le développement des sociétés anonymes et la concentration des entreprises transforment peu à peu le monde industriel en une vaste bureaucratie, où chaque travailleur est un simple rouage d'un organisme aussi complexe et aussi impersonnel qu'une administration d'État et d'où les coalitions éliminent la concurrence ; ils savent eux-mêmes qu'il n'y a rien de commun entre ces changements dans les dimensions des organes et le changement radical de leur nature. Tant que des industries multiples se créent ou se transforment chaque jour, suivant les types divers imaginés par leurs fondateurs ou leurs directeurs, tant qu'elles restent exposées à voir surgir des concurrences victorieuses, si leur gestion se relâche, tant que leur prospérité et même leur existence dépendent de leur art d'attirer et de retenir la clientèle et les bons agents, de découvrir et de mettre en œuvre les procédés les plus perfectionnés, enfin et surtout tant que la ligne de conduite suivie par chaque famille peut l'enrichir ou l'appauvrir, le stimulant de l'intérêt privé et le levain des libres initiatives subsistent. Un pareil régime diffère dans son fond même du monopole universel de l'État, que quelques-uns de ses partisans ont appelé, sans ironie semble-t-il, la substitution de l'administration des choses au gouvernement des personnes, et qui serait, au fond, la mainmise du gouvernement sur toute 'la vie sociale.

L'inanité de tous les palliatifs que les socialistes ont imaginés pour atténuer les craintes inspirées par un tel système a été aisément démontrée. Aussi n'essaient-ils plus aujourd'hui de décrire la Cité future. Ils se bornent à annoncer la suppression des vices du monde actuel et son remplacement par un monde nouveau, évidemment très supérieur, mais aussi impossible à décrire, disent-ils, que l'eût été le monde du XXe siècle pour les réformateurs du XVIIIe siècle. Ils ne voient pas la différence profonde existant entre des idées de réforme qui impliquaient seulement la suppression de certains abus, dans la gestion des affaires publiques, et dont les partisans mesuraient approximativement au moins les effets immédiats, et la substitution d'un organisme entièrement nouveau à un organisme éprouvé.

II
Le caractère mystique
des doctrines socialistes et l'intuition.

On demeure stupéfait, quand on constate que des conceptions aussi vagues, aussi dénuées de toute base expérimentale, ont pu trouver de très nombreux adeptes dans un siècle qui se targue d'être le siècle de la science positive et des mesures précises, quand on voit surtout que le refus de donner au moins une idée approchée de ce que pourrait être le futur paradis terrestre n'a diminué la foi d'aucun croyant dans la réalisation de ces espérances. Et, chose plus étonnante encore, les adeptes de cette foi se sont recrutés, jusqu'à ces dernières années, parmi les hommes qui se réclamaient le plus des idées modernes, qui se vantaient d'être les plus dégagés des illusions du passé, les plus attachés aux faits et aux réalités scientifiques. C'est tout récemment seulement que quelques-uns de ces nouveaux mystiques ont commencé à expliquer leurs convictions par une intuition et une sorte de grâce, supérieure au raisonnement.

Car c'est bien en présence d'une renaissance du mysticisme que nous nous trouvons. Certains adversaires politiques du socialisme trouvent, il est vrai, une autre explication de sa diffusion, et ils l'attribuent à la haine et à l'envie chez les masses, à la fureur de parvenir, fût-ce en flattant les plus mauvaises passions, chez les chefs. Mais, si de pareils sentiments tiennent sans contredit une grande place dans le développement du socialisme, comme dans toutes les choses humaines, ils n'en sauraient être, à eux seuls, l'explication. L'attrait qu'exercent, même sur des esprits éclairés et positifs, les rêves de bonheur et de fraternité, si utopiques soient-ils, est indéniable : la pléiade de jeunes ingénieurs, de futurs directeurs et fondateurs des plus grandes affaires industrielles qui soutenait les idées saint-simoniennes, il y a près d'un siècle, ne se compo-sait, certes, ni de purs imaginatifs, ni de politiciens faméliques. Il est vrai que, chez eux, ces illusions juvéniles durèrent peu ; leur persistance de nos jours, chez des esprits cultivés et pondérés, est plus difficile à expliquer.

Elles se conçoivent mieux, sincères et durables, dans le peuple. Un rêve de bonheur opposé aux misères de l'existence y séduit souvent les cœurs les meilleurs et les esprits les plus élevés, qui n'ont pas la culture nécessaire pour apercevoir les lacunes et les contradictions des utopies qu'on leur expose, ou pour trouver dans la vie intellectuelle une compensation à la monotonie et à la médiocrité de leur vie matérielle. Le défaut de notions nettes sur la société future n'ébranle pas plus leur foi que l'imprécision des doctrines sur le Royaume de Dieu n'ébranlait celle des premiers chrétiens. Ce sont ces idées flottantes, où chaque imagination peut loger ses rêves les plus chers, qui renouvellent à certains moments les conceptions purement traditionnelles sur lesquelles repose toute la mentalité populaire. Les œuvres savantes et obscures du socialisme scientifique peuvent bien alimenter les manifestes des chefs intellectuels qui s'associent au mouvement des masses ; elles ne contribuent pas plus à la grandeur de ce mouvement que les subtilités de l'apologétique chrétienne n'ont contribué à l'essor du christianisme, car ni les unes ni les autres ne sont intelligibles à la foule ou ne supportent l'examen d'un esprit non prévenu.

Les analogies entre le socialisme et le christianisme primitif sont si nombreuses qu'il est vraiment étonnant qu'après avoir été maintes fois signalées, elles ne soient pas devenues un lieu commun. L'un et l'autre ont su s'appuyer à la fois sur le moteur le plus universel des actions humaines, l'intérêt personnel, par des promesses de bonheur, - sur les meilleurs sentiments, par l'appel à la fraternité et à l'aide mutuelle, - et aussi sur les plus bas, par les diatribes contre les riches et les puissants. Il est vrai que, à ce dernier point de vue, le christianisme se bornait à inviter les riches à distribuer leurs biens aux pauvres, s'ils voulaient être sauvés, tandis que le socialisme incite les pauvres à s'emparer des biens des riches sous une forme ou sous une autre, ce qui constitue une différence sérieuse. Le socialisme s'est mis, d'autre part, à la mode du jour, en cherchant une base scientifique dans l'idée d'évolution. Mais il n'a pas attendu qu'une évolution pacifique l'ait rendu maître des pouvoirs publics pour pratiquer, envers l'ouvrier dissident, *le compelle intrare* auquel l'Église est arrivée bien *plus* tard ; la faiblesse des hommes chargés d'assurer la sécurité publique lui a suffi pour y réussir dès à présent. Sans doute, il n'affiche pas, comme l'Évangile, le dédain de la culture intellectuelle, du travail lucratif et de la prévoyance ; mais il adapte ces idées à la situation actuelle en demandant l'ouverture de tous les emplois aux élèves de l'enseignement primaire, la réduction obligatoire du nombre et de la durée des jours de travail, enfin l'interdiction de toute épargne assurant un revenu à son auteur.

Clément Colson

Comme le christianisme, encore, le socialisme admet une rénovation complète de l'homme par la foi nouvelle. Seulement, au lieu d'imposer immédiatement à ses disciples la pratique des vertus sans lesquelles il est bien obligé de reconnaître que la cité socialiste ne durerait pas un jour, il se contente d'annoncer que ces vertus se généraliseront sans effort et sans peine, une fois cette cité fondée ; cet ajournement facilite évidemment la propagande, en supprimant tout ce qui a fait la beauté et la grandeur de la religion chrétienne. Enfin, des deux côtés, on séduit ceux que lasserait la lenteur des progrès quotidiens par l'annonce d'une solution catastrophique : si les esprits sincères et lucides, tels que Georges Sorel, reconnaissent que la Grève générale est un mythe, tout comme le Jugement dernier, ce mythe n'en agit pas moins puissamment sur les imaginations populaires, et le triomphe du prolétariat dans sa colère ne donne pas lieu à des chants moins terrifiants que le *Dies irae*.

Il ne manque d'ailleurs pas, aujourd'hui, de gens qui avouent qu'un certain mysticisme ne messied pas aux réformateurs sociaux, et qui espèrent eux-mêmes trouver un moyen commode d'échapper aux discussions en invoquant des lumières spéciales venues, non plus d'en haut, mais on ne sait d'où. Citant, tantôt les travaux récents des psychologues sur la pensée subconsciente, tantôt les ouvrages dans lesquels les savants ont rectifié les idées excessives que quelques-uns d'entre eux, et surtout beaucoup, de littérateurs, se faisaient du sens et de la portée des lois expérimentales et des démonstrations mathématiques (c'est ce que les gens du monde appellent la faillite de la science), ils célèbrent la supériorité des pensées obscures sur les idées claires et de l'intuition sur le raisonnement. Quand ils ne savent que répondre à un argument, ils rappellent qu'il y a autre chose que la raison ; ils invoquent l'autorité des savants illustres, d'Henri Poincaré exposant comment les grandes découvertes sont dues, même en mathématiques pures, bien plus à l'imagination et à l'intuition qu'à l'application méthodique de tous les procédés de calcul connus. Ils oublient seulement un petit détail, que Poincaré se borne à rappeler sommairement, tant il est pour lui chose évidente : c'est que les propositions aperçues par une inspiration de l'homme de génie doivent être vérifiées, que le sentiment de certitude absolue qui accompagne cette inspiration peut le tromper et qu'il s'en aperçoit seulement quand il veut mettre la démonstration sur pied. Si l'exactitude des propositions aperçues par intuition n'est pas démontrée par le raisonnement, elles restent non avenues, comme, en physique, l'intuition qui aperçoit les principes d'une théorie nouvelle n'a de valeur que si l'expérience prouve la concordance de cette théorie avec les faits. Or, les socialistes mystiques ne nous apportent, à l'appui de leurs vues intuitives, ni démonstrations rigoureuses, ni expériences précises, ni quoi que ce soit qui en approche.

III
La fin des civilisations.

La convergence des mouvements de révolte qu'on a vu si souvent éclater dans les masses populaires, contre les classes jouissant des avantages du rang et de la fortune, avec un mouvement de foi mystique dans la possibilité d'une transformation sociale assurant le bonheur de tous, est d'autant plus dangereuse, pour la société moderne, que la force nouvelle des attaques dirigées contre elle coïncide avec un singulier affaiblissement de la défense. À une ère de confiance tout à fait excessive dans les progrès à attendre du développement des connaissances scientifiques a succédé, chez beaucoup d'hommes cultivés, une tendance souvent excessive au pessimisme. On s'aperçoit que l'enseignement primaire ne suffit pas à donner à tous les citoyens le jugement et le désintéressement qu'il leur faudrait pour remettre, par leur vote, la direction des affaires publiques dans les meilleures mains - et que, d'autre part, la science la plus haute ne suffit pas à nous rendre intelligible l'énigme de l'univers, qu'elle déplace et recule le mystère des choses, au lieu de le faire disparaître.

En même temps, et cela est plus grave au point de vue des questions sociales, on s'aperçoit que la maîtrise si rapidement croissante de l'homme sur la nature a beau augmenter le bien-être général, dans une très large mesure, elle ne peut faire disparaître ni les misères dues aux fautes, aux erreurs ou aux mauvaises chances, ni l'écart immense qui subsistera toujours entre les désirs de la plupart des hommes et les satisfactions qu'ils peuvent obtenir. Ceux qui arrivent à un certain degré d'aisance et de sécurité dans la vie matérielle sont toujours la minorité. Or, dans une société dont la mobilité rend infiniment moins solides les traditions familiales, la place que l'héritage transmis par les ancêtres joue dans la désignation de cette minorité paraît de moins en moins légitime. Les bénéficiaires de cet avantage n'ont plus, dans la solidité, de leurs droits, la confiance nécessaire à une résistance vigoureuse contre des attaques de plus en plus violentes. Ceux que leur intérêt personnel touche seul sont certainement aussi indignés que jamais contre quiconque menace leur bourse ; au contraire, parmi les hommes qui pensent, beaucoup n'ont plus ces convictions solidement enracinées qui créent un milieu de volonté et d'énergie.

On assimile souvent cette situation à celle de la fin de l'ancien régime, quand le Tiers-État marchait à la conquête du pouvoir, tandis que la noblesse n'avait plus foi en ses privilèges. Mais, à ce moment, le Tiers-État était déjà en partie initié à la direction de la vie sociale et infiniment plus capable de l'assumer que les anciens privilégiés ; ce qui s'est fait alors, par une révolution violente en France et peu à peu dans le reste du monde, c'est la substitution, à une élite hors d'état de continuer sa fonction, d'une autre élite mieux préparée et recrutée plus largement. Il nous semble bien difficile de croire que, aux yeux de l'observateur impartial, le quatrième État, qui veut aujourd'hui se substituer au tiers, soit capable dès à présent d'occuper efficacement sa place.

Sans aucun doute, on ne peut pas trouver parfait le mode actuel de recrutement de la classe bourgeoise, qui fournit l'état-major des services publics en même temps que les entrepreneurs assumant l'aléa des affaires privées. Ce recrutement résulte, aujourd'hui, de la transmission héréditaire des biens, combinée avec l'instruction secondaire, donnée aux frais d'es familles ayant quelque épargne à leurs enfants, et aux frais de l'État à des sujets choisis dans le prolétariat. Il est possible d'élargir encore la diffusion de l'enseignement et d'améliorer ainsi le mode d'accès aux emplois de direction. Mais nul homme sensé ne croira que l'on réaliserait un progrès en y substituant brusquement l'élection des chefs par les travailleurs. Une pareille révolution serait, en l'état actuel, singulièrement dangereuse, même si l'on arrivait (chose bien douteuse) à conserver en même temps certaines garanties résultant d'examens et de concours. Elle impliquerait toujours une renonciation complète aux garanties très différentes, mais non moins, importantes, qu'offrent, dans notre société, d'une part les responsabilités assumées par ceux qui dirigent des affaires où ils ont de gros intérêts, d'autre part la sélection des familles où les traditions de culture et d'autorité se transmettent pendant plusieurs générations. Peut-être un jour viendra-t-il où le prolétariat sera aussi apte à prendre la direction de la société que l'était le Tiers-État en 1789. Nous n'en sommes pas encore là.

La situation ressemblerait plutôt à celle où le monde antique se trouvait à la fin de l'Empire romain. La prospérité économique avait été détruite, comme elle risque de l'être si le mouvement actuel s'accentue, par l'intervention constante de l'État, nourrissant les prolétaires, réglementant le travail, accaparant des industries de plus en plus nombreuses. La foi chrétienne, comme la foi socialiste aujourd'hui, développait sans cesse le nombre des citoyens qui n'avaient plus ni attachement pour la civilisation dans laquelle ils vivaient, ni confiance dans son avenir. Sans doute, nous n'avons pas à craindre l'invasion des Barbares, qui donna le coup de grâce à l'Empire : si les peuples d'Extrême-Orient, hier encore étrangers à notre culture, peuvent un jour triompher des moyens de défense que nous donne la science, ce ne sera qu'à la condition de se l'être assimilée. Mais il fallait une force extérieure pour renverser l'Empire romain, puisque les chrétiens, plaçant hors de ce monde leurs espérances, ne cherchaient pas à le bouleverser par la violence. Les ennemis intérieurs de notre état social n'ajournent plus après la mort la réalisation de leurs rêves. Ils sont tout prêts à nous montrer, réunies en leurs personnes, les deux sortes d'ennemis dont la conjonction amena la ruine de la civilisation antique : ceux que la foi à un paradis futur désintéressait de la conservation de la société existante et ceux qui voulaient conquérir par la force un bien-être envié.

Clément Colson

Il est vrai que cette conjonction se produisit jadis à un moment où la vitalité du monde attaqué paraissait épuisée, où le progrès matériel, la culture scientifique étaient en recul et la décadence morale effrayante. De nos jours, si l'on peut discuter la question de savoir ce que vaut la moralité courante, nous sommes en pleine croissance au point de vue du bien-être matériel comme à celui du développement scientifique ; le mouvement sans précédent qui s'est poursuivi en s'accélérant sans cesse, depuis plus d'un siècle, ne paraît pas près de s'arrêter. Le merveilleux élan avec lequel toutes les classes de la société ont répondu à l'appel de la patrie en danger a montré quelles réserves profondes de forces morales contenait la France ; les fauteurs de haine eux-mêmes ont senti qu'il fallait suspendre leur prédication, s'ils ne voulaient pas se disqualifier pour toujours. Notre société présente donc des conditions de résistance au mal dont elle est atteinte bien meilleures que le monde romain finissant. Beaucoup de maladies analogues ont apparu dans l'histoire et n'ont pas détruit l'état social qu'elles attaquaient, de même que chaque homme traverse bien des maladies, dont une seule est mortelle ; mais beaucoup d'autres eussent pu le devenir, si elles n'avaient pas été combattues à temps.

Que le socialisme, s'il arrivait à prédominer autrement que dans les mots, dût être une maladie mortelle pour la civilisation, nous n'en doutons guère. Certes, ses adeptes professent pour la culture scientifique une haute vénération ; mais, en fait, toute leur attitude montre qu'ils n'ont pas, pour cette forme de l'aristocratie, plus de sympathie que pour les autres. Du moment où l'on veut tout niveler, il est impossible que le niveau moyen auquel tout sera ramené ne soit pas très près du niveau, fort bas, hélas ! qui est celui de l'immense majorité. Quand le pouvoir sera passé aux travailleurs manuels, sera-t-il plus facile qu'aujourd'hui de faire comprendre à la plupart d'entre eux que le travail intellectuel est, lui aussi, un labeur qui mérite salaire et qui, de plus, a besoin de calme, de temps et de liberté ? La valeur et la nécessité des études purement théoriques pourront-elles être appréciées, dans une société où nul ne sera soustrait aux dures conditions d'existence dans lesquelles le besoin matériel se fait seul sentir ? La fleur des arts et des lettres pourra-t-elle s'épanouir, dans un milieu d'où tout luxe sera banni et où pourront seuls s'adonner à leur culture, sans mourir de faim, ceux que les délégués élus par le peuple en auront jugés dignes ?

Aujourd'hui, les maîtres de l'enseignement primaire, qui prétendent trouver en lui une culture générale suffisant à tous les besoins, reconnaissent encore la prééminence de l'enseignement supérieur, parce que ce n'est pas à ses dépens qu'ils peuvent étendre leur domaine. Mais, déjà, ils contestent la nécessité de l'instruction secondaire pour y accéder ; ils travaillent à détruire celle-ci, en attendant qu'ils soient assez puissants pour faire considérer comme l'équivalent des Universités actuelles ces salles pour conférences élémentaires auxquelles le désir de flatter un auditoire ignorant a fait donner le nom contradictoire d'Universités populaires.

Déjà on a pu se rendre compte du sort qui attendrait la haute culture, le jour où l'emploi du temps de chaque citoyen serait réglé par l'État, en voyant le législateur français, pour donner satisfaction à là passion de l'égalité, infliger à la jeunesse engagée dans les études scientifiques ou littéraires une interruption désastreuse, d'abord de deux années, puis de trois, dans ses travaux, au moment le plus fécond. Or, c'est là une expérience singulièrement dangereuse pour l'avenir intellectuel de notre pays et sans précédent en aucun pays, même chez les Prussiens qui ont créé le service universel et que personne n'a jamais soupçonné, de négliger les intérêts de l'armée. Certes, la loi qui avait porté à trois ans la durée du service militaire, aux approches de la guerre actuelle, a été une loi de salut, et nul ne songe à alléger pour quelques-uns les charges qui doivent peser sur tous ; mais rien n'eût empêché d'imposer aux jeunes gens capables de devenir officiers de réserve les mêmes services, sous une forme moins nuisible au travail et aussi utile à l'armée, si la seule idée d'inscrire dans la loi les distinctions qu'impose la nature des choses n'épouvantait pas le Parlement. Nous ne doutons pas, quant à nous, que lutter contre le socialisme et contre toutes les prétendues réformes sociales qui préparent son avènement, en dénaturant complètement l'idée d'égalité et en effaçant toutes les différences fondées sur l'effort individuel ou familial, ce soit lutter pour le salut de tout ce qui fait là noblesse, la grandeur, la beauté

Clément Colson

de la civilisation. C'est en même temps lutter pour le bien-être matériel des hommes : nous ne parlons pas seulement du luxe de quelques-uns, mais plus encore du nécessaire de tous, qui sera singulièrement compromis, le jour où la production ne sera plus stimulée par l'aiguillon de la concurrence et où l'initiative privée aura été soit supprimée par le monopole universel de l'État, soit découragée par son intervention constante.

Pour savoir si l'état social dans lequel nous vivons mérite. d'être défendu, il est indispensable de posséder, sur les conditions dans lesquelles les biens y sont produits et répartis, quelques notions que seules peuvent fournir les doctrines économiques. On peut trouver oiseux et puéril de continuer à discuter ces doctrines, comme si elles étaient capables d'arrêter le flot montant des revendications populaires. Nous ne nous faisons pas l'illusion de croire qu'elles puissent avoir une influence sérieuse sur un mouvement que travaillent à accélérer tant d'intérêts, de passions et d'illusions : ceux que n'effraie pas la perspective d'un saut de toute la société dans l'inconnu ne se laisseront certes convaincre ni par l'analyse des faits économiques connus, ni par les théories qu'on en peut déduire. Cependant, si les défenseurs de l'ordre social actuel étaient plus pénétrés du caractère de nécessité des lois qui le régissent, s'ils apercevaient plus clairement les conséquences iniques et néfastes de beaucoup de prétendues réformes, peut-être apporteraient-ils plus de suite et plus d'énergie dans sa défense.

Nous n'avons l'intention de faire ici, pour les convaincre, ni exposé doctrinal, ni oeuvre de propagande. Nous voudrions seulement essayer de dégager d'abord la valeur et la portée des théories économiques, puis de faire ressortir les vices essentiels de quelques-unes des idées qu'on leur oppose aujourd'hui. La meilleure manière de combattre ces idées, c'est de faire voir comment fonctionne l'organisme économique et comment on le détruit, au lieu de l'améliorer, en prétendant substituer à son action automatique une organisation sociale purement artificielle. Nous montrerons ensuite comment la puissance publique, dont on étend sans cesse le rôle, est rendue de moins en moins capable de s'acquitter de ses fonctions les plus essentielles, par l'absence de discipline et par le relâchement des liens qui constituent l'ordre social véritable.

Clément Colson

Livre deuxième
L'organisme économique et la valeur

Chapitre I
La notion de valeur et l'échange

Sommaire.
I. Importance de l'idée de valeur.
II. Valeur d'usage et valeur d'échange.
III. Détermination de la valeur d'échange et des prix.
IV. Caractère compréhensif de l'offre et de la demande.

I
Importance de l'idée de valeur.

Plus on examine les questions économiques, plus on reconnaît que leur fonds et leur tréfonds est la théorie de la valeur. Nous ne voulons pas dire par là que la théorie de la valeur puisse, à elle seule, donner la solution de toutes les difficultés que présentent ces questions ; nous voulons dire simplement qu'en présence de l'un des problèmes complexes qui se posent à chaque instant dans la vie sociale, si l'on veut chercher les conséquences économiques de telle ou telle solution, la théorie de la valeur seule permet d'en apercevoir de plus étendues que celles que l'expérience la plus élémentaire ou le bon sens le plus vulgaire révèlent immédiatement. On admet généralement que la -théorie de la valeur est l'objet de l'Économie politique pure, mais que, dans l'Économie politique appliquée, bien d'autres éléments entrent en jeu. En réalité, dans les applications de la science économique, où des considérations très diverses doivent être envisagées, toutes celles qui ont à la fois un caractère *économique* et un caractère *scientifique* se rattachent à la théorie de la valeur.

On définit habituellement l'Économie politique : la *science des richesses ;* puis on développe cette définition en disant qu'elle étudie la *production,* la circulation, la *répartition* et la *consommation* des richesses. Un peu de réflexion montre qu'il faut d'abord restreindre cette définition, en constatant que les phénomènes en question ont un caractère économique seulement dans la mesure où ils dépendent de l'état d'esprit des hommes vivant en société ; sans cette restriction, l'Économie politique engloberait toute la technique des métiers (physique ou chimie appliquées à la production, aux transports, etc.), et une grande partie de la physiologie et de la psychologie générales (nature et développement des besoins physiques et moraux des hommes). Puis, la nécessité apparaît d'étendre la définition d'un autre côté, en ajoutant aux richesses, un second objet d'étude, les *services,* c'est-à-dire les relations dans lesquelles les hommes emploient à la satisfaction directe ou indirecte de leurs besoins, soit d'autres hommes (domestiques, médecins, ouvriers), soit des richesses dont cet usage n'implique pas la consommation (maisons, jardins, etc.).

En appliquant ensuite la définition ainsi rectifiée à des questions particulières, on constate que le seul côté vraiment complexe, dans les relations économiques des hommes, ce sont les conditions dans lesquelles se font les *échanges. Si* tant d'idées, à première vue excellentes, sont en réalité néfastes, c'est en étudiant leurs répercussions sur les échanges qu'on s'en rend compte. Si tant de complications en apparence inextricables, se résolvent aisément dans la pratique, c'est que le mécanisme des prix détermine des positions *d'équilibre stable,* auxquelles tous les éléments de la vie économique tendent à revenir d'eux-mêmes, dès que quelque influence les en a écartés. Comme la physique nous enseigne qu'on le peut modifier un phénomène thermique ou électrique qu'en agissant sur les- conditions qui le déterminent, l'étude de la valeur nous montre qu'on ne peut modifier les prix qu'en exerçant sur leurs causes une action convenable. Les tentatives faites pour entraver les effets des lois naturelles des échanges, au lieu de les étudier et d'en tirer parti afin d'atteindre le but poursuivi, produisent le plus souvent des effets exactement inverses de ceux que l'on en attendait. C'est pourquoi quelques précisions sur la notion de la valeur sont le préliminaire indispensable de toute discussion concernant soit la portée des lois économiques, soit les avantages ou les dangers des tendances actuellement prédominantes au sujet du rôle des pouvoirs publics dans les matières que régissent ces lois.

Clément Colson

L'idée de valeur est intimement liée à l'idée d'échange : la valeur d'un objet ou d'un service ne peut être exprimée que relativement à celle d'autres objets ou d'autres services, contre lesquels il est ou il pourrait être échangé. C'est là une notion élémentaire, qui est cependant beaucoup trop souvent perdue de, vue. Une foule d'erreurs, en Économie politique, ont leur origine dans l'idée plus ou moins nette que chaque chose aurait une valeur *intrinsèque*, une valeur répondant à quelque qualité propre, par exemple à la quantité de travail nécessaire pour la produire ou à l'ensemble de ses frais de production, à la rareté des objets analogues, etc. On en conclut que quelque iniquité ou tout au moins quelque désordre se manifeste, quand les transactions ne se font pas sur le pied de cette valeur intrinsèque. Sans doute, on pourrait définir la valeur par telle ou telle propriété intime des choses ; mais, pour avoir ensuite le droit d'employer le mot valeur dans le sens ordinaire, celui d'un rapport d'échange, il faudrait démontrer que, les échanges des divers objets se font dans les proportions déterminées par la qualité envisagée ; et comme on n'y arriverait jamais, il faudrait trouver un autre mot pour remplacer celui de valeur, détourné de son emploi habituel.

En réalité, la valeur d'un objet ou d'un service par rapport à un autre étant définie par la quantité de l'un qui s'échange contre une certaine quantité de l'autre, la théorie de la valeur a pour objet de déterminer les influences, infiniment multiples et variées suivant les cas, qui déterminent le rapport de ces quantités. Pratiquement, comme il ne se fait pour ainsi dire pas d'échange dont l'un des objets ne soit une marchandise particulièrement répandue, maniable et divisible, la *monnaie,* on prend l'habitude de rapporter toutes les valeurs à cette marchandise, de mesurer ce que vaut un objet ou un service, à une époque et dans un lien donnés, par la quantité de monnaie contre laquelle il s'échange, appelée son prix. Quand on étudie les variations du prix d'un objet particulier, ou recherche d'abord les causes de variation propres à cet objet, sauf à compléter l'étude par celle des causes propres à la monnaie qui peuvent faire varier sa valeur relativement à *l'ensemble* des autres marchandises. Pour mesurer la valeur respective de deux objets à une même époque et en un même lieu, il suffit de comparer leurs prix. On peut mesurer les variations de la valeur d'un même objet par rapport à la généralité des marchandises, d'une époque à une autre, en suivant les variations des prix de cet objet et en : corrigeant le résultat obtenu d'après les variations, bien plus difficiles à chiffrer, de la valeur de la monnaie par rapport à l'ensemble des autres marchandises.

II
Valeur d'usage et valeur d'échange.

On peut considérer le prix d'un objet à un point de vue purement subjectif, en recherchant quelle somme de monnaie un individu déterminé paierait pour l'avoir. Jusqu'à un certain prix, cet individu préférerait l'objet en question à la somme d'argent à donner en échange ; au delà, il renoncerait à l'acquérir, n'ayant pas la somme nécessaire ou préférant la réserver pour d'autres usages. De même, le détenteur d'un objet ne le céderait pas, si on lui en offrait un prix inférieur à un certain chiffre, tandis qu'il se déciderait à le vendre pour une somme au moins égale à ce chiffre. Ainsi, la valeur en argent d'un certain objet, pour un certain individu, a une mesure très précise, aussi précise du moins que le comporte le degré de netteté des idées de l'individu envisagé.

C'est à cette notion que répond le terme de *valeur d'usage,* employé par beaucoup d'économistes afin d'exprimer la valeur que les objets ou les services divers ont pour l'homme, abstraction faite de la situation du marché. On a confondu souvent cette valeur d'usage avec l'utilité, l'aptitude des Objets à répondre à nos besoins. Mais, pour chacun de nous, -comparer l'utilité qu'il attribue à divers objets ou à divers services, c'est au fond se demander auquel il donnerait la préférence s'il lui fallait choisir, s'il devait donner l'un pour avoir l'autre, les échanger. Quand on veut *mesurer* cette utilité, il n'y a pas d'autre manière que d'imaginer une marchandise divisible, contre des quantités variables de laquelle on échangerait soit l'un, soit l'autre des objets ou des services en question. Au fond, pour rendre l'utilité susceptible des mesures précises sans lesquelles il n'y a pas de science, il faut recourir à l'idée d'échanges virtuels et de monnaie ; c'est de cette nécessité, sentie sans être

Clément Colson

nettement comprise, qu'est sorti l'emploi du mot valeur d'usage. En l'opposant au mot *valeur d'échange*, réservé au prix résultant, pour une marchandise, de la situation générale du marché, certains économistes voulaient restreindre la place, excessive suivant eux, prise dans la science par la théorie des échanges, et envisager les objets au point de vue de leur utilité intrinsèque, non de leur valeur relative. Seulement, pour raisonner avec, précision sur cette utilité, ils étaient ramenés à employer le mot valeur, lié à l'idée d'un échange réel ou virtuel, parce que c'est l'échange qui fournit les seuls procédés de mesure connus en matière économique.

Une analyse un peu plus minutieuse montre que la valeur d'usage, pour un même individu, d'objets qu'il peut posséder en quantités variables, n'est pas la même pour toutes les unités, car le besoin d'en posséder une unité de plus est généralement de moins en moins intense, à mesure qu'il en possède davantage : on connaît l'exemple classique du verre d'eau que l'homme mourant de soif paierait, s'il le fallait, du plus clair de son avoir, du second verre, pour lequel il ferait un sacrifice déjà bien plus restreint, de la cuvette, du seau, du bain, de la cascade, répondant à des quantités croissantes d'eau dont chaque litre aurait pour lui de moins en moins de valeur, jusqu'au moment où il ne donnerait plus un liard pour accroître, dans une mesure quelconque, la quantité dont il dispose. Chaque détenteur d'une certaine quantité d'une marchandise divisible serait sans doute acheteur de quantités de plus en plus grandes, si les prix baissaient de plus en plus ; il vendrait une partie croissante de son stock, s'il en trouvait des prix croissants. Le prix auquel il évalue une même quantité supplémentaire varie donc avec la quantité qu'il possède déjà.

III
Détermination de la valeur d'échange
et des prix.

L'étude de la valeur d'usage, de la valeur envisagée au point de vue *subjectif,* ne fournit qu'un premier élément de la connaissance des lois de l'échange. Les dispositions de chaque individu ne peuvent aboutir à un échange réel qu'en se combinant avec celles d'un autre individu qui fera la contre-partie dans l'opération. Les conditions dans lesquelles s'effectuera pratiquement l'échange dépendent de la concurrence entre tous les acheteurs, d'un côté, entre tous les vendeurs, de l'autre. Il faut donc, pour voir comment se détermine le cours d'un marché, c'est-à-dire la valeur d'échange des objets qui y sont négociés, tenir compte des dispositions de l'ensemble des hommes qui peuvent participer aux opérations de ce marché, faire une étude objective de la situation résultant des dispositions subjectives de chacun d'eux.

Au fond, la quantité d'une marchandise que l'ensemble des individus susceptibles de prendre part aux négociations est prêt à acheter, à, un prix donné, est tout simplement la somme des quantités pour lesquelles chacun d'eux trouverait avantage à réaliser l'achat moyennant ce prix ou un prix inférieur, tandis qu'il ne le réaliserait pas à un prix supérieur. Chaque individu apporte au marché des dispositions particulières, et le contact des autres individus présents, comme toute influence s'exerçant sur son esprit, peut modifier ces dispositions d'un instant à un autre. La quantité totale pour laquelle il y aurait acheteurs à un certain prix sera toujours le total résultant, au même instant, des dispositions individuelles de chacun des individus présents. À chaque prix répondra un total différent et ce total variera, par l'addition ou le retranchement de quelques éléments, quand le prix lui-même variera ; il en sera une fonction, diraient les mathématiciens.

Puisque tout échange suppose un achat et une vente, il faut, pour déterminer le prix du marché, envisager séparément le groupe des acheteurs et celui des vendeurs, - sans oublier qu'un même individu peut appartenir aux deux groupes à la fois, étant disposé à vendre dans les prix élevés, à acheter dans les prix bas. À chaque prix, il y aurait une certaine quantité *offerte, comprenant toutes* les unités que les vendeurs sont disposés à céder, les unes seulement si ce prix est atteint, les autres même à des prix inférieurs ; il y aurait aussi une certaine quantité *demandée*, comprenant toutes les unités Pour lesquelles les acheteurs consentiraient à payer soit ce prix, soit au besoin des prix supérieurs. Or, le prix réel du marché ne peut pas se fixer à un chiffre auquel la quantité offerte dépasserait la quantité demandée, car aussitôt ceux des vendeurs qui tiennent à vendre, fût-ce moyennant un prix moindre, offriraient de céder leur marchandise au-dessous du cours, afin d'obtenir la préférence des acheteurs qui seraient en nombre insuffisant ; le prix ne peut pas davantage se fixer à un chiffre auquel la quantité demandée dépasserait la quantité offerte, car la concurrence de ceux des acheteurs qui sont prêts à payer un prix plus élevé le ferait aussitôt monter. Le cours se fixe donc nécessairement au chiffre pour lequel il y a *la même quantité* à acheter qu'à vendre ; la quantité sur laquelle portent les transactions est précisément celle-là.

Quand on veut donner à l'étude de la valeur des développements un peu précis, on est naturellement amené à appliquer les notions élémentaires de la théorie des fonctions aux relations entre les prix de chaque marchandise et les quantités offertes ou demandées, - exactement comme les physiciens sont obligés de recourir à ces notions, pour donner une idée exacte des phénomènes concernant la chute des corps ou l'électricité. Si l'on évite l'emploi des termes mathématiques, comme on le fait dans les traités de physique élémentaire, on est obligé de reproduire toutes les explications que ces termes résumeraient, et on donne ainsi au lecteur l'impression d'être entraîné dans des subtilités arbitraires ; en employant ces termes, on lui fait voir qu'on retrouve simplement, dans la science dont on s'occupe, les notions communes à l'étude de tous les phénomènes mesurables, liés entre eux par des lois de dépendance réciproque. On peut, en faisant appel à ces notions, montrer les conséquences des relations très diverses qui s'établissent, suivant les cas, entre les quantités offertes ou demandées et les prix. On fait ainsi comprendre, bien plus facilement que par tout autre procédé, comment, dans toutes les hypothèses réalisables, si les prix du marché ont été écartés artificiellement du niveau où un équilibre stable s'établit entre l'offre et la demande, le jeu naturel des forces économiques les y ramène par une série d'oscillations.

IV
Caractère compréhensif
de l'offre et de la demande.

Les détracteurs de l'Économie politique lui reprochent de présenter du monde une image mutilée et absolument fausse dans sa simplicité artificielle, en ramenant tout à l'offre et à la demande. Elle réduit la vie entière, disent-ils, à l'intérêt individuel, et il y a bien autre chose dans les relations humaines : les opinions, les passions, la contagion des unes ou des autres dans les collectivités, etc. l'Économie politique n'a jamais nié l'existence ni l'importance de ces facteurs ; elle constate simplement qu'ils ne se rattachent à ses études que dans la mesure où ils influent sur l'offre et la demande. Cette mesure est d'ailleurs assez large pour qu'il n'y ait aucune manifestation de l'activité humaine à laquelle l'économiste puisse rester étranger.

On en peut citer d'innombrables exemples. La préférence donnée aux plumes ou aux rubans, pour orner les chapeaux de dames, est affaire de pure esthétique, sinon de pur caprice ; elle prend un caractère économique, quand les changements de la mode amènent, une année, une demande extraordinaire des produits de l'industrie de Saint-Étienne et une prospérité extrême de cette industrie, suivie l'année suivante d'un arrêt de la demande ruinant les fabricants et réduisant les ouvriers à une misère profonde. L'alliance franco-russe a été au début un fait purement politique, qui a pris une grande importance économique le jour où les sympathies nationales ont porté les capitalistes français à acheter des fonds russes, de préférence à tous autres présentant des garanties égales ou même un peu supérieures, et ont ainsi donné à la Russie les moyens de traverser des crises comme la guerre du Japon et les troubles des années suivantes sans qu'une quantité notable de titres fût offerte sur le marché. L'opinion des météorologistes sur la saison prochaine, celle des botanistes sur les conditions de croissance des plantes ne concernent directement que l'histoire naturelle ; elles deviennent un facteur économique, si elles déterminent les détenteurs de blé soit à se hâter de l'apporter sur le marché, en prévision d'une offre très abondante, soit inversement à ne s'en dessaisir qu'à des prix très élevés, à raison d'une pénurie probable.

On entend dire parfois que toutes les lois de l'offre et de la demande sont annihilées par l'intervention des spéculateurs qui faussent les cours. On oublie que la prévision des mouvements de hausse et de baisse, base des opérations des spéculateurs, est un des éléments naturels de l'offre et de la demande. L'espoir de revendre avec bénéfice ce qu'on a acheté, ou de racheter moins cher ce qu'on a vendu, est un des motifs qui interviennent normalement dans la détermination de la quantité d'une marchandise offerte ou demandée à tel ou tel cours. Les opérations des spéculateurs, celles auxquelles donnent lieu les nouvelles vraies ou fausses répandues par eux, peuvent être, suivant les cas, utiles ou nuisibles, honnêtes ou malhonnêtes ; elles constituent toujours un des éléments normaux de l'offre et de la demande et ne peuvent, dès lors, en contrecarrer les lois.

Il est vrai que l'échange n'est point le seul mode de transmission des biens et que le don désintéressé tient une place sérieuse dans la vie économique. Mais, si le don n'avait d'autre effet que de faire passer d'un particulier à un autre la jouissance de certains biens, il n'intéresserait que la morale ou la psychologie ; l'Économie politique n'aurait pas à s'en occuper. La charité constitue pourtant un des objets les plus intéressants de ses études, précisément à cause de l'influence qu'elle exerce sur l'offre et la demande. Dirigée avec clairvoyance et à propos, elle restaure des forces près de disparaître, elle fait rentrer peu à peu des familles dégradées par la misère dans le cycle normal de l'offre de travail, pour coopérer à la production, puis de la demande de produits contre paiement ; :elle allège le fardeau qui en ferait peut-être sombrer d'autres sous une charge, trop lourde, en assumant totalement ou partiellement l'entretien d'enfants, de vieillards et d'infirmes. Prodiguée sans discernement, elle développe au contraire la paresse, l'imprévoyance et par suite la misère, en propageant l'idée qu'il est plus profitable d'apitoyer les cœurs sensibles que de chercher à utiliser le peu de forces productrices dont on dispose pour gagner par son travail une partie au moins de sa subsistance, ou que de s'imposer des privations immédiates pour assurer son avenir et celui des siens. l'Économie politique aboutit ainsi à des conclusions absolument conformes à celles de la saine morale ; elle les renforce d'autant plus qu'elle y arrive par des raisons toutes différentes. Seulement, si le point de vue auquel elle se place nécessairement était en fait sans aucune importance en certaines matières, elle n'aurait pas à s'occuper de ces matières, parce que celles-ci seraient tout entières en dehors de sa compétence.

Ainsi, l'Économie politique pure étudie les lois de l'offre et de la demande et l'Économie appliquée recherche les conséquences qu'entraîne, dans le jeu de ces lois, telle ou telle organisation pratique. Dans toute question, ce qui est de leur ressort, c'est toujours ce qui touche aux échanges et à leur base essentielle, la valeur. Dans beaucoup de circonstances de la vie, d'autres considérations d'ordre moral, esthétique, politique, etc., doivent intervenir, souvent même prévaloir. l'Économie politique ne pourrait ,les invoquer sans sortir de son rôle et sans confondre toutes les idées ; elle ne doit les envisager qu'au point de vue de leur répercussion sur ce qui est son domaine propre. Prétendre que, dans ce domaine même, ses enseignements sont incomplets, c'est méconnaître complètement son rôle, puisque la théorie de la valeur englobe tout ce que concerne l'influence d'une considération quelconque, aussi bien morale, esthétique ou politique que purement utilitaire, sur l'offre et la demande. Une fois cette influence déterminée, le rôle de l'Économie politique est fini. Les considérations dont elle a étudié l'action sur les dispositions des hommes, dans les phénomènes de sa compétence, peuvent être pesées de nouveau, à un autre titre, et les conclusions de ce second examen doivent parfois dicter seules la décision à prendre. Il serait aussi absurde de soutenir que ces considérations doivent modifier les conclusions formulées au point de vue économique par la science compétente, qui en a déjà, tenu compte à ce point de vue, que de voir dans celui-ci la règle unique de la conduite des hommes.

Chapitre II
Les développements de la théorie
de la valeur

Sommaire.

I. Réaction des offres et des demandes les unes sur les autres ; loi de substitution.

Clément Colson

II. Les prix de revient, le salaire et l'intérêt.

III. Les inégalités de situation et la rente.

IV. Les équations générales de l'équilibre économique et l'étude spéciale d'un prix.

I
Réaction des offres et des demandes les unes sur les autres ; loi de substitution.

Quand on s'est rendu compte de l'objet et de la portée de la théorie de la valeur, on conçoit comment on peut en poursuivre le développement en étudiant les conditions qui déterminent les prix dans les diverses hypothèses imaginables ou dans les divers cas réalisés par la vie sociale. Nous ne prétendons pas, bien entendu, entrer ici dans l'examen des conséquences de situations qui peuvent varier à l'infini. Nous voudrions indiquer seulement dans quelles directions ces études ont été ou peuvent être poursuivies et faire ressortir l'enchevêtrement de toutes les questions, qui constitue l'obstacle réel à l'application du calcul mathématique à chacune d'entre elles.

Le point capital, qui a été trop souvent oublié, c'est que la situation d'un marché résulte de nombreux facteurs et que, en s'attachant seulement à l'un d'eux, on est certain d'arriver à des résultats inexacts. Beaucoup d'économistes sont tombés dans de graves erreurs ou dans des contradictions, pour avoir voulu résoudre les problèmes en se plaçant exclusivement tantôt au point de vue de l'acheteur, tantôt à celui du vendeur, et pour avoir perdu de vue que les prix et les quantités sur lesquels porteront les transactions sont déterminés par un ensemble, de conditions, dont chacune peut sans doute être étudiée séparément, mais qui doivent être remplies simultanément et qui, par conséquent, interviennent toutes dans la solution du problème.

Si l'on s'attache d'abord à la demande d'un objet A, on constate que la quantité que chaque acheteur est disposé à prendre, à un certain prix, dépend de l'intensité de son désir et des ressources dont il dispose. Or, ces ressources constituent en même temps, pour lui, le seul moyen de satisfaire tous ses autres désirs, en sorte qu'à chaque instant il est amené à se demander auxquels il donnera la préférence, parmi les nombreux objets qui le sollicitent, et sou choix dépend du prix de chacun de ces objets. Si l'objet A devient plus coûteux, il peut être amené à y substituer des objets B, C, D qui répondent au même besoin, ou même des objets E, F, G, répondant à des besoins d'ordre tout différent : une famille n'a pas seulement à choisir entre des aliments divers par le prix et parla qualité, mais à décider si elle préfère affecter une augmentation de ressources, soit à améliorer sa table ou son logement, soit à multiplier ses distractions ou même à réduire son travail ; la question de savoir si elle sera demanderesse pour un logement plus vaste, par exemple, ne dépend pas seulement du prix des loyers, mais aussi dé celui des voyages qu'elle pourrait se payer, si elle gardait son appartement actuel. De même, en cas de diminution de son revenu, elle doit opter pour les moins pénibles parmi les réductions de dépenses possibles, en tenant compte des prix de tous les éléments retranchables dans son train de vie. Ainsi, la quantité demandée de l'objet A n'est pas simplement fonction de son prix ; elle dépend aussi des relations existait entre les prix de tous les autres objets, B, C, D, E, etc., et de l'intensité des besoins auxquels répond chacun d'eux. Pour définir réellement les conditions de. la demande, il faudrait un système d'un nombre infini d'équations, représentant les relations entre les quantités demandées et les prix en ce qui concerne l'ensemble de tous les biens et de tous les services.

II
Les prix de revient, le salaire et l'intérêt.

Une solidarité analogue se rencontre entre l'offre des divers produits. Ce que vendent la plupart des hommes, pour se procurer des ressources, ce ne sont pas des objets préexistants, ce sont soit *leurs services*, soit des *objets qu'ils produisent en vue de la vente*. Le *travail professionnel* devient ainsi la ressource essentielle de l'immense majorité des hommes, dès que chaque famille ne vit plus en consommant principalement ce qu'elle produit elle-même. Or, cette situation, qui a toujours été celle d'une partie de la population, se généralise de plus en plus, à mesure que les progrès de l'industrie et des transports rendent la division du travail plus profitable. Ce sont alors les conditions de la production qui règlent celles de l'offre, pour chaque produit et pour chaque service.

Cette production peut être une œuvre individuelle ou collective. Dans ce dernier cas, il faut qu'elle soit organisée par un individu ou par une société qui rassemble et rémunère les concours nécessaires, qui se charge de vendre les produits et assume les aléas de l'opération. Qu'il travaille seul ou qu'il fasse appel au travail et aux capitaux d'autrui, l'homme ou le groupe qui prend ainsi à son compte les risques d'un ensemble d'opérations, comportant des achats et des ventes, est ce qu'on appelle un *entrepreneur*.

Dans cette situation, on s'aperçoit bien vite que, pour tous les objets dont la fabrication peut être entreprise par quiconque dispose des ressources et des aptitudes nécessaires, ce sont les *frais de production* qui déterminent le prix de vente. Ils ne le fixent pas d'une manière invariable, parce que l'importance de la production ne peut pas s'adapter instantanément à toutes les variations de la demande : quand celle-ci s'accroît brusquement pour un produit, les prix haussent, par suite de l'insuffisance de l'offre, jusqu'à ce que les bénéfices exceptionnels réalisés par les entrepreneurs, dans cette branche, aient provoqué une augmentation de la production suffisante pour donner satisfaction à toutes les demandes formulées par des acheteurs disposés à payer un prix rémunérateur ; inversement, toute réduction de la demande fait tomber les cours au-dessous du prix de revient, jusqu'à ce que la production se soit réduite à la quantité pour laquelle il y a encore une demande à ce prix. Les prix réels oscillent ainsi autour du montant des frais de production, parce que la concurrence ne permet pas aux producteurs de les maintenir à un niveau supérieur et que, d'autre part, la production d'une catégorie de marchandises s'arrêterait sûrement, si l'impossibilité de les vendre sans perte se prolongeait indéfiniment.

Le prix de revient d'une marchandise n'est d'ailleurs pas lui-même une donnée fixe et indépendante de toute autre. En premier lieu, et c'est un point parfois très important, il varie avec l'importance de l'établissement producteur. Toute entreprise comporte une certaine dépense permanente, s'imposant quelle que soit la quantité produite et répondant à la constitution du minimum d'outillage indispensable ainsi qu'aux frais généraux ; puis, pour chaque unité de produit fabriqué, il s'y ajoute une certaine dépense de matières premières, de main-d'œuvre, de force motrice, etc. Ce second élément, seul proportionnel à la quantité produite, est ce que nous avons appelé le *prix de revient partiel* ; pour avoir le *prix de revient total* de chaque unité produite, il faut y ajouter sa part proportionnelle dans les charges permanentes, part d'autant plus petite que la production totale de l'établissement envisagé est plus grande.

Dans certaines industries rudimentaires, les charges permanentes sont assez faibles pour que l'addition ainsi faite devienne négligeable dès que la production d'une entreprise cesse d'être insignifiante ; le prix de revient partiel diffère peu du prix de revient total. À mesure que l'outillage se complique et se perfectionne, les frais permanents et généraux de l'atelier grossissent ; le prix de revient total de chaque unité serait énorme, si le nombre des unités obtenues n'était pas fort élevé, tandis qu'il s'abaisse considérablement par la *production en grand.* Par suite, les établissements. atteignant un certain minimum d'importance peuvent seuls subsister dans la concurrence et, en fait, alimentent seuls le marché.

En second lieu, la plupart des entreprises fournissent à leur clientèle un grand nombre d'objets ou de services divers, dont la production est solidaire. Il n'est pas possible de séparer autrement que par des ventilations plus ou moins arbitraires le prix de revient du gaz de celui du coke et de tous les sous-produits tirés du goudron de houille, - ni le prix de revient des divers produits végétaux ou animaux d'une culture où l'assolement comporte une rotation dans les ensemencements et où le fumier des animaux sert à développer la production du blé, - ni le prix de revient du transport des voyageurs et des diverses sortes de marchandises dans les chemins de fer, etc. Il suit de là que la question des prix de ces divers produits doit faire l'objet d'une étude d'ensemble, où les conditions de la demande de chacun d'eux seront prises en considération pour apprécier la mesure dans laquelle sa vente contribuera à couvrir les frais de la production simultanée de tous.

Enfin, le prix de revient de chaque produit ou de chaque groupe de produits dépend du coût des matières premières, de celui des services producteurs (c'est-à-dire du loyer à payer aux capitaux et du salaire à payer aux travailleurs pour obtenir leur concours), des risques courus et des chances de bénéfices nécessaires pour déterminer les entrepreneurs à s'y exposer, etc. Or, les mêmes services producteurs peuvent être employés dans des industries très diverses. Sans doute, la mesure dans laquelle on peut modifier l'emploi d'un outillage existant ou d'un personnel formé à un métier déterminé est assez limitée ; mais, chaque année, les nouveaux capitaux constitués par l'épargne, la jeunesse arrivant à l'âge de choisir une carrière peuvent être orientés dans des voies très diverses ; cela suffit pour qu'il y ait concurrence constante entre les entreprises de toute nature, dont chacune doit les attirer dans la proportion nécessaire pour renouveler et pour accroître au besoin son matériel et son personnel. Les capitalistes et les travailleurs choisissent leur voie, en pesant les avantages, les inconvénients, les risques afférents à chaque branche de production ; les rémunérations offertes en échange de leurs services doivent, par suite, tenir compte de ces différences, ainsi que des aptitudes spéciales nécessaires dans chaque métier.

Il y a donc une sorte de marché général des capitaux, d'une part, de la force de travail de l'autre, et, vérité trop souvent méconnue, ces deux marchés ne sont nullement indépendants l'un de l'autre. Dans la plupart des cas, pour accomplir une même besogne, l'entrepreneur peut employer un personnel considérable avec un outillage rudimentaire, ou bien un outillage très perfectionné avec un nombre moindre d'ouvriers. Chaque chef d'établissement, cherchant à réaliser le prix de revient le plus bas possible, choisit la plus avantageuse entre les diverses combinaisons imaginables. Cette combinaison varie évidemment avec l'état de l'art industriel, puisque les inventions qui en constituent les progrès consistent presque toujours dans la découverte de procédés nouveaux pour faire avec des machines un travail effectué jusque-là à la main.

Dans un même état des connaissances techniques, l'option entre les diverses organisations possibles est dictée par le taux respectif des salaires et de l'intérêt : dans toute entreprise agricole ou industrielle, il existe certains travaux pour lesquels l'emploi de telle machine, qui serait plus coûteux que celui de la main-d'œuvre si le prix de l'heure de travail était de 0 fr. 40 et l'intérêt du capital de 4 p. 100, deviendra au contraire lucratif si le prix de l'heure monte à 0 fr. 45 ou si le taux de l'intérêt descend à 3,75 p. 100. Chaque entrepreneur organisant une certaine production est, dans une certaine mesure, demandeur soit de capital, soit de main-d'œuvre, selon le coût de l'un ou de l'autre.

D'autre part, le capital et la main-d'œuvre ne sont pas seulement concurrents l'un de l'autre, comme cela arrive quand ils offrent leurs services pour se remplacer dans une même production. Chacun d'eux joue surtout, vis-à-vis de l'autre, le rôle de demandeur ou plutôt d'instigateur de demandes. Lorsque l'épargne crée de nouveaux capitaux, leurs détenteurs cherchent naturellement à les employer fructueusement, fallût-il se contenter d'un revenu inférieur à celui qu'on pouvait obtenir quand la richesse accumulée était moindre. Or, il y a toujours des entreprises qui peuvent s'étendre, d'autres qui peuvent se créer, du moment où elles trouvent des capitaux à un taux plus bas qu'auparavant : telle culture exigeant de grandes avances, telle industrie, tel chemin de fer, qui ne serait pas rémunérateur s'il fallait payer 5 p. 100 aux bailleurs de fonds, deviendra une excellente affaire si l'on peut trouver des capitaux à 4 p. 100. Des entreprises nouvelles se créent donc ; elles ont besoin de bras et, si la population ne s'est pas développée autant que l'épargne, elles ne peuvent se procurer ces bras qu'en les enlevant, par l'offre d'un salaire majoré, aux entreprises anciennes. Celles-ci devront alors s'arranger pour s'en passer, en employant plus de machines. Il faut ainsi qu'un nouvel équilibre s'établisse, comportant sur certains points, pour une même production, un emploi plus considérable du capital, devenu plus abondant relativement à la main-d'œuvre. Ce nouvel équilibre ne peut s'établir que si chaque entrepreneur, poursuivant la réduction de son prix de revient, qui seule l'intéresse, y trouve avantage ; or, les entrepreneurs réaliseront un bénéfice en substituant du capital à de la main-d'œuvre dans certains emplois,

Clément Colson

en dehors de toute invention nouvelle, du moment où le taux de l'intérêt baissera tandis que celui des salaires haussera, comme nous l'avons indiqué.

Le contraire se produirait, si c'était la population qui augmentât plus vite que les capitaux.

Ainsi, une foule d'initiatives diverses se combinent pour engendrer ces résultats bien connus : l'accumulation des capitaux faisant baisser l'intérêt et hausser les salaires, tandis qu'un essor trop rapide de la population entraîne les effets inverses. Ces résultats expliquent d'ailleurs, à la fois, les vues pessimistes sur l'avenir des classes ouvrières développées par les premiers économistes, en un temps où la natalité était bien plus forte et l'épargne bien moindre qu'aujourd'hui, - et l'erreur des socialistes qui continuent à tirer argument de ces vues, à parler d'une loi d'airain, maintenant nécessairement des salaires de famine, alors que l'augmentation de l'épargne et la diminution de la natalité ont renversé le sens des phénomènes et amené une hausse rapide des salaires, combinée avec une baisse de l'intérêt qui était encore sensible, avant la guerre, malgré la reprise légère constatée an cours des années qui l'ont précédée.

On voit combien les influences à envisager se compliquent, dans le cas très fréquent des marchandises ou des services qui peuvent être offerts en quantité quelconque à des prix oscillant autour du prix de revient, la production se réglant en quantité par l'importance de la demande formulée aux environs de ce prix. Le cours de chaque marchandise rentrant dans ce cas dépend des conditions dans lesquelles la force de travail et le capital sont offerts, non seulement dans l'industrie qui la produit, mais dans toutes les autres, en tenant compte des conditions spéciales qui rendent chaque emploi plus ou moins attrayant. La quantité totale de capitaux et de bras offerts, à un moment donné, dépend de l'épargne accumulée et de l'effectif de la population. Mais le taux de l'intérêt réagit lui-même sur le désir et la possibilité d'épargner ; le mouvement de la population dépend, dans une certaine mesure, de la facilité de la vie, qui résulte elle-même du niveau des salaires comparé au prix des denrées. Ces derniers éléments influent aussi sur le nombre d'heures de travail que chaque ouvrier est disposé à fournir, en vue de réaliser le gain hebdomadaire, avec lequel il pourra vivre dans les conditions auxquelles il est habitué. Enfin, les demandes de capital et de force de travail formulées par les entrepreneurs dépendent : 10 de la proportion dans laquelle ils devront employer l'un et l'autre, pour obtenir le prix de revient minimum ; 20 des débouchés qu'ils trouveront pour écouler leurs produits sans perte, avec ce prix de revient.

On se trouve donc pour l'offre, plus encore que pour la demande des divers produits formulée par les consommateurs, en face d'une infinité d'équations. Il faut tenir compte, en effet, des relations entre les prix et les quantités, non seulement pour chacun des produits offerts, mais encore pour tous les services producteurs offerts ou demandés en vue de leur culture, de leur fabrication ou de leur transport.

III
Les inégalités de situation et la rente.

D'un autre côté, quand on envisage les offres ou les demandes comme se rencontrant sur un marché unique, on ne peut pas faire abstraction du fait que, matériellement, les marchandises, les travailleurs et les capitaux en question sont très rarement concentrés sur un même point. Les produits ou les services producteurs offerts, en concurrence les uns avec les autres, sont plus ou moins éloignés du lieu où se font sentir les besoins auxquels ils donneront directement ou indirectement satisfaction. Sans doute, le capital est en partie composé d'objets mobiliers, et l'épargne avec laquelle se créent les instruments de travail immobilisés peut être mise en œuvre en des points très divers ; mais le propriétaire qui emploie ainsi ses ressources sur un point éloigné en éprouve quelque gêne et quelques difficultés. Les travailleurs aussi peuvent se déplacer ; mais leur émigration, d'un point à un autre, n'a pas lieu sans souffrances et sans déchirements. Pour provoquer les déplacements nécessaires, il faut offrir des avantages compensateurs ; de là viennent les différences, souvent notables, dans la rémunération que le travail et le capital obtiennent dans les divers pays.

Les déplacements ainsi provoqués ne résolvent d'ailleurs pas entièrement la question, car, pour installer une industrie quelconque, il faut occuper une certaine surface de terrain. Dans la production agricole, la superficie et la situation des cultures jouent un rôle essentiel : pour suffire aux besoins d'une population particulièrement dense, il faut faire venir de loin une partie des denrées qu'elle consomme. La distance ne met pas un obstacle absolu à ce que la concurrence s'établisse, sur un marché, entre les producteurs locaux et ceux de régions plus ou moins éloignées ; elle peut être franchie moyennant une certaine dépense, qui a singulièrement diminué depuis l'invention de la navigation à vapeur et des chemins de fer. Le coût des transports constitue seulement une cause d'infériorité, qui oblige souvent le vendeur à se contenter d'un bénéfice moindre sur les produits exportés au loin et l'empêche de leur faire supporter intégralement leur part proportionnelle de ses frais généraux ; il doit se tenir satisfait, pourvu que ces ventes supplémentaires rapportent une somme un peu supérieure aux frais spéciaux causés par l'augmentation qu'elles entraînent dans la production, c'est-à-dire à leur prix de revient partiel.

Des inégalités analogues ou supérieures résultent des différences de situation qui existent toujours entre les différentes industries et surtout entre les diverses exploitations agricoles alimentant un même marché. Les différences de situation géographique entraînent des écarts dans le taux des salaires et de l'intérêt, dans la longueur des trajets qu'ont à effectuer, par chemin de fer ou par eau, les matières premières, les combustibles et les produits expédiés. En outre, dans une même région, il faut prendre en considération la manière plus ou moins directe dont chaque entreprise est desservie par les voies de communication, le coût différent de son outillage, selon le plus ou moins d'élévation des prix au moment où elle l'a constitué, les forces motrices naturelles qu'elle peut avoir à sa disposition, etc. Enfin et surtout, il faut tenir compte, s'il s'agit de produits agricoles, de l'inégale fertilité des terres, de la différence dans l'abondance ou dans la qualité des récoltes qu'elles rendent, pour une même dépense en frais de culture, - s'il s'agit de mines, de l'inégalité des conditions d'exploitation, - s'il s'agit de maisons de vente au détail, des chances inégales de développement de la clientèle résultant de situations plus nu moins centrales, sur des voies plus ou moins fréquentées.

La possession d'un emplacement privilégié, à l'un ou à l'autre de ces points de vue, constitue une source de bénéfices plus ou moins importants, suivant les cas. Les emplacements les plus favorables étant en nombre limité, les industries et surtout les cultures qui les occupent ne suffisent pas aux besoins de la clientèle. Plus la demande d'un produit est importante, plus la production doit s'étendre en exploitant des terres plus éloignées ou moins fertiles, des couches de minerai plus pauvres ou situées à de plus grandes profondeurs, des magasins plus éloignés du centre des affaires. Le seul fait que ces exploitations subsistent prouve que le prix du marché couvre le prix de revient des produits, même pour les moins favorisées, qu'il permet de rémunérer au taux courant le travail et le capital employés dans les moins bien placées d'entre elles. Les entreprises jouissant de conditions meilleures réalisent donc, en vendant au même prix, un bénéfice supplémentaire. Par des raisons analogues, les logements bien situés se louent plus cher que les autres. Le revenu annuel que procure ainsi la possession des emplacements les plus favorables est cette *rente* du sol qui a donné lieu à tant de controverses et dont la théorie, due à Ricardo, a fait jadis sa gloire, puis a déchaîné tant de critiques contre lui.

La rente s'ajoute ainsi à l'intérêt des capitaux consacrés à défricher une terre plus fertile ou plus voisine des centres de consommation, à couvrir de bâtiments un emplacement mieux situé que les autres, etc. Elle augmente à mesure que l'accroissement de la demande oblige à cultiver ou à occuper des emplacements de moins en moins favorables, puisque l'exploitation de ces emplacements n'est possible que quand le cours des produits ou des services rendus monte de manière à couvrir le prix de revient des marchandises produites par les établissements qui y sont installés, y compris les frais de transport jusqu'au point de consommation.

Clément Colson

Les progrès techniques abaissent d'ailleurs ce prix de revient : c'est ainsi que la facilité actuelle des transports, permettant à l'Europe occidentale de tirer des pays neufs une partie de sa subsistance, a fait succéder, il y a quarante ans, une baisse marquée, au renchérissement des produits agricoles qui préoccupait tant les contemporains de Ricardo, et a donné à sa théorie la confirmation la plus éclatante, en montrant qu'elle continuait à expliquer les phénomènes constatés quand des circonstances nouvelles renversaient le sens du mouvement étudié par-lui.

La hausse ou la baisse de la rente que procure un terrain entraîne, d'autre part, une hausse ou une baisse correspondante dans la valeur de ce terrain. Le droit à cette rente se capitalise et s'ajoute à la valeur des capitaux consacrés à défricher le sol ou à le couvrir de constructions. Ces capitaux bénéficient ainsi d'une plus-value s'ajoutant, sans que leur propriétaire y collabore, à l'épargne qui les a créés. Ils subissent de même une moins-value, quand baisse le cours des marchandises à la production desquelles ils servent ; parfois même, l'épargne immobilisée sous forme d'améliorations foncières ou d'outillages cesse d'être rémunérée et se trouve complètement perdue.

L'analyse détaillée des conditions de l'offre et de la demande montre que la rente n'est pas autre chose qu'une conséquence particulière des lois générales que dominent les prix. Quand on y regarde de près, on constate qu'il n'est aucune production dans laquelle une rente n'apparaisse, jouant nu rôle tantôt considérable, tantôt négligeable. Mais son existence suffit pour que le coût des services producteurs fournis par le capital épargné et par le travail ne règle jamais à lui seul le prix de vente, - ou plutôt, pour qu'il faille ajouter au coût de ces services celui des services analogues rendus par les agents naturels appropriés, dont la valeur varie suivant la situation et les qualités de chacun de ces agents.

IV
Les équations générales
de l'équilibre économique
et l'étude spéciale d'un prix.

Les considérations multiples que nous venons de résumer ne comprennent pas encore tous les éléments de la théorie des prix exprimés en monnaie, puisqu'elles ne, portent nullement sur la situation monétaire. Or, c'est sur les prix, et non sur les valeurs relatives des diverses marchandises, que l'on raisonne toujours. Ainsi, à l'étude des causes de variation propres à une marchandise donnée, il faut joindre l'examen des variations que subit la valeur de la monnaie, par rapport à l'ensemble des autres marchandises, en raison de causes agissant spécialement sur elle, telles que la production et la consommation des métaux précieux, l'activité de la circulation, l'usage plus ou moins grand du papier-monnaie ou des chèques, etc.

On voit combien sont complexes les actions qui contribuent à la détermination de la valeur d'une marchandise quelconque. Walras a eu raison de dire que, pour en raisonner d'une manière irréprochable, il est nécessaire de les prendre toutes en considération. Il a démontré que les équations résultant des conditions de, l'offre et de la demande des produits et des services producteurs sont en nombre égal à celui des inconnues, que dès lors les valeurs de toutes les marchandises, sur un marché où tous les vendeurs et acheteurs se ' raient réunis et opéreraient librement, sous la seule impulsion de leur intérêt individuel, seraient déterminées par la situation de ce marché ; il a tiré de l'étude des équations générales de l'équilibre économique des conclusions très intéressantes.

Seulement, la complexité des raisonnements et surtout la multiplicité des éléments à envisager simultanément est telle, que l'esprit n'arrive guère à s'en pénétrer et à saisir clairement la marche du mécanisme décrit. L'effort à faire pour y arriver ne serait cependant pas disproportionné avec les résultats, s'il conduisait à une connaissance réelle du monde économique ; mais les équations auxquelles on aboutit gardent une forme trop générale pour mener à des conséquences précises sur des cas particuliers ; d'autre part, le raisonnement implique des hypothèses sur la constitution du marché comportant une simplification trop grande pour répondre à la réalité. Comme nous le disions au Livre précédent, les essais faits pour traiter avec une rigueur mathématique les problèmes

Clément Colson

économiques, si intéressants qu'ils soient, nous semblent encore prématurés.

Faut-il pour cela condamner l'Économie politique pure et déclarer illusoire tout raisonnement sur la valeur ? Une pareille condamnation serait encore bien moins justifiée que la confiance excessive de certains économistes mathématiciens dans leurs théories. Sans méconnaître les actions réciproques de tous les éléments de la vie économique, on peut en isoler quelques-uns par la pensée, pour chercher comment leurs variations sont liées entre elles, toutes *choses* égales d'ailleurs. On arrive ainsi à des résultats auxquels l'emploi des notions mathématiques très simples indiquées plus haut permet de donner une précision très suffisante.

Il est vrai que l'hypothèse de variations limitées à certains éléments de la vie économique, sur laquelle repose l'étude spéciale de l'interdépendance de certaines catégories de phénomènes, est contraire à la réalité, puisque nul changement ne s'opère sans réagir sur l'ensemble des prix : quand on étudie l'influence d'un changement survenu dans les conditions de production d'un objet sur le coût de cet objet et sur son débit, en supposant fixes le taux de l'intérêt, les salaires, la valeur de la monnaie, etc., on fait une hypothèse contradictoire, puisque toute variation dans le prix d'une marchandise et dans le développement de sa fabrication réagit nécessairement sur les besoins de capitaux, de force de travail, de monnaie, etc. Or, disent les mathématiciens, si on a le droit, pour résoudre un problème, de supposer constantes toutes les circonstances dont les modifications ne dépendent en rien des variations des quantités que l'on étudie, on ne peut pas faire abstraction des changements que ces variations elles-mêmes entraînent nécessairement dans la grandeur des quantités que l'on prétend considérer comme des données fixes.

L'objection serait fondée, s'il s'agissait d'un calcul d'une rigueur absolue. Mais, quand il s'agit de déterminer des lois naturelles avec le degré d'approximation que comporte notre connaissance des phénomènes, on petit toujours négliger les actions secondaires. Il ne se fait pas un mouvement dans l'univers qui ne modifie la marche de tous les astres, en modifiant les conditions de l'attraction universelle, des champs électriques, etc. Cependant, on peut calculer le mouvement d'une planète sous l'influence de l'attraction du soleil, considéré comme fixe, en faisant abstraction des actions et des réactions que ce mouvement engendre dans tous les autres astres ; ce premier calcul donne déjà des résultats qui sont de beaucoup les plus importants à connaître, par rapport auxquels les corrections à faire plus tard, pour tenir compte des éléments négligés, seront infimes. Dans toutes les applications du calcul aux sciences physiques, on opère de même. On peut aussi, en Économie politique, raisonne en tenant pour négligeables, par rapport aux modifications survenant dans les conditions spéciales de la production d'un objet, les variations qu'un changement de l'état du marché de ce produit entraînera dans les besoins de, capitaux, de force de travail, de monnaie, etc., car jamais l'influence isolée de ce changement ne pourra modifier d'une manière, appréciable des besoins dépendant de tout l'ensemble de l'activité économique mondiale.

Ce qui est plus difficile, c'est de contrôler par l'observation l'exactitude des conclusions données par le raisonnement. Il faudrait en effet, pour cela, trouver des espèces où l'action des influences que l'on prétend étudier ne soit pas confondue avec celle d'autres influences du même ordre de grandeur, dont on peut bien théoriquement faire abstraction, parce qu'elles sont indépendantes des premières, mais dont on arrive bien difficilement à se dégager pratiquement. Dans les sciences sociales, comme dans la biologie, la grande difficulté est d'observer certains éléments indépendamment des autres, parce qu'on ne peut presque jamais isoler un phénomène sans modifier, par le fait seul du changement de milieu, les conditions essentielles auxquelles il est soumis. Ces difficultés n'ont point empêché d'établir, par l'observation combinée avec le raisonnement, des lois économiques qui, pour ne pouvoir s'exprimer avec une rigueur mathématique, n'en permettent pas moins de prévoir, dans bien des cas, les conséquences de telle ou telle mesure, avec une exactitude suffisante pour répondre aux curiosités de l'esprit scientifique comme aux nécessités de la pratique.

Clément Colson

Chapitre III
La théorie de la valeur et les faits

Sommaire :
I. Le rôle de la concurrence.
II. Les monopoles et les coalitions.
III. Mesure dans laquelle les prix effectivement payés répondent à la théorie.

I
Le rôle de la concurrence.

Le résumé, à la fois trop long et trop condensé, que nous venons de présenter des théories essentielles de l'Économie politique, montre comment la concurrence est le fondement de la détermination des prix et le grand ressort de l'activité économique. C'est la concurrence entre les consommateurs qui les oblige à payer un prix suffisant pour déterminer les producteurs à alimenter constamment le marché ; c'est la concurrence entre les producteurs qui oblige chacun d'eux à s'ingénier pour pouvoir vendre avec bénéfice, ou du moins sans perte, à des prix aussi bas et s'il se peut plus bas que les autres. Si le monde entier est devenu un marché unique, c'est par l'effet de la concurrence entre ces producteurs d'une utilité de nature spéciale, appelés commerçants, dont le métier consiste à acheter les produits aux lieux et aux époques où on peut les obtenir au prix le plus bas, pour les offrir ensuite au public à l'endroit et au moment où il en a besoin, sous la forme la plus propre à satisfaire à ses désirs. Grâce à la solidarité de plus en plus étroite entre toutes les parties du marché mondial, chaque marchandise est offerte en tous les points du globe à des prix réglés par les conditions de sa production dans les régions où elle se fait le plus avantageusement ; les conséquences désastreuses, les famines qu'entraînait jadis l'insuffisance des récoltes, dans telle ou telle région, ont été prodigieusement atténuées.

Mais, dit-on, pour admettre que la concurrence engendre de tels effets, il faut supposer que chaque consommateur, chaque producteur, chaque négociant est parfaitement éclairé sur ses propres intérêts, qu'il sait où il faut s'adresser et quels moyens il faut employer pour acheter, vendre, produire dans les meilleures conditions ; or, c'est là une hypothèse purement gratuite : la grande majorité des hommes n'acquerra jamais, tant s'en faut, cette connaissance parfaite de la qualité respective des produits, des meilleurs procédés de l'art industriel, de la situation du marché, que supposent les théories de l'Économie politique pure.

Cette objection ne porte pas, car l'immense bienfait de la concurrence est précisément de permettre à un progrès de naître, de se répandre, de se généraliser, sans que l'universalité, ni même à beaucoup près la majorité des hommes, soit capable, nous ne dirons pas de l'imaginer, mais simplement d'en comprendre la portée. C'est dans la production (englobant bien entendu le commerce, comme nous le disions plus haut), que le progrès prend une importance capitale et ouvre des perspectives en quelque sorte illimitées. Or, il suffit qu'une seule maison invente et mette en usage un procédé perfectionne, qui améliore un produit ou abaisse son prix de revient, pour que tous ses concurrents soient bientôt obligés, sous peine de ruine, d'adopter le même perfectionnement : s'il est secret ou breveté, ils doivent s'ingénier à en découvrir d'analogues ou, s'ils y échouent, acheter à son auteur le droit de s'en servir. En tout cas, dès le moment, toujours assez prochain, où l'invention est divulguée et tombe dans le domaine public, il n'est besoin ni d'accord entre tous les intéressés, ni de délibération dans laquelle la supériorité de la nouvelle fabrication, du nouveau procédé commercial soit admise par une majorité, pour que son adoption s'impose à quiconque veut garder une part de la clientèle.

II
Les monopoles et les coalitions.

Il est vrai que la concurrence ne se rencontre pas partout. Il existe des *monopoles* naturels ou lé-aux, dont le détenteur n'est obligé par la concurrence ni à perfectionner sa production, ni à maintenir ses prix de vente aux environs de ses prix de revient. Maître de ses tarifs, il les règle de manière à réaliser le bénéfice le plus élevé possible, en tenant compte : 1° de la quantité de produits pour laquelle il peut trouver des demandeurs à chaque prix ; 2° du prix de revient par unité, qui sera moins élevé ou plus élevé suivant qu'il produira plus ou moins en grand. Souvent même, il fera payer des produits ou des services très analogues, les uns plus cher, les autres moins cher, suivant que la clientèle à qui il s'adressera sera disposée à subir des prix plus ou moins forts sans se retirer ; c'est ainsi que les différences dans les tarifs appliqués par les chemins de fer, pour un même parcours, dépendent des écarts entre les prix de revient des transports de nature diverse beaucoup moins que des prix que peuvent payer les différentes catégories de voyageurs ou d'expéditeurs, c'est-à-dire de la valeur d'usage que le service rendu atteint pour chacun de ceux-ci.

Le cas de la concurrence et celui du monopole ne constituent d'ailleurs pas deux inondes absolument séparés, comme on se l'imaginait jadis. L'importance prise de nos jours par les *trusts* et les *cartels* à mis en relief l'existence d'une chaîne continue de situations intermédiaires. Nous avons rappelé plus haut que, dans beaucoup d'industries, par suite du développement du machinisme, la production en grand permet seule d'obtenir un prix de revient avantageux. On peut même dire que, dans chaque industrie, il y a un minimum de développement, variable suivant la technique de la profession, au-dessous duquel un établissement ne doit pas descendre pour pouvoir soutenir la concurrence des gros producteurs.

Si le minimum de production ainsi exigé représente une fraction appréciable des débouchés qu'offre la consommation, sur un marché ferme à la concurrence extérieure par l'éloignement des producteurs étrangers ou par des barrières douanières, le nombre des entreprises que ce marché peut alimenter est restreint, et l'entente entre elles est facile. Dans le cas où le nombre des concurrents pouvant desservir une même clientèle est étroitement limité (cas dont les chemins de fer offrent l'exemple naturel le plus topique), on petit être assuré qu'un véritable monopole s'établira, par voie d'entente ou de fusion. L'expérience a montré qu'il en a toujours été ainsi, dans les pays où l'on avait cru d'abord pouvoir maintenir la concurrence entre diverses voies de communication concédées à des compagnies différentes.

Dans le cas où, au contraire, le nombre des établissements possibles se chiffre par centaines ou seulement même par vingtaines, un accord peut bien s'établir pour régler certaines conditions de vente, pour arrêter l'effondrement des cours en cas de crise ; mais jamais il n'arrive à, maintenir ces cours sensiblement au-dessus du prix de revient. En effet, dès que les producteurs essaient de majorer notablement le prix de vente, l'appât des bénéfices réalisés dans leur industrie fait surgir des concurrents à qui il est facile de se tailler dans la clientèle une part suffisante pour prospérer, en vendant à des prix inférieurs à ceux des usines coalisées, sans pour cela descendre au-dessous du prix de revient. Les tentatives d'accaparement du marché faites en vue d'exagérer artificiellement les prix, comme il s'en est produit à diverses reprises pour le cuivre, par exemple, ont toujours échoué, tandis que les trusts ou les cartels se contentant de bénéfices modérés, comme ceux de la fonte en France ou de la houille en Allemagne, subsistaient et prospéraient.

Dans les cas intermédiaires, les trusts ou les cartels créent des situations se rapprochant plus ou moins de la concurrence ou du monopole, selon que l'ampleur du marché, combinée avec le minimum de production nécessaire pour arriver à un prix de revient satisfaisant, laisse place à des entreprises plus ou moins nombreuses. C'est ainsi que la concentration des exploitations de pétrole, aux États-Unis, a été une source de gros bénéfices, sans cependant pouvoir arrêter la baisse des prix amenée par le développement des régions productrices.

Au point de vue de la facilité des coalitions, le bon marché actuel des transports contre-balancerait sans doute, par l'extension des marchés, l'effet des avantages que les progrès du machinisme assurent à, la production en grand, si les gouvernements n'arrêtaient pas la circulation des produits par des barrières douanières. Pour toutes les marchandises d'une certaine valeur, le monde entier ne constitue plus qu'un marché unique ; même des produits pondéreux, comme la houille, circulent d'un hémisphère à l'autre. En dehors de quelques minéraux rares, il ne pourrait guère

Clément Colson

aujourd'hui se créer dans le monde de quasi-monopoles, si ce n'est au moyen d'ententes conclues avec les chemins de fer pour fermer l'accès de certaines régions aux concurrents des établissements fusionnés ou coalisés. Des abus de ce genre se sont produits aux États-Unis, et c'est une des raisons qui justifient l'intervention de la puissance publique pour empêcher les traités particuliers entre les compagnies concessionnaires de voies ferrées et certains groupes de producteurs. Seulement, pour constituer une garantie efficace contre les tentatives d'accaparement du marché, il faudrait que cette législation ne fût pas contrecarrée dans ses effets par la politique protectionniste, qui est la mère des trusts, disait jadis le président de l'un d'eux.

La concurrence ne se trouve donc pas partout ; et d'aucuns soutiennent même qu'on ne la trouve nulle part, parce que nulle part les prétendus concurrents ne sont placés dans des conditions d'égalité absolue. Nous n'avons pas dissimulé l'existence de ces situations naturellement privilégiées, qui donnent naissance au phénomène de la rente. On dit parfois que les possesseurs des terres particulièrement bien situées ou fertiles ont un monopole, parce qu'ils jouissent seuls de certaines conditions particulièrement favorables à la production. Mais c'est là une erreur manifeste, car il est évident que la concurrence subsiste entre les propriétaires de terres arables ou de maisons à louer, dans tous les pays où la propriété est divisée, même sans que la division soit poussée très loin.

L'assimilation que l'on prétend établir entre les situations exceptionnellement avantageuses et les monopoles serait présentée d'une manière plus conforme à la réalité, si l'on disait que tout monopole, naturel on légal, ne s'applique effectivement qu'à certains avantages dans une production. En effet, la liberté qu'a presque toujours le public de substituer à un produit on à un service un autre produit ou un autre service, obtenu dans des conditions différentes, expose le monopoleur qui abuserait de ses avantages à voir surgir de véritables concurrences même dans l'exploitation qui se rapproche le plus d'un monopole résultant de la nature des choses, celle des chemins de fer, ce, monopole a pour objet, non les transports d'une manière générale, mais seulement un mode particulier de transport, et les exigences du détenteur de ce monopole sont limitées par la concurrence possible des routes ou de la navigation. Les seuls monopoles absolus sont ceux que l'État s'est réservés, comme le service des transports postaux ou la vente du tabac, parce qn'aussitôt qu'un succédané apparaît, le législateur se hâte de l'interdire ou de l'englober dans la production monopolisée.

Cependant, sans âtre absolu, un monopole naturel portant sur un procédé aussi supérieur que l'est le chemin de fer, dans la plupart des cas, à tous ceux qui peuvent desservir les mêmes besoins, exclut presque toujours la concurrence. C'est pourquoi le contrôle de l'État s'impose et la gestion en régie directe est elle-même défendable dans cette industrie, - bien que les inconvénients de l'un, comme ceux de l'autre, y soient très sensibles et que nul pays n'ait encore trouvé le moyen de les atténuer suffisamment pour que l'on puisse considérer le problème du régime des voies ferrées comme résolu.

Mais, en dehors de ces voies et des mines de quelques métaux rares, on peut dire que ni les avantages de situation, ni les coalitions n'excluent pratiquement la concurrence ; ils en modifient légèrement les conditions, sans la supprimer. Si la production en grand possède une supériorité incontestable dans beaucoup d'industries, tous les avantages qu'on en peut attendre sont réalisés bien avant qu'un établissement ou un groupe d'établissements fusionnés ait atteint le développement nécessaire pour suffire seul à tous les besoins du marché, surtout avec son étendue actuelle. Au delà d'un certain point, l'augmentation des dimensions d'une très grande entreprise n'accroît plus sensiblement ses avantages techniques. Dès lors, la difficulté de la diriger et d'en coordonner les diverses branches permet à des entreprises moins étendues de subsister ou de renaître à côté d'elle et de la tenir en haleine.

D'autre part, les terrains les mieux situés et les plus fertiles sont depuis longtemps appropriés, et le droit de les utiliser se paye par un loyer ou par une dépense en capital qui entre dans les charges de l'entreprise. La découverte d'un nouvel emplacement jouissant d'avantages non encore connus et capitalisés, comme celle d'un procédé technique perfectionné, comme la possession de qualités personnelles rares, assure à un entrepreneur une certaine supériorité sur ses concurrents. Par contre, celui qui s'installe dans une mauvaise situation, qui emploie des méthodes arriérées ou qui manque des capacités nécessaires est dans une infériorité évidente. Ces inégalités font prospérer les uns, tandis que les autres végètent, que d'autres encore échouent complètement et se ruinent ; elles n'empêchent nullement la concurrence de subsister et de servir à tous de stimulant.

Sans doute, il n'y a pas, pour chaque espèce de produits, un prix de revient unique ; on petit même dire qu'il n'y a pas deux établissements où les frais de production par unité soient identiques. Mais, à un moment donné, il y a un prix dû revient moyen dont s'écartent peu la plupart des établissements ; quelques-uns, qui réussissent à se maintenir au-dessous, étendent leurs affaires et s'enrichissent ; d'autres, qui restent au-dessus, périclitent et disparaissent. À chaque instant, les changements qui surviennent dans les conditions du marché des matières premières, de celui de la main-d'œuvre et de celui des produits, dans l'habileté de la direction et dans les dispositions du personnel et de la clientèle, modifient les situations respectives des uns et des autres ; c'est précisément pour cela que la concurrence, sans cesse renaissante, incite les plus habiles à prendre l'initiative du progrès et oblige les autres à les suivre.

III
Mesure dans laquelle les prix effectivement payés répondent à la théorie.

Ainsi, la concurrence se retrouve dans toutes les transactions, à de bien rares exceptions près, et domine toute la vie économique, en fait comme en théorie. Ce qui reste vrai, dans les dires des adversaires des doctrines économiques, c'est que les conditions nécessaires pour qu'un prix unique s'établisse sur le marché, d'après l'importance totale de l'offre et de la demande d'une marchandise, sont rarement réunies ; ce n'est guère que dans les Bourses, et seulement pour les valeurs ou les produits ayant un marché très large, qu'on voit cette réunion d'acheteurs et de vendeurs nombreux, offrant ou demandant publiquement des quantités variables d'objets parfaitement identiques (titres d'une même série, blés, sucres ou cotons conformes à un même type), d'où résulte à chaque instant un prix réellement et complètement déterminé par les dispositions des uns ou des autres. Partout ailleurs, les offres et les demandes ne reçoivent qu'une publicité imparfaite, les objets sur lesquels portent les transactions ne sont jamais absolument identiques, ils ne sont ni livrables ni payables au même moment et au même endroit. Dans le commerce de détail, en particulier, chaque client a ses goûts propres, et jamais deux boutiques ne sont assez voisines, ni approvisionnées de marchandises assez semblables pour que le choix qu'il fait entre elles soit uniquement déterminé par le prix. En réalité, des marchandises très analogues se vendent à des prix très différents, selon que la proximité plus ou moins grande d'un public plus ou moins nombreux et riche, l'aspect plus ou moins luxueux du magasin, la variété plus ou moins grande des produits et des qualités tenus à la disposition des amateurs facilitent ou entravent le développement de la clientèle.

À ces différences de prix répondent, en général, des écarts dans les frais de loyer, de personnel, d'aménagement du magasin, dans les pertes sur les crédits faits aux acheteurs ou sur les marchandises approvisionnées et non vendues, qui les justifient économiquement. Il en est d'autres qui sont moins légitimes. Les producteurs n'attirent pas seulement la clientèle par le bas prix ou la bonne qualité des marchandises : la réclame, l'habileté à parer des produits médiocres jouent un grand rôle parmi les causes de succès. Les consommateurs surtout sont souvent-mal renseignés, trompés par les apparences ; la plupart d'entre eux n'ont ni le temps, ni la compétence voulus pour examiner et apprécier exactement la qualité des objets ou des services infiniment divers qu'ils achètent, en sorte qu'ils paient parfois cher un produit médiocre, tandis qu'un peu plus loin des produits bien supérieurs et répondant bien mieux à leurs désirs ne trouvent pas acquéreur. Sans doute, l'expérience prouve que, si la réclame suffit pour attirer la clientèle, il faut la bien servir pour la conserver ; mais encore faut-il que celui qui la servirait le mieux arrive à se faire connaître d'elle, et bien souvent il n'y réussit pas.

Tout cela est vrai, et tout cela empêche les lois établies par la théorie des prix de s'appliquer avec une exactitude rigoureuse dans la pratique, de même que les frottements, la flexibilité des pièces qui devraient être rigides, la déperdition de chaleur, etc., empêchent le rendement pratique d'une machine d'atteindre jamais son rendement théorique. Mais, malgré ces imperfections, la théorie explique seule et domine la pratique ; elle seule permet de se rendre compte de ce qui est possible et de ce qui est impossible. Dans le nombre énorme des transactions qui se font chaque jour, il en est bien peu où le prix fixé soit exactement celui qui répondrait à l'importance réelle des offres et des demandes, aux conditions de la production, etc. Mais une chose est certaine, c'est que jamais la généralité *des prix* ne restera, pendant un temps appréciable, à un niveau inférieur ou supérieur à celui qui répond à l'égalité entre l'offre et la demande et à la rémunération normale des services producteurs ; il est en effet radicalement impossible que la concurrence entre les acheteurs trop nombreux dans un cas, entre les vendeurs en excès dans l'autre, ne ramène pas promptement les prix aux environs du niveau d'équilibre.

On a comparé avec raison ce niveau à celui de l'Océan, sans cesse agité par les marées et les vents. Le calcul permet de déterminer exactement la position que la surface des mers doit prendre à chaque instant, sous l'action du soleil et de la lune. Dans la réalité, cette surface ne revêt point la forme simple que le calcul indiquerait : les vents y produisent tantôt des rides à peine perceptibles, tantôt des vagues énormes ; chacune des gouttes d'eau qui la composent monte et descend sans cesse et bien peu d'entre elles sont, à un instant donné, juste au niveau déterminé par la théorie. Seulement, c'est autour de ce niveau que toutes oscillent ; c'est lui qui détermine, sauf un écart relativement faible, jusqu'où les eaux s'avanceront sur la grève ; rien au monde ne peut faire, ni que la surface entière de l'Océan monte au-dessus ou descende au-dessous de lui, ni que les écarts locaux constatés à un instant donné se perpétuent.

Les théories économiques sont 'bien loin d'être arrivées au même degré de précision que le calcul des marées, de leur influence sur la rotation de la terre, etc. Elles permettent néanmoins, dès à présent, de comprendre comment se détermine le, niveau moyen autour duquel oscillent les prix d'où dépendent : 1° la rémunération obtenue par chaque individu pour le concours qu'il apporte à la production, par son travail ou par ses capitaux ; 2° la quantité de choses nécessaires à la vie qu'il peut obtenir, grâce à cette rémunération. Elles montrent aussi l'impossibilité de modifier ce niveau moyen par une action directe, car nulle autorité ne peut faire qu'un équilibre, même momentané, s'établisse sur un marché où le prix d'un produit ne serait pas celui pour lequel la quantité offerte égalera la quantité demandée. Enfin, elles permettent de comprendre et de prévoir les effets des causes naturelles ou artificielles qui, en modifiant les conditions de l'offre ou de la demande, entraînent des modifications dans les prix. Elles présentent ainsi tous les caractères d'une science qui découvre les lois des phénomènes et qui nous apprend à en tirer parti, au lieu de les méconnaître. Elles peuvent donc revendiquer une place légitime parmi les connaissances positives qui ont si largement étendu, depuis plus d'un siècle, notre compréhension de la nature et les bénéfices qu'on tire l'humanité.

Chapitre IV
L'organisation spontanée du monde économique

Sommaire :
I. La production dirigée par la consommation, grâce au mécanisme des prix.
II. Différence essentielle entre la concurrence économique et la lutte pour la vie.
III. La concurrence et le rendement de l'effort humain.
IV. Les vraies objections au régime libéral.

I
La production dirigée par la consommation,

grâce au mécanisme des prix.

La théorie des prix permet de comprendre par quel mécanisme merveilleux la vie économique s'organise d'elle-même, de telle sorte que la production s'adapte avec une exactitude presque complète aux besoins manifestés par une demande et mesurés, au point de vue de leur intensité, par le prix jusqu'auquel cette demande est maintenue. Dès qu'un produit est fourni sur le marché en quantité insuffisante ou excessive, la hausse ou la baisse incite les entrepreneurs à en développer ou à en restreindre la production. Dès que la main-d'œuvre ou l'outillage font défaut ou surabondent spécialement dans une industrie ou dans une région, un accroissement ou une diminution du salaire ou de l'intérêt, par rapport au taux en usage ailleurs, y attire ou en éloigne les travailleurs ou les capitaux. Si, d'une manière générale, il y a pléthore ou déficit, soit de bras, soit d'épargne disponible, une modification dans le taux respectif du salaire ou de l'intérêt pousse les entrepreneurs, chaque fois qu'ils remanient quelque partie de leurs ateliers, à choisir une combinaison qui remplace dans quelques emplois les services producteurs devenus relativement trop rares par ceux qui surabondent, et cela dans la mesure nécessaire pour assurer l'emploi de tous. Les équilibres qui s'établissent ainsi sont des équilibres stables, répondant à des situations vers lesquelles le jeu de la concurrence ramène sans cesse les éléments de la vie économique qui s'en écarteraient. Toutes ces situations sont déterminées, en dernière analyse, par les consommateurs, dont la demande oriente constamment la production vers les branches d'activité qui satisfont le mieux les désirs permanents ou temporaires de l'humanité.

C'est la concurrence qui désigne, parmi les entreprises organisées en vue de donner satisfaction à ces désirs, celles auxquelles s'adresseront les consommateurs, celles qui prospéreront ou qui péricliteront ; c'est elle aussi qui assigne à chaque travailleur un emploi et une rétribution en rapport avec la valeur de ses services. C'est elle, enfin, qui sert de stimulant à tous et qui oblige les moins clairvoyants et les moins énergiques à suivre la voie où prospèrent les habiles et à faire les efforts nécessaires pour collaborer utilement à la production.

II
Différence essentielle entre la concurrence économique et la lutte pour la vie.

Les réformateurs de la société ont maintes fois comparé cette concurrence économique à la lutte pour la vie, si bien mise en lumière par Darwin, qui assure dans le monde animal la survivance des plus aptes et l'élimination des êtres insuffisamment armés pour disputer aux autres leur subsistance. Ils se sont indignés contre les économistes sans entrailles, qui assistent impassibles à l'écrasement des faibles, grâce auquel la sélection naturelle s'opère, et à l'accumulation par les forts de richesses dépassant tous leurs besoins, tandis que d'autres ont tant de peine à vivre. Ils n'oublient qu'une chose : c'est qu'il n'y a aucun rapport entre la lutte engagée entre des animaux, qui se disputent les aliments offerts par la nature à leurs appétits sans pouvoir en accroître la masse, et la concurrence entre les hommes, qui produisent eux-mêmes par leur industrie les objets nécessaires à la satisfaction de leurs besoins.

L'erreur fondamentale des adversaires de l'ordre économique actuel, identique au fond à l'ordre économique de tous les temps où la violence n'a pas régné seule, est de croire que, pour s'enrichir, il faut prendre le bien d'autrui, que nul homme ne peut manger double portion sans obliger un autre à jeûner. Sans doute, il y a des fortunes faites de rapines ouvertes ou dissimulées, et c'est la tâche de la puissance publique de réprimer la violence ou la fraude. Mais celui qui produit mieux et plus vite que ses concurrents ne leur prend rien ; il contribue mieux qu'eux à alimenter le marché et, s'il peut acheter une part plus forte dans les biens qui y sont offerts, c'est précisément dans la mesure où la valeur de ceux qu'il apporte en échange grossit la masse totale à consommer. Le travailleur moins habile qu'un autre n'est pas pour cela hors d'état de gagner un salaire, dans un pays où la liberté du travail est assurée ; il est seulement obligé de se contenter d'une rémunération moindre, dans la proportion où sa production est moindre. Sans doute, il est des infirmes qui ne peuvent pas vivre uniquement de leur salaire et dont quelques-uns même sont incapables de rien gagner ; il faut bien que la charité des autres pourvoie à leurs besoins. Mais leur misère n'a pas pour cause l'aisance ou la richesse de ceux qui produisent davantage ; elle provient uniquement de leur incapacité personnelle à produire l'équivalent de ce ([n'il leur faut consommer, alors que le destin normal de l'homme est de vivre des produits de son travail ou de ceux du travail présent et passé de sa famille.

S'il y a réellement des. ruines causées par la lutte industrielle, ceux qu'elle frappe ne sont pas les travailleurs, car ils ont reçu chaque quinzaine le salaire du travail accompli et rien ne les rive à l'établissement ruiné. Les victimes sont les capitalistes, grands ou petits, dont l'avoir se trouve immobilisé dans des entreprises hors d'état de soutenir la concurrence d'entreprises mieux organisées, mieux dirigées, installées dans des emplacements mieux choisis ou appliquant des procédés plus perfectionnés. Le capital consacré à créer un outillage que des méthodes meilleures rendent inutilisable est définitivement perdu ; mais ce n'est pas à la conservation des capitaux que les réformateurs sociaux s'intéressent. Si les capitalistes mal avisés ou malchanceux retombent dans le prolétariat, l'inégalité des hommes n'en est point accrue et, pourvu qu'ils restent aptes à travailler, leur travail leur vaudra toujours un salaire en rapport avec sa productivité.

Car rien n'est plus faux que cette idée, si répandue dans les classes populaires, qu'il n'y a point de travail pour tous les hommes, qu'il y a dans la société une quantité limitée de besogne à faire et que l'ouvrier qui en exécute plus que sa part réduit un autre au chômage. Les œuvres utiles qui ne peuvent être entreprises faute de bras, les productions qui seraient accrues par l'emploi d'un supplément de main-d'œuvre sont innombrables. Les débouchés ne sauraient d'ailleurs manquer au surcroît de produits obtenu par J'emploi de travailleurs plus nombreux, puisque la rémunération donnée à ceux-ci leur sert précisément à acheter de quoi satisfaire à leurs besoins. Quand une ou plusieurs industries se plaignent de ne pouvoir écouler leurs produits, cela veut dire simplement que, dans l'état actuel du marché, elles ne peuvent les écouler sans perte, soit parce que certaines branches de la production ont pris un développement hors de proportion avec l'importance relative des besoins auxquels elles répondent, soit parce que, certains prix ne sont plus en rapport avec l'état du marché ; mais le libre jeu de la concurrence, que nous décrivions plus haut, ne tarde pas à ramener ces prix au niveau nécessaire pour que l'équilibre se rétablisse entre la consommation et la production convenablement rémunérée.

Ce qui est vrai, c'est que le retour à l'équilibre se produit souvent par des secousses violentes, des crises au cours desquelles la chute de certaines maisons, la restriction de l'activité de beaucoup d'autres laissent sans travail une partie de leur personnel, jusqu'au jour où sera réalisée une répartition nouvelle, mieux en rapport avec les besoins. Il en est de même, quand une découverte amène une industrie à se transformer ou à se déplacer, comme une grande partie de la métallurgie française s'est transportée du bassin de la Loire dans celui de Meurthe-et-Moselle, lorsque l'emploi des procédés permettant d'utiliser des minerais phosphoreux s'est développé ; ces progrès ne, s'effectuent pas sans entraîner de grandes pertes de capitaux et des périodes de chômage très douloureuses. C'est encore un cas où la charité doit venir atténuer les misères qui accompagnent les modifications économiques, jusqu'au jour où leur pression aura obligé les populations à s'adapter aux conditions nouvelles. Mais la supériorité du mode de production qui a éliminé les établissements anciens ne tarde pas à se manifester, comme on le voit dans la région de Longwy, par un essor de prospérité pour les entreprises et par le développement d'une population ouvrière bénéficiant de salaires élevés. Les retours d'activité qui suivent périodiquement les crises générales produisent des effets analogues.

Ainsi, ce qu'on voit en réalité, dans la vie économique basée sur la concurrence, ce n'est pas la force arrachant à la faiblesse des moyens de subsistance et des emplois en nombre limité ; c'est un essor de la production auquel tous participent, quoique inégalement et par suite avec des gains inégaux, essor interrompu seulement, en certains endroits on à certains moments, par des engorgements et des crises au cours desquels l'assistance doit subvenir aux besoins d'une partie de la population, réduite momentanément à une véritable impossibilité de se suffire.

III
La concurrence et le rendement
de l'effort humain.

Une critique plus fondée, à laquelle prête l'organisation spontanée fondée sur la concurrence, porte sur les faux frais et les pertes de force considérables engendrés par la multiplicité des entreprises et par leur rivalité. On ne saurait nier l'importance des gaspillages qu'entraînent la coexistence d'organes de direction et d'études dont beaucoup accomplissent la même besogne sans collaborer, les rapports entre tous ces organes, la publicité par laquelle chaque producteur cherche à, étendre sa clientèle aux dépens des autres, les transports inutiles effectués quand une usine du Nord réussit à vendre dans le Midi des produits identiques à ceux qu'une usine du Midi fabrique et vend en partie dans le Nord, etc., etc.

Mais la concentration de toutes les entreprises sous une direction unique, c'est-à-dire sous la direction de l'État, entraînerait des pertes qui, pour être d'une nature différente, ne seraient pas moindres. Elle aurait pour conséquence inévitable l'organisation d'une hiérarchie complexe, l'introduction dans toutes les branches de l'activité humaine de cette multiplicité de rapports, de correspondances, de conférences, de délibérations, de commissions, d'inspections et de contrôles qui caractérisent les administrations publiques. Il est vrai que l'opinion considère volontiers, dans chaque pays, cette complication de rouages comme un défaut particulier à sa bureaucratie et facilement corrigeable. Malheureusement, un peu de réflexion et d'expérience suffit pour montrer qu'il y a là un mal qui tient à l'essence même du fonctionnement de tout service public. Du moment où une entreprise est gérée et dirigée par des hommes à qui elle n'appartient pas et qui ne tirent pas un profit direct de son bon rendement, où sa clientèle ne peut pas s'adresser à d'autres fournisseurs si elle n'est pas satisfaite, il faut bien surveiller et contrôler la conduite de chaque, agent, donner à tous les intérêts en jeu le moyen de, se faire entendre avant qu'une décision soit prise, entourer cette décision de toutes les garanties possibles, subordonner à une instruction préalable, où tous les avis seront écoutés, chaque innovation qui peut se traduire par un gaspillage des ressources sociales. On arrive ainsi à dépenser autant et souvent plus de temps et de travail que n'en épargne la suppression des frais engendrés par la concurrence. Mais, bien entendu, on ne retrouve pas l'équivalent du merveilleux stimulant que donne celle-ci. Les contrôles et les garanties peuvent bien rendre plus rares les erreurs graves ou les négligences excessives ; ils ne donnent pas l'ardeur, l'initiative, l'énergie qui font la vie et le progrès.

La concurrence est, en effet, le seul correctif connu de la tendance constante qu'a tout organisme à s'engourdir, à devenir lent et routinier. Les entreprises privées sont loin, au moins en France, d'avoir un meilleur recrutement que les services publics ; la tendance à la négligence, au népotisme, à la paperasserie, dès que les rouages sont un peu complexes, la résistance à toute transformation y sont tout aussi grandes. Si, dans l'ensemble, la supériorité de leur rendement économique est incontestable, la vraie cause en est la concurrence, qui leur interdit de s'endormir dans ces vices. C'est faute de cet aiguillon que les administrations publiques ont tant de peine a n'y pas succomber, malgré tous les avis des réformateurs, qui ne leur manquent jamais.

Nul règlement, en effet, ne peut faire que chacune d'elles ait constamment à sa tête des hommes qui, à la fois, connaissent assez le service pour le modifier sans le désorganiser et n'aient pas été rendus, par l'accoutumance, insensibles à ses imperfections autant qu'incrédules à la possibilité d'y remédier ; aucun procédé ne peut assurer la nomination de chefs à qui l'on puisse conférer, sans craindre les faveurs arbitraires, la liberté de choix. indispensable pour tenir compte, dans l'avancement du personnel, des qualités que l'ancienneté ne donne pas et que le concours ne révèle pas. Ces qualités diverses, si difficilement conciliables, ne sont pas plus fréquemment réunies dans les chefs des industries privées que dans ceux des services publics. Mais il suffit qu'une maison sur cent ait à sa tète un directeur qui les possède, pour que son développement

Clément Colson

oblige toutes les entreprises concurrentes à déployer quelque activité, à restreindre le coulage et les dépenses inutiles, à confier, sinon tous les emplois, du moins les principaux d'entre eux à des hommes capables de les remplir. La nécessité les y contraint, car celles qui n'y parviennent pas sont bien vite éliminées de la lutte et cèdent la place à de plus aptes.

C'est l'impossibilité de remplacer efficacement le stimulant de la concurrence qui fait la supériorité de l'organisation spontanée du monde économique, malgré toutes ses imperfections, sur toutes les conceptions de régimes socialistes comportant l'absorption par l'État de toutes les entreprises, sous une forme ou sous une autre. Les réformateurs qui ne se paient pas de mots s'en rendent bien compte. Aussi beaucoup d'entre eux se bornent-ils à demander que l'État, sans substituer son action à celle des particuliers, intervienne pour prévenir les abus de la concurrence à outrance.

Qu'il rentre dans la mission de l'État de réprimer les fraudes ou les violences tendant à fausser les conditions de la concurrence, nous l'avons déjà déclaré et nous insisterons plus loin sur la manière tout à fait insuffisante dont il s'acquitte aujourd'hui de cette tâche, au moins en ce qui concerne le maintien de l'ordre. Mais autre chose est réprimer les atteintes à la liberté des concurrents et à la loyauté des contrats, autre chose limiter la concurrence et en contrecarrer les effets. On ne peut pas, sans doute, condamner *a priori* toute intervention de l'État et en établir, par une démonstration générale, le caractère nocif ; mais une longue expérience montre qu'une législation dirigée contre la concurrence est presque toujours un obstacle au progrès et une cause de dépenses ruineuses. On comprend d'ailleurs qu'il en soit ainsi, quand on cherche à se rendre compte du sens précis des mots *limitation de la concurrence*.

Empêcher la concurrence à outrance, cela ne veut rien dire, ou bien cela signifie qu'on entravera le développement des affaires prospères, de celles qui, par leur bonne direction, par la manière dont elles satisfont leur clientèle,. prennent un développement jugé excessif, - et que, d'autre part, on soutiendra celles que la médiocrité de leur direction, l'emploi de méthodes surannées, le mécontentement de la clientèle font péricliter. La protection, par définition même, va toujours aux faibles, c'est-à-dire aux incapables. Si on la leur donne à titre d'assistance, en sachant quel sacrifice on fait dans un esprit de charité, rien de mieux. Mais il ne faut pas prétendre introduire plus de justice dans la société et favoriser le progrès, soit en opérant par l'impôt, avoué ou déguisé, un prélèvement sur les biens accumulés par les hommes habiles, énergiques et prévoyants, afin de soutenir les entreprises mal conçues ou mal dirigées, - soit en empêchant les propriétaires de capitaux d'en faire l'usage le plus profitable, les consommateurs de s'adresser aux producteurs ou aux négociants qui les servent le mieux, - le tout clans le but, tantôt de prolonger la durée d'entreprises incapables de vivre parce qu'elles absorbent des matières et des services ayant une valeur supérieure à celle de leurs produits, tantôt de faire toucher à des ouvriers médiocres, sous le nom de salaire, des sommes qui ne sont pas réellement gagnées par leur travail. L'exemple le plus récent et le plus topique en a été donné par le législateur français quand, récemment encore, il consacrait chaque année des millions à soutenir et à développer un mode de transport condamné dans le monde entier par le progrès industriel, la grande navigation a voiles.

IV
Les vraies objections au régime libéral.

L'expérience, comme le raisonnement, montre donc que la liberté, aiguillonnée par la concurrence, est encore le meilleur moyen d'organiser la production de manière à obtenir les résultats les plus profitables pour l'humanité, à donner à ses besoins le maximum de satisfaction avec le minimum d'efforts. À cet égard, les enseignements de la vieille doctrine libérale résistent victorieusement à toutes les attaques. C'est seulement au point de vue de la répartition des biens que l'organisation spontanée du inonde économique peut donner lieu à des critiques assez sérieuses pour faire douter de la légitimité des conséquences de ces doctrines.

En effet, lorsque l'activité humaine est guidée et dirigée par le mécanisme des prix, ce qui détermine, parmi tous les besoins

Clément Colson

humains, ceux auxquels satisfaction sera donnée, ce n'est pas uniquement leur intensité respective, c'est aussi et même principalement le montant des ressources dont disposent les individus qui les éprouvent. Entre les divers besoins d'une même famille, les prix qu'elle consentirait à payer pour satisfaire soit l'un, soit l'autre donnent bien une mesure de leur intensité respective. Mais ce critérium est sans aucune valeur pour établir une comparaison entre les besoins d'individus appartenant à des familles différentes - le riche peut offrir, pour un caprice qu'il aura oublié dans un moment, plus que le pauvre pour des nécessités urgentes. Le développement des entreprises, réglé par les chances de bénéfices qu'elles offrent, attire dans les industries de luxe, dont les produits sont réservés à une petite minorité d'hommes comblés de biens, une quantité de travail et de capital que l'État socialiste emploierait petit-être d'une manière plus utile à améliorer légèrement le sort de la masse, et, que l'État interventionniste pourrait aiguiller quelque peu dans la même direction.

C'est là, il faut en convenir, un argument très puissant contre le régime libéral, le seul, à vrai dire, qui nous paraisse mériter la discussion, car tous les autres sont faciles à réfuter.

Nous avons en effet peine à concevoir, nous l'avouons, qu'un penseur sincère, ayant la moindre expérience des affaires, puisse mettre en doute la déperdition énorme de forces qu'entraînerait la direction par l'État de toutes les entreprises et la diminution effrayante des efforts individuels qu'amènerait la suppression ou simplement une atténuation notable de toute concurrence ; l'observation la plus superficielle suffit à faire voir la gravité des effets analogues qu'entraîne déjà l'intervention trop fréquente du législateur dans le domaine économique. Nous jugeons tout à fait superflu de nous arrêter ici sur les abus, le favoritisme et l'avilissement des caractères qui seraient la conséquence inévitable de la répartition directe de toutes les tâches et de tous les produits par une autorité publique, - ou sur ceux qui résultent déjà de la simple intervention de cette autorité, quand elle s'efforce de modifier la répartition résultant du libre jeu des initiatives privées ; il n'est pas en effet un homme de bonne foi qui puisse méconnaître ces périls, Nous n'insisterons pas non plus sur des points plus délicats, tels que l'impossibilité de trouver une mesure directe de l'intensité des besoins, de l'utilité des produits, du mérite respectif de travaux différents, problèmes qu'il faudrait cependant résoudre pour substituer, dans la direction générale des forces productrices et dans la répartition des biens et des fonctions, une appréciation officielle de ces divers éléments à la valeur d'échange et aux prix, grandeurs parfaitement définies et mesurables.

Nous ne nous arrêterons sur aucune de ces difficultés, évidentes autant que sérieuses, des conceptions opposées au libéralisme, parce que, si graves qu'elles soient, elles ne constitueraient pas à nos yeux des raisons suffisantes pour repousser les transformations sociales les plus radicales et les plus aléatoires, si réellement tous les hommes avaient les mêmes droits sur les richesses produites par le travail de tous, si l'inégalité des jouissances, telle qu'elle apparaît dans toutes les sociétés civilisées, était aussi inique qu'elle est grande. Est-il vrai que la répartition née du libre jeu des forces économiques repose sur l'abus de la force et sur l'injustice ? Là est la question capitale, pour quiconque estime que nulle considération d'utilité ne peut prévaloir sur l'idée de justice.

Chapitre V
La justice dans la répartition des biens

Sommaire :
I. Les bases d'une juste répartition.
II. Le rôle du travail manuel et celui de la pensée inventive, directrice et prévoyante dans la production.
III. La justice dans-la détermination des salaires, du taux de l'intérêt et de la rente du sol.
IV. La justice dans la transmission des biens.
V. Bénéfices que tirent les travailleurs de l'accumulation des capitaux.

I
Les bases d'une juste répartition.

Puisque l'homme ne se borne pas à recueillir les fruits naturels du sol, qui ne suffiraient pas à nourrir misérablement la centième partie de la population actuelle du globe, puisqu'il doit, par son travail, astreindre la terre à lui fournir, puis transformer tout ce qu'il consomme, sauf des exceptions négligeables, la base des droits de chacun dans les biens produits, c'est la part qu'il a prise à leur production. Les détenteurs actuels des instruments créés ou mis en valeur par les générations antérieures, en vue de faciliter cette production, ne puisent dans leur possession aucun droit propre ; mais ils usent des droits que leur ont transmis leurs auteurs, quand ils jouissent des richesses que ceux-ci eussent pu légitimement consommer et qu'ils ont préféré conserver, afin d'assurer leur avenir et celui de leur postérité.

Pour apprécier si l'inégalité qui en résulte, dans la répartition des biens entre les hommes, est justifiée, la première question à se poser est celle de savoir si une inégalité analogue se retrouve dans leur participation respective à la production. Or, quand on y réfléchit, on constate que les différences sont sans doute plus grandes encore entre l'efficacité productrice des efforts des hommes qu'entre leur part dans les richesses produites.

II
Le rôle du travail manuel
et celui de la pensée inventive, directrice
et prévoyante dans la production.

C'est là une notion en contradiction avec l'idée qui se trouve, plus ou moins mise en lumière, au fond de toutes les conceptions socialistes ou socialisantes tendant à assurer aux ouvriers, dans la direction de la société et dans ses avantages, une prépondérance en rapport avec la supériorité de leur nombre. Cette idée, c'est que le travail est le seul élément à envisager dans la production. Karl Marx en a fait la base de toute sa doctrine, en admettant comme un axiome que la valeur de chaque produit se mesure par le temps de travail nécessaire pour l'obtenir. Les théoriciens ne vont pas jusqu'à contester, comme bon nombre d'ouvriers, que le travail intellectuel soit un travail véritable ; mais beaucoup, d'entre eux ne lui reconnaissent nul droit à un salaire supérieur à celui du travail manuel, et bien peu osent admettre que l'écart puisse et doive être énorme.

Or, à y bien regarder, on reconnaît que la part du travail manuel, envisagé en lui-même, dans l'efficacité de la production, est infime, et que c'est la pensée qui est la véritable créatrice de presque tous les biens dont l'humanité dispose. Et quand nous disons la pensée, nous ne voulons point parler de cette intelligence commune qui distingue l'homme des animaux, qui est nécessaire, à des degrés variables, au simple manœuvre, pour faire de sa force musculaire un emploi utile sans avoir besoin d'être guidé dans tous ses pas comme le bœuf de labour, - à l'artisan, pour confectionner un objet délicat suivant les règles générales de l'art et les conditions spéciales de chaque commande, - au mécanicien, pour conduire et entretenir sa machine, -au copiste, pour mettre au net sans erreurs un texte plein de corrections, - au commis, pour tenir des registres, rédiger des lettres dans le sens indiqué, débiter des articles variés aux prix fixés, etc., etc. Certes, ces besognes routinières sont exécutées dans des conditions très différentes, selon le plus ou moins de jugement et surtout de conscience des travailleurs à qui elles sont confiées, et la justice exige que la rémunération de chacun de ceux-ci tienne compte de ces qualités ; mais leur part dans le progrès social, dans l'amélioration du sort de l'humanité est bien restreinte, à côté de celle de la pensée inventive, directrice et prévoyante.

Inventive d'abord : on est singulièrement frappé de l'immensité de son rôle, quand on songe à tout ce que notre civilisation a exigé de découvertes, grandes ou petites, simples ou compliquées, pour atteindre son développement actuel. Il n'est pas une seule des opérations les plus élémentaires de l'agriculture, de l'industrie, du commerce, pas un acte de la vie du ménage le plus modeste, qui ne mette en œuvre une succession d'inventions et de perfection-nements innombrables. Sans doute, toutes ces inventions ne sont que des applications des lois naturelles. Mais, pour remarquer les résultats utiles produits dans certaines circonstances par le fonctionnement de ces lois, pour trouver les moyens de les mettre enjeu de manière à reproduire à volonté les effets désirés, quels dons d'observation et d'imagination n'a-t-il pas fallu déployer ! Les combinaisons les plus simples ont pu être inventées par des esprits peu cultivés et, de nos jours encore, beaucoup de perfectionnements de détail sont constamment réalisés, dans toutes les industries, par des ouvriers ingénieux. Puis, à mesure que la science nous a permis de mieux connaître les phénomènes naturels dans toute leur complexité, on a vu plus fréquemment les applications des théories les plus hautes transformer les conditions de la production et de la circulation.

Comme on l'a dit avec raison, le patrimoine le plus précieux de l'humanité, c'est l'ensemble des connaissances théoriques et pratiques ainsi accumulées. Tout désastre matériel sera promptement réparé, tant que ces connaissances nous resteront acquises. Mais, si l'on pouvait supposer qu'elles fussent un jour perdues, des milliers d'années seraient sans doute nécessaires pour retraverser toutes les phases des progrès, d'abord très lents, puis de plus en plus rapides, qui ont engendré les conditions actuelles de la production et qui les transforment de jour en jour. Sans doute, on ne conçoit guère que les résultats acquis, passés dans la pratique, puissent réellement se perdre ; mais il n'est nullement impossible que la diminution de la haute culture arrête on ralentisse singulièrement les progrès des applications de la science, si un jour venait où le monde serait gouverné uniquement par les disciples de l'enseignement primaire.

Il est un autre rôle de l'intelligence dans la production qui, pour exiger des qualités d'un ordre moins élevé, n'en est pas moins important et dont les effets heureux cessent presque immédiatement, dès que l'action de la cause s'arrête ou se ralentit : c'est le rôle de *direction et d'organisation*.

Ce rôle est peu compliqué dans les sociétés primitives, où la plupart des familles récoltent et confectionnent elles-mêmes presque tout ce dont elles ont besoin. Mais, seules, la division du travail, la production pour le marché, permettent l'application des méthodes perfectionnées qui ont si prodigieusement accru le bien-être général. De plus en plus, la production s'organise par le groupement de capitaux et de travailleurs salariés, par l'emploi de méthodes complexes qui doivent être sans cesse modifiées ; elle va chercher ses matières premières et son outillage, elle écoule ses produits dans le monde entier et, même lorsque ses relations directes sont restreintes, elle ressent les effets de tous les changements survenus en un point quelconque du marché mondial. Pour qu'une entreprise puisse vivre, pour qu'elle soit vraiment productrice d'utilité, pour que la valeur de ses produits ne soit pas et ne devienne jamais inférieure à celle des matières et des services qu'elle absorbe, il faut qu'elle soit bien dirigée, non seulement au point de vue de son organisation intérieure, de l'emploi judicieux de son personnel, du choix de ses procédés techniques, mais au point de vue de son adaptation continuelle à la situation du marché général. C'est la différence entre les facultés organisatrices et la sûreté de jugement des chefs, plus que toute autre cause, qui fait que telle entreprise prospère, qu'elle fournit au public les produits qu'il réclame, et trouve des acquéreurs à des prix largement rémunérateurs, tandis que telle autre mange son capital et appauvrit la société en même temps qu'elle se ruine, parce qu'elle offre des marchandises inutiles on trop coûteuses.

La spéculation elle-même joue, à ce point de vue, un rôle singulièrement utile, quand elle n'est pas entachée de fraude, quand elle utilise des renseignements sérieux et ne cherche pas à en répandre de faux. Le spéculateur, c'est le négociant dont l'objectif principal est de profiter des différences des cours, en achetant aux moments et aux endroits où une marchandise peut être obtenue à bas prix, pour vendre à ceux où elle est chère ; son intervention, si elle est judicieuse, tend donc à niveler les prix, en accroissant la demande quand il les juge avec raison trop bas, en augmentant l'offre quand il constate leur élévation injustifiée. Cette action est profitable au public, soit en dirigeant les marchandises sur les points où elles sont le plus demandées, - soit en empêchant que l'effondrement des cours n'amène leur gaspillage dans certaines régions, alors qu'un homme renseigné peut savoir qu'elles font défaut ailleurs ou qu'elles feront bientôt défaut, - soit même en arrêtant, par des ventes à découvert, une hausse dont l'exagération troublerait momentanément le marché plus que de raison. C'est d'ailleurs seulement quand la spéculation rend ces services qu'elle enrichit le spéculateur. Quand celui-ci, au lieu de régulariser le fonctionnement du marché, le désorganise en opérant à contresens, il est assuré de se ruiner, puisqu'il achète dans les hauts cours et vend dans les bas ; la preuve en est l'échec de toutes les tentatives d'accaparement visant à produire une hausse artificielle, au lieu de se borner à constituer des approvisionnements pour parer à la rareté probable d'un produit.

Enfin, en dehors de leur travail personnel, certains hommes contribuent très efficacement à la production par leur prévoyance, lorsque, au lieu de consommer immédiatement les biens dont ils disposent, ils les *épargnent,* les transforment en capitaux et les conservent, dans le but d'assurer leur avenir personnel et celui de leur famille. Autant que les inventions et la bonne direction des entreprises, là développement de l'outillage mis en œuvre par l'humanité accroît la masse des biens dont elle dispose. Quand on compare les résultats que peut atteindre l'homme, en usant seulement des forces dont la nature l'a doué, à ceux qu'il obtient dès qu'il emploie quelques outils, puis la prodigieuse augmentation de puissance réalisée par les engins compliqués qui mettent à ses ordres toutes les puissances de la nature, quand on envisage toutes les œuvres de longue haleine qui ne peuvent être poursuivies qu'au moyen d'avances entretenant un peuple de travailleurs jusqu'au jour où les ouvrages exécutés commenceront à donner des fruits, on se rend compte de l'immensité des services rendus par les individus dont l'intelligence prévoyante a su résister aux tentations immédiates, pour créer des instruments de pro-duction. Ce sont ces instruments, s'ajoutant sans cesse en plus grande quantité aux dons naturels de l'homme, qui lui permettent d'accroître constamment la masse des produits obtenus avec un travail égal, de réduire même la durée de son labeur journalier sans que cet accroissement s'arrête, enfin de substituer de plus en plus fréquemment au douloureux effort musculaire la simple surveillance d'une machine, qui fournit un effort bien plus considérable sur la simple manœuvre de quelques robinets.

On voit combien sont multiples et considérables les différences qui existent dans la valeur du concours apporté par les hommes à l'œuvre de la production, et par suite dans les droits acquis par eux sur les résultats de cette œuvre. Il y a déjà un écart marqué entre l'efficacité productrice du travail du simple manœuvre, capable seulement d'accomplir les tâches les plus rudimentaires, et celle du travail de l'artisan ou de l'employé apte à s'acquitter avec intelligence d'une besogne délicate. Cet écart peut être singulièrement accentué par l'inégalité de rendement, dans un même métier, entre la journée du travailleur actif et consciencieux et celle du paresseux. Il est colossal, entre les effets utiles du labeur de l'homme qui se borne à accomplir sa tâche individuelle, suivant les procédés qui lui sont indiqués, et la contribution apportée à l'œuvre de l'humanité par ceux qui inventent des procédés plus perfectionnés pour satisfaire à ses besoins, qui dirigent habilement des entreprises complexes ou qui apportent dans ces entreprises les capitaux nécessaires pour les bien outiller. Que des différences analogues puissent et doivent légitimement en résulter dans les parts du produit total attribuées aux divers individus, cela nous paraît évident.

III
La justice dans la détermination des salaires, du taux de l'intérêt et de la rente du sol.

Une question plus délicate est de savoir si les inégalités de situation constatées dans la société concordent bien avec celles que la justice autorise et qu'elle prescrit même. C'est ici que les doutes les plus sérieux s'élèvent.

Cependant, au point de vue des salaires perçus par les hommes employés dans l'entreprise d'autrui, le jeu de l'offre et de la demande, s'il n'est pas artificiellement entravé, suffit à établir, sinon une équité absolue, du moins une tendance puissante et efficace à proportionner la rémunération de chacun aux services qu'il rend. L'intérêt de chaque employeur est d'attirer les meilleurs travailleurs, de confier les postes de direction à ceux qui sont le plus aptes à les remplir : tant qu'un patron espère, en offrant un salaire plus fort à un agent capable de faire prospérer son entreprise, tirer de sa collaboration un surcroît de gain dépassant le surcroît de frais assumé, il trouve bénéfice à l'enlever à ses rivaux, et la concurrence de ceux-ci l'oblige à le payer ce qu'il vaut, dans quelque poste que ce soit. Ce qui manque toujours le plus, dans le monde, c'est la capacité intellectuelle ; c'est pourquoi les Anglais disent qu'on ne paie jamais trop cher les cerveaux. Sans doute, comme tous les équilibres économiques, la juste proportion des salaires aux mérites ne s'établit pas partout instantanément ; mais toujours, sous un régime de liberté, elle tend à s'établir, grâce à la faculté de changer de patron, ouverte à l'homme qui ne se croit pas suffisamment apprécié. Cette tendance est rendue de plus en plus efficace, de nos jours, par les facilités croissantes que donnent aux déplacements l'étendue des informations et la rapidité des communications. Les gros traitements des ingénieurs ou des hommes d'affaires éminents, qui révoltent si fort les meneurs ouvriers, ne sont que l'application du principe même de toute justice . à chacun selon ses couvres.

Il y. a cependant des services où cette juste proportionnalité a grand'peine à s'établir, ce sont les services publics. Un employeur comme l'État, représenté par des hommes n'ayant qu'un intérêt personnel indirect au bon rendement de ses services et désignés par des procédés dont aucun ne donnera jamais des garanties suffisantes de moralité supérieure, ne peut pas leur laisser un pouvoir absolu d'appréciation ; il doit appliquer à l'avancement de tout son personnel des procédés mécaniques, peu propres à discerner le vrai mérite, et il n'évite les abus trop criants qu'en entravant la sélection. Dans les sociétés aristocratiques, on envisage volontiers les hautes fonctions publiques comme une charge dont la classe dirigeante doit s'acquitter plus ou moins gratuitement ; mais, en fait, les détenteurs du pouvoir l'exploitent presque toujours pour s'enrichir au détriment de la masse, en attachant à ces fonctions des avantages considérables, avoués ou cachés. Dans les démocraties, où ce sont les classes populaires qui dominent, il y a une tendance inverse à payer les services subalternes au-dessus de leur valeur réelle et les services de direction bien au-dessous de la leur. La tranquillité et la sécurité d'une carrière réglementée, l'appât de certains honneurs et un sentiment de dignité s'attachant à l'idée de servir la collectivité, dût-on y trouver un moindre profit, permettent un bon recrutement des corps de fonctionnaires d'un certain rang, même mal payés, quand le concours donne les moyens d'y accéder sans sollicitations humiliantes. L'industrie enlève cependant chaque jour à l'État ceux des agents supérieurs des services publics qui ont le plus de capacité, s'ils ne veulent pas ou ne peuvent pas s'offrir le luxe de fournir indéfiniment un travail payé au-dessous de sa valeur.

Les socialistes de la chaire citent, parmi les avantages de l'exploitation en régie des services publics ayant un caractère industriel, l'économie réalisée sur les traitements du haut personnel. Mais l'expérience montre que les pays OÙ les salaires de ce personnel sont trop limités sont servis en conséquence. Le rendement financier de la plupart des entreprises d'État prouve qu'il n'est pas d'économie plus onéreuse : quand on analyse celui de quelques-uns des réseaux de chemin de fer les plus importants exploités en régie dans divers pays, on reconnaît bien vite que, si la densité de la population et l'activité de l'industrie leur procurent des recettes élevées, le produit net est très inférieur à celui qu'obtiendrait une gestion mieux dirigée. C'est pourquoi l'industrie libre trouve avantage à payer le travail de chacun ce qu'il vaut, tandis que l'État ne veut pas ou n'ose pas le faire. La libre concurrence est encore le meilleur moyen de proportionner la rémunération de l'intelligence directrice, comme celle du travail manuel, à sa valeur réelle, c'est-à-dire de la fixer justement.

La faculté d'inventer, elle aussi, procure a ceux qui en sont doués des bénéfices légitimes. Elle ne tient pas une aussi grande place dans l'inégalité des gains actuels que la capacité de direction, parce que l'immense majorité des découvertes grâce auxquelles la civilisation s'est développée est tombée dans le domaine public. Une invention, d'abord mise en œuvre par ses auteurs ou par les industriels qui ont su les premiers en apprécier le mérite et courir les risques des expériences à faire, ne tarde pas à être divulguée. Les lois sur la propriété industrielle, qui de nos jours en assurent le monopole au détenteur d'un brevet sans que le secret soit nécessaire, ont donné à ce, monopole une durée limitée, par deux raisons : d'abord l'auteur d'une découverte préparée par les progrès antérieurs de la science et de l'art industriel n'a fait sans doute que devancer un peu quelque autre inventeur ; de plus, les perfectionnements continuels, imaginés par les uns ou par les autres, transforment bien vite un procédé au point de lui enlever son caractère d'œuvre personnelle. Mais, pendant sa durée, le brevet assure à son titulaire des bénéfices proportionnels aux avantages réalisés, dans la production des biens et des services, par l'application de procédés techniques nouveaux ou de perfectionnements de détail. Ces progrès, joints aux progrès analogues effectués dans l'organisation commerciale et dans l'adaptation des marchandises offertes aux besoins du public, sont l'élément essentiel de beaucoup des grandes fortunes qui se forment de nos jours et ont été l'origine légitime de beaucoup de celles qui remontent aux générations précédentes.

Enfin c'est surtout la prévoyance qui a permis à ces fortunes, comme à celles dont l'origine se trouve dans l'épargne réalisée sur des salaires gros ou petits, de se développer et de se conserver. Or, de même que la concurrence oblige les entrepreneurs à proportionner la rémunération de leurs divers employés à la productivité du travail de chacun d'eux, de même elle les oblige à fixer le rapport entre le taux de l'intérêt alloué au capital et celui des salaires attribués au travail d'après la productivité respective des services de l'un et de l'autre, dans les emplois limites où l'état de la technique leur donne les moyens de substituer des machines à de la main-d'œuvre ou inversement.

Nous avons insisté plus haut sur la possibilité de ces substitutions et sur la manière dont elles s'opèrent, en fait, partout où elles peuvent amener un abaissement du prix de revient. Le point où elles s'arrêtent, dans les diverses entreprises, est précisément celui où il cesse d'être économique de développer l'outillage et à partir duquel cela deviendrait onéreux, c'est-à-dire le point où il y a juste équivalence, comme prix de revient, entre le capital et la main-d'œuvre susceptibles de se remplacer l'un l'autre dans une même production. Ainsi, le taux respectif de l'intérêt et du salaire se fixe, par le jeu de l'offre et de la demande, exactement au niveau répondant à la productivité respective du capital et du travail dans les emplois où la question du choix à faire entre eux peut se poser, de telle sorte que le prix de revient soit le même, quel que soit le choix fait pour les opérations limites où la substitution de l'un à l'autre doit s'arrêter à chaque époque, en raison de l'état de l'art industriel, de l'épargne accumulée et des bras disponibles. L'efficacité du concours apporté par le travail et par le capital à l'œuvre de la production détermine donc leur part respective dans ses produits.

Néanmoins, parmi les causes de l'inégalité actuelle dans la distribution des jouissances, la possession du capital, qui est la plus frappante, est aussi, pour beaucoup de bons esprits, la seule choquante, parce qu'elle est la seule qui survive à son auteur, dont bénéficient après lui des héritiers n'ayant nullement participé au mérite de ses efforts et de l'empire exercé sur lui-même pour n'en point consommer immédiatement le produit. Pourtant, si l'on reconnaît qu'il aurait eu le droit de dilapider ce produit, on ne voit pas sur quoi l'on pourrait s'appuyer pour lui contester celui de l'épargner, en vue de le transmettre à qui il voudra et quand il voudra. Les adversaires de la propriété et de la liberté économique, qui leur reprochent de favoriser outre mesure l'égoïsme et l'inté-rêt personnel, prennent un chemin singulier pour limiter les abus de l'individualisme, quand ils admettent que tous les usages faits par un particulier des biens nés de son travail, de son intelligence directrice ou de son génie inventif sont légitimes, sauf celui qui consiste à les donner à d'autres, de son vivant, ou à les conserver pour les transmettre après sa mort. La base du droit des héritiers n'est point dans leur vocation propre ; elle est dans le droit de leur auteur et dans sa volonté exprimée, ou présumée quand il meurt intestat, -pourvu qu'en ce cas la présomption soit fondée, et c'est un point sur lequel nous reviendrons. L'héritier d'une grande fortune peut personnellement n'y avoir aucun titre et n'en être nullement digne ; sa richesse imméritée ne lèse personne, si celui de qui il la tient l'avait légitimement acquise. Du moment où la justice veut que chaque producteur soit rémunéré suivant ses œuvres, on ne saurait contester à celui qui a beaucoup produit le droit de disposer de ses biens comme il l'entend. On peut regretter qu'il en dispose parfois en faveur d'un indigne ; on ne peut reconnaître à personne le droit de contester l'emploi qu'il en a fait.

Clément Colson

La propriété même du sol se justifie, quoique peut-être avec moins d'évidence que celle des capitaux créés de mains d'homme, par l'effort qu'a exigé la mise en valeur des agents naturels, par l'incorporation en eux d'un véritable capital, qu'elle comporte toujours. Le premier qui, ayant enclos un champ, a prétendu s'en réserver la jouissance, n'a point usurpé, comme le prétend Rousseau, sur les autres membres de sa tribu ; il leur a rendu un véritable service. En effet, du jour où il a consacré ses efforts à la culture, il a pu faire vivre sa famille avec les produits d'une surface infiniment inférieure à celle qui est nécessaire, par tête, pour fournir les aliments indispensables, aux peuples chasseurs ou pasteurs. L'appropriation individuelle a soulagé la communauté, bien loin de l'appauvrir. Quand les descendants de ceux qui n'avaient pas su à temps s'attacher au sol ont voulu partager les produits obtenus par les familles qui avaient réussi à développer sa fertilité, celles-ci auraient pu leur répondre que, loin d'avoir causé la misère des autres, elles avaient singulièrement retardé l'heure où l'insuffisance de la production naturelle les affamerait et les décimerait.

IV
La justice dans la transmission des biens.

La véritable objection contre la légitimité de la propriété actuelle, c'est que, à travers les conquêtes et les violences, les lois spoliatrices et les fraudes, la plupart des biens ont passé jadis des mains qui les détenaient légitimement en d'autres mains qui n'y avaient aucun titre, et que c'est de celles-ci que les ont reçus les propriétaires successifs qui les ont transmis au présent détenteur. Si ces derniers ont ensuite développé et étendu leur fortune par leurs efforts propres, c'est grâce aux avantages que les premiers biens, acquis sans juste titre, leur assuraient dans la concurrence, de sorte que toute richesse est viciée dans sa possession par le vice de ses origines.

L'argument pourrait être sérieux, dans une société où la principale richesse serait encore composée d'immeubles maintenus par la loi aux mains des descendants d'anciens conquérants, comme c'était encore récemment le cas en Irlande. Mais, sans examiner ici dans quelle mesure la féodalité avait pu légitimer ses usurpations et ses privilèges par ses services, il suffit de constater que presque partout, de nos jours, les fortunes remontant aux époques anciennes, où la violence a réparti arbitrairement les biens conquis, sont en nombre infime. Avec le développement de la richesse mobilière et la mobilité de la propriété foncière elle-même, avec les changements rapides et incessants de la valeur des produits, des conditions d'exploitation des terres, des industries de toute nature et, par suite, de la valeur de tous les biens et capitaux, il faut, pour conserver la richesse dans une famille, un effort constant d'épargne et de prévoyante habileté à suivre les changements du monde économique ; cet effort n'est pas sans constituer, par lui-même, un titre sérieux au profit de ceux qui restent propriétaires des capitaux ainsi préservés d'innombrables causes de destruction. En fait, il est bien peu de familles dont la richesse dure par elle-même pendant plusieurs générations, et les fortunes anciennes qui subsistent deviennent vite négligeables, dans un monde de plus en plus riche.

Il est vrai que l'on conteste également la légitimité des fortunes récentes, en les attribuant à l'exploitation des travailleurs par les industriels, aux hasards et aux fraudes de la spéculation. Que, même dans les sociétés depuis longtemps policées, beaucoup de biens soient mal acquis, on ne saurait le contester. Mais il n'est pour ainsi dire pas de grande entreprise dont la prospérité puisse durer autrement que par une gestion intelligente et prévoyante, capable de donner de larges bénéfices tout en rémunérant équitablement tous les concours.

La spéculation elle-même, nous l'avons montré, est utile quand elle n'est pas frauduleuse et quand ses prévisions sont exactes ; l'étendue de ses gains, dans ce cas, est justifiée par celle des risques qu'elle comporte. Les *connaisseurs du marché* sont sans doute les hommes qui tirent le plus grand profit des conditions actuelles de l'industrie et du commerce ; mais ce sont eux aussi qui rendent les plus grands services, en orientant la production plus vite et plus sûrement dans les directions où les besoins se manifestent, par la rapidité et la sûreté que leurs prévisions donnent aux mouvements des prix. Les hommes doués de vrais talents de direction, qui les consacrent à fonder et à développer des entreprises où ils engagent leurs capitaux, à combiner et à coordonner l'action de ces en [reprises, sont ceux qui réalisent les gains les plus grands, quand ils ne se ruinent pas ; cela est légitime, puisqu'ils doivent recevoir à la fois la rémunération due au travail de leur intelligence inventive et directrice et la compensation des risques courus. Le nombre des faillites et des ruines industrielles montre d'ailleurs que ceux-ci ne sont pas négligeables.

Nous sommes donc profondément convaincu que, parmi les richesses actuelles, la plupart sont acquises et transmises légitimement. Certes, il appartient à la puissance publique de réprimer les fraudes et les violences, qui sont encore nombreuses, et elle ne saurait trop s'y appliquer. Mais, à contester en bloc la validité de la propriété moderne, on porterait atteinte à bien plus de droits légitimement acquis qu'on ne corrigerait d'iniquités. Pour justifier la mainmise de la société sur les biens privés, il faudrait prouver qu'ils sont mal acquis ; tant que cette preuve n'est pas faite, le possesseur actuel est protégé par une *présomption de bon droit,* fondée sur la légitimité de la plupart des acquisitions faites conformément aux lois d'un État policé. Et c'est à bon droit aussi que la *prescription* empêche de faire remonter trop haut la recherche des vices des acquisitions anciennes, car les preuves par lesquelles on prétendrait établir ces vices, après que le temps a fait disparaître les témoins ou les pièces et a effacé tous les souvenirs, seraient le plus souvent illusoires.

V
Bénéfices que tirent les travailleurs de l'accumulation des capitaux.

La justice ne prescrit donc nullement d'abolir la plupart des inégalités modernes et, d'autre part, l'intérêt général défend de porter atteinte aux droits acquis dont l'illégitimité n'est pas démontrée, car il importe essentiellement à la société tout entière que l'épargne ne s'arrête pas, que les capitaux s'accumulent sans cesse, pour faciliter de plus en plus la production. C'est là un point sur lequel il convient d'insister.

Les hommes qui produisent beaucoup, qui continuent à risquer leurs biens acquis dans les entreprises aléatoires et à épargner une part des bénéfices réalisés, ne sont en général guidés que par le souci de leur intérêt personnel et de celui de leurs descendants. Mais ils servent en même temps l'intérêt général, car l'abondance du capital facilite et augmente énormément la production. Si les capitalistes sont les premiers à en profiter, les plus modestes travailleurs en tirent aussi avantage. L'un des faits les mieux établis par l'expérience, comme par la théorie des prix, c'est que l'accumulation des capitaux engendre la baisse du taux de l'intérêt et la hausse des salaires. Elle permet par suite, à l'ouvrier d'abord de mieux vivre avec un même labeur, puis d'obtenir la réduction de la durée et du nombre des jours de travail, sans voir diminuer la part qui lui revient dans la production totale, accrue de jour en jour par l'emploi d'un outillage plus perfectionné.

Le manœuvre qui ne peut. pas épargner, l'ouvrier qualifié qui le pourrait, mais qui ne veut point s'imposer les privations nécessaires pour cela, ont donc un intérêt essentiel à ce que d'autres épargnent à leur place, pour assurer la continuation des progrès auxquels ils participeront indirectement. Or, il est évident que l'épargne disparaîtrait ou se réduirait singulièrement, le jour où la possession des biens qu'elle crée ne serait plus assurée à celui qui la réalise et aux héritiers en vue desquels il grossit son avoir, en s'appliquant à produire plus qu'il ne consomme. La première condition pour qu'il se trouve des hommes qui travaillent en vue de l'avenir, c'est qu'ils puissent avoir confiance dans cet avenir. Aussi toute atteinte portée à la sécurité de la propriété individuelle et transmissible est-elle contraire à l'intérêt de la société, en général, et spécialement des prolétaires, autant qu'à celui des propriétaires.

À ce point de vue, les réformes qui mettent à néant des droits régulièrement acquis, sous une législation antérieure, font toujours plus de mal que de bien, à moins qu'elles ne reposent sur des principes assez universellement admis pour que leur durée soit à peu près assurée. Quand, pour donner satisfaction à l'idée que les uns se font de la justice, il faut choquer la conscience des autres, on ne lèse pas seulement certains intérêts ; on fait naître dans tous les esprits le doute sur la durée de chacun des régimes qui se succèdent et l'attente de nouveaux changements, détruisant ainsi toute volonté de travailler et d'épargner pour l'avenir.

Les attaques dirigées contre les conditions actuelles d'acquisition et de transmission de la propriété, bien loin de s'appuyer sur des raisons qui s'imposent à tous les esprits soucieux d'équité, sont la négation d'une des conceptions les plus universellement admises depuis que l'esclavage n'a plus de défenseurs, celle que chaque homme doit librement disposer de ses facultés et des produits obtenus par leur emploi. Sans doute, les capitalistes qui tiennent leurs biens de l'héritage reçoivent ce qu'ils n'ont pas produit ; mais ils ne dépouillent personne, en recevant ce que d'autres ont produit et conservé précisément en vue de le leur transmettre. Ainsi, quand les uns reçoivent trop, ce n'est pas aux dépens des autres. L'idée que le travailleur est spolié par l'entrepreneur et le capitaliste repose sur une appréciation superficielle et erronée des éléments de la production ; elle tend à en arrêter les progrès, au détriment de tous. Qu'il y ait eu et qu'il y ait encore des erreurs à corriger et des abus à réprimer, nul ne le conteste. Mais l'intérêt général est d'accord avec la justice pour exiger le maintien du principe de la propriété individuelle et des bases générales de sa répartition.

Nous ne prétendons certes pas avoir démontré, dans les pages qui précèdent, la supériorité de l'organisme économique, tel qu'il fonctionne aujourd'hui, c'est-à-dire tel qu'il a fonctionné, à quelques nuances près, dans toutes les sociétés un peu civilisées, sur toutes les combinaisons différentes que l'on pourrait imaginer pour le remplacer.

Pour faire comprendre seulement le rôle des pièces principales d'une machine aussi compliquée, il faudrait de bien autres développements, qui d'ailleurs ne prouveraient nullement l'impossibilité d'en réaliser une plus parfaite. Notre seule ambition a été de mettre en relief les principes essentiels qui assurent la merveilleuse coordination de toutes les fonctions de cet organisme, de montrer que l'anarchie et l'iniquité sont bien loin d'y régner comme on le prétend souvent, de dégager enfin les raisons essentielles qui portent à considérer les modifications ou les transformations préconisées comme plus nuisibles qu'utiles. Il nous reste à rechercher les causes de désordre social qui menacent de compromettre, dans l'avenir, la marche d'un mécanisme dont, jusqu'ici, on n'a découvert aucun moyen de se passer.

Clément Colson

Livre troisième
L'individu, la famille et la solidarité

Chapitre I
Les liens de famille et les institutions

Sommaire :
I. L'individu et la solidarité familiale.
II. La consolidation ou l'affaiblissement des liens de famille par les lois.
III. L'instruction intégrale donnée aux frais de l'État.
IV. L'héritage et la famille ; l'impôt progressif.
V. La natalité et la population.

I
L'individu et la solidarité familiale.

L'école libérale a été souvent appelée individualiste, avec grande raison, car l'objet essentiel de ses études est l'organisation spontanée de la vie économique résultant de l'action des individus, et sa tendance caractéristique est le peu de confiance dans les bons effets de toute intervention de l'autorité publique pour réglementer cette action. Parce qu'elle a scientifique ruent constaté - ou, si l'on veut, cru constater - combien il arrive souvent que les interventions ayant pour but ou pour prétexte de défendre l'intérêt général contre certains intérêts particuliers aient pour effet, en réalité, de servir d'autres intérêts particuliers au détriment de la masse, elle a été accusée de prôner et de propager l'égoïsme. Aussi voit-on aujourd'hui quelques libéraux honteux repousser le nom d'individualistes et chercher à s'en dégager par des distinctions subtiles ; ils se déconsidèrent ainsi aux yeux des économistes de la vieille école, dont ils partagent les idées tout en les désavouant, comme à ceux des partisans des doctrines nouvelles favorables à l'intervention constante de l'État, dont ils adoptent le langage et les idées sur la solidarité universelle, tout en repoussant la plupart de leurs conclusions.

Si l'école libérale a surtout confiance dans l'effort individuel, pour développer le bien-être général et le progrès, elle est très loin de méconnaître la solidarité réelle qui est le meilleur stimulant de cet effort et le meilleur appui des êtres incapables de se suffire par leur propre travail, la seule qui, en fait, se manifeste partout et soit une source permanente de dévouement et de sacrifice, la solidarité familiale. Cette solidarité vivante et efficace est pour elle l'objet, non d'une foi mystique née de désirs et d'illusions, non d'une conviction théorique établie par des raisonnements abstraits, mais d'une confiance solide fondée sur l'observation des faits présents et passés, dans le monde entier. C'est pour cela qu'elle défend, comme la pierre angulaire de tout l'édifice économique, la propriété héréditaire des biens, grâce à laquelle chaque homme sait qu'en produisant et en épargnant autant qu'il le pourra, il contribuera, même après sa mort, au bien-être de ceux dont le bonheur le touche autant, souvent même beaucoup plus que le sien propre.

Que l'attachement réciproque du mari et de la femme, des parents et des enfants soit aussi efficace et souvent plus efficace que l'intérêt individuel pour soutenir pendant de longues périodes le travail continu et l'épargne prévoyante, pour stimuler le génie inventif, pour provoquer, en cas de nécessité pressante, des efforts presque surhumains, cela est si évident que nous n'oserions y insister. Sans doute, il y a des exceptions, des époux désunis, des parents dénaturés et, plus souvent, des enfants ingrats. Sans doute aussi, la forme et l'étendue des affections de famille varient d'une époque à l'autre : dans les aristocraties, elles-revêtent souvent l'aspect d'un attachement passionné à la grandeur de la race, où l'autorité, la puissance et l'honneur des chefs successifs de la famille prennent une place prépondérante, tandis que, dans nos sociétés mobiles et démocratiques, le souci du bonheur personnel de chaque membre de la famille est prédominant. La difficulté des déplacements, la nécessité de se grouper pour obtenir une sécurité que n'assurait pas suffisamment la puissance publique, conservaient jadis une force réelle aux liens du sang, ou même de la clientèle, dans un cercle étendu ; le groupe familial s'est de plus en plus restreint aux personnes unies par une parenté très proche, à mesure qu'il a été plus facile à chaque rejeton d'une même souche, devenu adulte, de suivre isolément sa voie dans une société policée. Mais, malgré

Clément Colson

certaines exceptions et à travers force changements de détail, le lien familial apparaît toujours et partout comme l'élément essentiel de la vie économique aussi bien que morale.

Il est vrai qu'aussitôt sorti de l'économie primitive, où chaque famille vit sur une terre qu'elle cultive et dont elle élabore les produits pour sa propre consommation, le groupement des producteurs se fait sur des bases tout autres que le lien du sang. Mais, dans ce groupement, chacun travaille surtout en vue du profit qu'il en tirera pour lui et les siens. Il y porte un sentiment d'égoïsme, si l'on veut, mais d'un égoïsme familial et non individuel, ce qui constitue une énorme différence.

Car l'égoïsme familial implique le dévouement familial, qui assure aux faibles, sinon toujours, du moins dans les circonstances normales, ce secours que l'État moderne se flatte de leur donner, et qu'il leur offre généralement dans des conditions plus propres à multiplier les misères qu'à les soulager. La femme trouve dans la famille un appui viril, les enfants le soutien et la subsistance à eux dus par les parents dans la force de l'âge, les vieillards à leur tour le secours de leurs descendants, quand les dépenses que ceux-ci leur imposaient les ont empêchés d'épargner. Si la famille dépourvue de richesse acquise est trop souvent jetée par les accidents, les maladies, la mort prématurée du chef, dans une détresse à laquelle la charité seule peut remédier, elle apporte du moins, dans tous les cas où ne surviennent pas ces malheurs exceptionnels, le correctif nécessaire aux effets des deux causes principales et communes à tous d'impuissance à se suffire, l'enfance et la vieillesse.

II
La consolidation ou l'affaiblissement
des liens de famille par les lois.

C'est par ces raisons que l'économie politique, laissant aux philosophes le soin de rechercher dans quelle mesure les affections familiales proviennent de causes biologiques ou intellectuelles, d'un utilitarisme inconscient ou d'un sentiment désintéressé, les prend comme un fait quasi universel et trouve en elles la base la plus solide de tout progrès. Et comme elle professe, vis-à-vis de l'État, non la haine aveugle qu'on lui attribue, mais la conviction raisonnée que son rôle utile est de faciliter et de sanctionner le jeu des tendances utiles aux hommes, plutôt que de substituer à leurs sentiments ses propres conceptions, elle lui demande de conserver par ses lois les liens établis par la nature. Elle sait que, si la loi ne peut changer la nature humaine, elle peut renforcer singulièrement les tendances auxquelles elle attache une sanction ; par une de ces actions réciproques très fréquentes dans le monde, en même temps que la loi s'inspire de la conscience humaine, elle rend plus générale et plus énergique la réprobation des fautes qu'elle flétrit ; elle habitue par contre l'opinion à tolérer plus aisément celles dont elle ne tient nul compte. Or, nous rencontrons ici un des premiers points où la sensiblerie moderne, sous prétexte de rendre les mœurs et les lois plus indulgentes aux faiblesses humaines, attaque dans ses fondements l'organisation sociale et prépare des ruines et des misères sans nombre.

La base de tout lien familial, c'est la certitude de la paternité, et la nature veut que cette certitude dépende de la pureté des mœurs des femmes. C'est pourquoi l'opinion universelle attache à cette pureté tant d'importance. Chez tous les peuples civilisés, l'homme et la femme qui veulent fonder une famille prennent un représentant de la puissance publique, soit civile, soit religieuse, à témoin des obligations qu'ils contractent l'un envers l'autre et tous deux solidairement envers leurs enfants à naître, de manière à donner à ces obligations une sanction légale. L'homme s'engage ainsi à se consacrer tout entier à la femme qu'il choisit, 'et leur union sera d'autant plus belle qu'il lui apporte un cœur et un corps moins flétris. L'engagement de la femme est infiniment plus important pour l'avenir de la famille : tout l'ordre social est compromis, quand elle peut envisager sans révolte l'idée de s'engager autrement que par un lien définitif dans cette union des sexes, si grave pour celle qui en portera les fruits.

Pourtant, nous voyons grandir un mouvement d'idées qui tend à voir dans le mariage civil, comme dans le mariage religieux, une sorte de consécration offerte seulement à ceux qui la désirent, et non plus la condition essentielle de la fondation loyale d'une famille. Sinon au point de vue du droit, du moins au point de vue des titres à l'assistance et des distributions de secours ou de dons, les œuvres privées et publiques tendent à assimiler l'union libre au mariage. À cet égard, la distribution des allocations motivées par la mobilisation générale, au cours de la guerre actuelle, a été un véritable scandale. Que, sans assimiler à la femme légitime la compagne vivant depuis longtemps avec l'homme appelé sous les drapeaux, on lui ait attribué des secours, quand des enfants reconnus avaient consacré le lien irrégulier, rien de mieux ; mais l'attribution d'allocations régulières à des filles privées d'un soutien qui était souvent un souteneur, les facilités données à des mariages déshonorants, que la paternité ne justifiait pas, ont été trop souvent la consécration légale d'immoralités criantes.

On vient à peine de modifier, en France, les lois iniques qui refusaient à la fille-mère le véritable recours auquel elle a droit, l'action contre son séducteur, si elle a été réellement séduite quand elle était encore pure : les hommes, qui légifèrent seuls, se résignent difficilement à supporter les conséquences du crime qu'ils commettent en jetant dans le vice une jeune fille jusque-là irréprochable, en appelant à la vie un enfant qu'ils refusent de reconnaître. Et déjà la faiblesse générale, qui jadis empêchait d'engager la responsabilité du père coupable, tend aujourd'hui à effacer la flétrissure qui frappait la mère, coupable également. On ne veut surtout plus que rien distingue l'enfant naturel, voire même l'enfant adultérin, de l'enfant légitime. Certes, il est dur de laisser la faute des parents retomber sur une tête innocente ; mais, que la loi le veuille ou non, l'enfant portera dans son hérédité une grande part de leurs tares physiques et morales, et la seule manière de ne pas laisser ces tares se multiplier à l'infini, c'est de n'en pas dissimuler les conséquences antisociales.

L'union conjugale a beau être conclue pour la vie entière, il est des fautes et des crimes qui ne permettent pas de laisser l'époux innocent rivé à son conjoint coupable. Le divorce est parfois indispensable ; mais sa facilité actuelle ne tend à rien moins qu'à détruire l'idée essentielle de la pérennité de la famille. Que l'union d'où il n'est pas né d'enfants puisse être rompue d'un commun accord et que, après le délai nécessaire pour acquérir la certitude qu'il n'en naîtra pas, chacun des époux divorcés recouvre sa pleine liberté, cela peut s'admettre : s'il est des gens qui ne sentent pas quelle déchéance, quelle perte de son charme le plus pur subit la femme qui a passé, fût-ce légalement, dans les bras de deux hommes, quelle impossibilité c'est pour l'homme lui-même de porter à deux femmes les sentiments que comporte un vrai mariage, tant pis pour eux.

Mais, dès qu'il y a des enfants, les parents ne sont plus seuls en cause. Or, le partage entre eux de la tâche qui leur incombe et des droits nécessaires à son accomplissement, alors que rien ne les unit plus et que souvent des rancunes ineffaçables les séparent, exerce sur l'enfant l'influence la plus déplorable et détruit la notion même de famille. Quand un homme et une femme se sont engagés à élever ensemble les êtres qu'ils ont ensuite appelés à la vie, il ne dépend plus d'eux de faire tomber cet engagement, ni par leur consentement mutuel, ni même par une demande en justice formulée par l'un d'eux à la suite de torts de l'autre reconnus réels, sans être impardonnables. Le foyer auquel les enfants ont un droit acquis ne peut être détruit que pour une faute tellement grave qu'elle implique la rupture de tout lien moral entre eux et celui de leurs parents qui en est chassé. Permettre, comme le fait la loi aggravée par la faiblesse des tribunaux, que, même après avoir produit ses fruits, le mariage soit rompu autrement que par la mort ou par une sorte de mort civile enlevant tout droit à l'époux coupable vis-à-vis de ses enfants, c'est sanctionner légalement une promiscuité propre à détruire la solidarité la plus réelle que connaisse l'humanité, celle qui résulte du sentiment de la perpétuité de la famille.

Dans la famille, comme dans l'État, le temps de l'autorité absolue du chef est passé, et on ne saurait le regretter. Il n'est plus possible d'admettre que, dans un ménage où les biens devraient toujours être communs comme la vie tout entière, le chef de la communauté en dispose seul, sans même avoir à tenir sa femme au courant de ce qu'il fait. On ne croit plus nécessaire que, pour être bien élevée, la jeune fille reçoive une instruction puérile et purement formelle, la laissant ensuite aussi étrangère à la pensée de son mari qu'à sa carrière, confinée par lui dans les soins du ménage et dans les pratiques d'une religion à laquelle souvent il ne croit plus. Déjà le bon ton n'interdit plus absolument aux hommes de discuter les idées religieuses devant les femmes, aux femmes de formuler un avis, dans un salon, sur les sujets politiques, sociaux ou philosophiques, jadis réservés aux hommes. Le temps est venu de faire participer la femme à tout le développement de la pensée humaine, et aussi de l'associer dans son ménage à la gestion du patrimoine commun. Il faudrait au moins exiger la preuve que le mari l'a consultée, avant de faire un acte important engageant les intérêts de la famille, puisqu'il faut bien finalement donner voix prépondérante à l'un des associés, quand ils ne sont que deux.

Mais, si des modifications dans les mœurs et dans les lois sont, à cet égard, légitimes et nécessaires, ce qui est inquiétant, c'est de voir les féministes se préoccuper bien moins d'élargir la place de la femme au foyer conjugal que de détruire ce foyer. Or, c'est le détruire en partie que supprimer la communauté des intérêts, en séparant les patrimoines pour donner à chaque époux la gestion du sien. Il est bon aussi de donner à la jeune fille les moyens de gagner sa vie jusqu'au mariage ; il est très fâcheux, par contre, de la pousser vers les carrières qui doivent occuper une existence entière. On fait ainsi pour elle du mariage une espèce de déchéance, s'il lui faut renoncer à sa vie propre quand elle s'y engage ; si, au contraire, elle doit poursuivre l'exercice d'un métier, même mariée, les époux, menant chacun une vie distincte et indépendante, n'auront bientôt plus que le lit de commun. Sans doute, la guerre actuelle, en décimant la jeunesse masculine, obligera beaucoup de jeunes filles, vouées par là au célibat, à suppléer les hommes dans l'exercice de certaines professions ; il serait déplorable que cette nécessité provisoire engendra une modification durable des mœurs à cet égard. C'est un bel idéal d'affranchir le monde ouvrier des maux qu'entraîne le travail de la femme hors de son ménage ; c'en est un bien fâcheux de les introduire dans le monde bourgeois, où nulle nécessité matérielle ne les impose.

Vis-à-vis des enfants, on reconnaît aujourd'hui qu'en les faisant naître, par un acte de leur bon plaisir, les parents n'ont pu se créer que des devoirs ; dès lors, les seuls droits auxquels ils puissent prétendre sont les droits indispensables pour s'acquitter de l'obligation d'élever, de former et d'instruire leurs fils et leurs filles. Mais l'État moderne tend, à la fois, à se substituer trop souvent à eux pour accomplir les devoirs leur incombant, d'une part, et à porter atteinte d'autre part aux droits des pères dont l'unique souci est de s'acquitter de ces devoirs. Certes, on ne peut qu'approuver l'assistance donnée aux enfants abandonnés, comme la déchéance de la puissance paternelle prononcée contre les parents indignes. Mais n'est-il pas bien dangereux d'admettre que les parents mettant ainsi leurs enfants à la charge des contribuables ne subissent nulle pénalité, qu'ils puissent même rassurer ce qui leur reste de conscience, en se disant qu'ils usent simplement d'un droit reconnu ?

III
L'instruction intégrale donnée
aux frais de l'État.

Il est de même parfaitement légitime que l'État oblige tous les parents à procurer à leurs enfants un minimum d'instruction. Mais il est abusif qu'il en prenne les frais à sa charge, même quand les parents sont en état de payer. Il le serait plus encore qu'il se réservât, comme d'aucuns l'y invitent, le droit exclusif de faire enseigner, à tous les degrés, ce qui lui convient, de la façon qui lui convient, sous prétexte de maintenir l'unité morale du pays, - exactement comme jadis le roi très chrétien persécutait les protestants et leur interdisait d'élever leurs enfants dans leur foi, pour maintenir son unité religieuse.

Parmi les idées des partisans de l'égalité absolue, il en est une fort séduisante au premier abord, celle de mettre ce qu'on appelle l'instruction intégrale à la portée de tous les enfants. À cet effet, on les appellerait tous à poursuivre leurs études, aux frais de l'État, jusqu'au point où les examens annuels constateraient qu'ils manquent des aptitudes ou de l'ardeur au travail nécessaires pour aller plus loin.

Clément Colson

Ce mode de sélection s'imposerait, malgré l'évidente imperfection d'une appréciation de la valeur future des hommes fondée uniquement sur les examens des jeunes gens, dans un monde socialiste où nulle famille ne disposerait des ressources nécessaires pour affranchir ses fils de tout travail directement productif, pendant de longues années d'études. Il obligerait, d'ailleurs, à réduire le nombre des élèves de l'enseignement secondaire ou supérieur au chiffre strictement nécessaire pour recruter les services exigeant les connaissances acquises par des études prolongées : il serait impossible, en effet, d'imposer à la communauté les frais de l'entretien d'étudiants à qui elle ne demanderait pas ensuite de la faire profiter du fruit de leur travail ; il le serait plus encore de réduire à des emplois subalternes les jeunes gens qu'on aurait dégoûtés de tout travail autre que le travail intellectuel et qui n'auraient la possibilité ni de gagner leur vie en s'y livrant, ni de s'y adonner gratuitement.

l'État ne sera pas acculé à résoudre ces difficultés, tant que les considérations de justice et d'intérêt général rappelées dans le Livre précédent détermineront les peuples civilisés à conserver la propriété privée. Il est naturel, en effet, que les familles aisées assument les charges nécessaires pour donner à leurs enfants une culture supérieure, même s'ils sont peu capables d'en tirer parti. L'hérédité, et surtout le contact constant avec des parents ayant reçu une éducation analogue, rendent d'ailleurs plus forte dans ces familles que dans l'ensemble de la population la proportion des jeunes gens capables d'en tirer un profit réel. Quant aux étudiants riches et incapables, s'ils sont détournés des travaux manuels sans être devenus propres soit à occuper des emplois élevés, soit à collaborer à la production scientifique ou artistique, ils auront les ressources nécessaires pour subvenir à l'insuffisance du produit de leur travail.

Sans doute, il importe, dans l'intérêt de la civilisation, que l'État assure aux jeunes gens qui révèlent des aptitudes réellement exceptionnelles l'instruction nécessaire pour les développer et les utiliser, quand leur famille n'en a pas les moyens. Il ne faut pourtant pas se dissimuler que, pour quiconque n'a pas ces aptitudes rares, une instruction étendue est un médiocre gagne-pain, dans une société où elle est très répandue ; elle y est un luxe, plutôt qu'un outil. En multipliant outre mesure les bourses dans toutes sortes d'écoles, on est amené à en doter des jeunes gens qui ne trouvent, ni en eux-mêmes l'étoffe nécessaire pour devenir des chefs dans la vie pratique ou des maîtres dans la vie intellectuelle, ni dans leur fortune les moyens de satisfaire aux besoins nouveaux qu'on a fait naître en eux et auxquels le maigre salaire d'un emploi subalterne ne sera ensuite nullement proportionné. On les rend étrangers au milieu familial dans lequel eût dû se poursuivre leur développement, sans les rendre capables de se faire une place dans un milieu différent. On crée le prolétariat intellectuel, avec les misères privées et les dangers sociaux qui découlent de son développement.

Le lecteur se méprendrait étrangement sur notre pensée, s'il croyait voir dans ce qui précède un regret des entraves qui retardaient jadis l'ascension des familles laborieuses, intelligentes et prévoyantes, la décadence de celles où se succédaient des paresseux et des prodigues. Nous considérons comme un immense progrès la mobilité qui, de nos jours, proportionne en peu de générations la situation de chaque famille à sa valeur économique et sociale, qui permet même aux individus d'élite de franchir d'un bond toutes les étapes, et qui précipite la chute des dégénérés. Mais nul progrès n'est réel et stable, quand il ne résulte pas de l'effort volontaire ; or, pour l'immense majorité des hommes, la solidarité familiale assure seule la continuité de cet effort et l'accumulation de ses résultats, conditions de leur grandeur, aussi bien au point de vue, intellectuel et moral qu'au point de vue matériel.

IV
L'héritage et la famille ; l'impôt progressif.

C'est là ce qui fait de toute attaque dirigée contre l'héritage, manifestation essentielle de la solidarité de la famille, une attaque contre la civilisation elle-même. Il importe au progrès, sous toutes ses formes, que le père puisse transmettre ses biens à ses enfants par un acte exprès de sa volonté ; il faut aussi que la loi supplée à

Clément Colson

son silence, si la mort le surprend avant que cet acte soit intervenu, en lui attribuant une volonté conforme à celle de presque tous les hommes et en faisant elle-même, à son défaut, la répartition de ses biens entre ses descendants.

on conçoit même que les codes reconnaissent aux enfants certains droits sur la fortune de leurs parents, contrairement à la volonté de les déshériter exprimée dans un testament, par deux raisons. La première, c'est qu'une pareille volonté est tellement contraire à celle de la plupart des hommes que, à moins de circonstances très spéciales, on est fondé à y voir plutôt l'effet d'un mouvement de passion momentané ou d'une faiblesse sénile qu'une intention durable et réfléchie. La seconde, c'est qu'un père, en développant chez ses enfants des besoins en rapport avec la situation de fortune qui réglait son train de vie, a contracté en quelque sorte l'obligation de leur assurer, autant qu'il est en lui, les moyens de donner satisfaction à, ces besoins. Pourvu qu'elle ne soit pas excessive, une réserve légale au profit des descendants, comme d'ailleurs du conjoint survivant, se justifie donc parfaitement, même aux yeux des économistes qui, comme nous, voient dans la volonté exprimée ou présumée du propriétaire la seule base solide de la transmission des biens après son décès ; cette réserve est la consécration légitime des devoirs nés de la solidarité familiale.

Ainsi, pas plus dans le cas d'une succession *ab intestat,* en ligne directe, que dans celui d'une succession testamentaire quelconque, nous ne saurions nous rallier aux doctrines qui présentent cette transmission, non comme une conséquence nécessaire des droits du propriétaire, mais comme un don gratuit du législateur. Cependant, il faut bien reconnaître que la situation n'est plus la même, quand il s'agit d'une succession *ab intestat* en ligne collatérale. Jusqu'à quel degré de parenté les liens du sang restent-ils assez étroits pour que la loi, en supposant chez un défunt la volonté de transmettre ses biens à ses proches, ne fasse que suppléer à l'expression d'intentions existant chez la plupart des hommes ? C'est une question à laquelle des réponses différentes peuvent être faites, suivant les pays et les époques. Il nous paraît incontestable qu'à défaut de descendants, le partage des biens entre le père et la mère, c'est-à-dire là *fente,* suivre de la *représentation* de chacun des parents, s'il est prédécédé, par ses descendants, frères ou neveux du défunt, répond réellement aux affections les plus habituelles. On peut encore admettre, à la rigueur, en l'absence de postérité des ascendants au premier degré, la *refente* avec représentation attribuant à chaque branche issue des grands-parents la part qui lui serait revenue, si ceux-ci eussent hérité et fussent ensuite décédés ; au moins quand il s'agit de la succession de mineurs, qui n'ont pas encore pu tester, ce mode de transmission répond à la volonté probable de ceux dont ils tiennent une fortune évidemment venue d'héritages.

Au delà de ce degré, l'hérédité collatérale *ab intestat,* qui a pu autrefois répondre à des relations habituelles et fréquentes, revêt aujourd'hui un caractère purement arbitraire. Il en est de même, à plus forte raison, de l'attribution des biens au plus proche parent jusqu'au douzième degré, qui a subsisté jusqu'à ces derniers jours dans le Code civil français, et qui fait dépendre l'enrichissement de telle ou telle branche de la famille du hasard de la survie d'un vieillard. Nous avons entendu souvent défendre ces attributions comme une juste consécration des liens familiaux et de la propriété individuelle. Elles nous en paraissent au contraire une exagération absolument injustifiée, qui compromet le principe même de l'héritage, en en faisant des applications purement arbitraires. Lorsqu'un homme ne laisse derrière lui aucun descendant direct, aucun descendant soit de ses parents, soit même de ses grands parents, et lors qu'il n'a pas cru devoir disposer lui-même de ses biens, il n'existe aucune raison de ne pas les considérer comme des biens vacants et sans maître, qui font retour à l'État.

l'État peut aussi légitimement percevoir des impôts sur les successions de toute nature, et nous estimons que c'est le cas ou jamais d'appliquer l'impôt progressif. Devant l'impossibilité absolue de mesurer les avantages que chaque citoyen tire du fonctionnement des services publics, pour en faire la base de la répartition des dépenses communes à une nation, il faut bien admettre que la justice absolue ne peut pas être réalisée dans l'impôt et qu'on doit le répartir en tenant compte surtout des facultés contributives de chacun. Or, il n'est guère contestable que ces facultés croissent, non seulement en proportion de la fortune, mais même plus vite qu'elle ; pour demander un même sacrifice au riche qu'au pauvre, il faut donc prélever une fraction plus forte des ressources du premier. Tout en admettant ces principes, nous avons jadis combattu l'impôt progressif sur le revenu, à raison des évaluations arbitraires que comporte la détermination annuelle des ressources globales de chaque famille ; la nécessité de lui faire une large place dans notre système fiscal, malgré les abus auxquels il donnera lieu, est un des maux durables résultant de la guerre actuelle. L'évaluation du capital transmis, faite seulement de loin en loin, au moment où un décès oblige généralement à faire un inventaire pour le partage entre les intéressés, ne présente pas les mêmes dangers. Il est tout naturel que les grosses fortunes soient largement taxées à ce moment, pourvu que le taux de l'impôt n'atteigne pas un chiffre équivalent à une confiscation. On ne pourrait, d'ailleurs, trop grossir les droits sur les successions, au moins en ligne directe, sans risquer de faire disparaître une grande partie de la matière imposable, en développant l'habitude des transmissions de valeurs mobilières de la main à la main.

Il est naturel aussi que le taux de l'impôt s'élève à mesure que la parenté s'éloigne, par la triple raison : 1° que les biens transmis constituent un enrichissement sur lequel l'héritier était dé moins en moins fondé à compter ; 2° que la fortune eût été taxée plusieurs fois, si elle avait été transmise de mains en mains par tous les degrés intermédiaires ; 3° qu'enfin les fraudes sont d'autant moins à craindre que le détenteur d'une fortune attache moins de prix à la transmettre sans diminution à des héritiers moins proches. L'impôt le plus lourd peut même se défendre, s'il s'agit d'une succession *ab intestat* que le bienfait de la loi attribue à des collatéraux en vertu d'un titre douteux. Au contraire, le prélèvement énorme de 25 p. 100 que le fisc fait aujourd'hui sur un petit legs, acte de disposition volontaire ayant très souvent pour but de rémunérer des services d'où est née une véritable dette morale, constitue un abus criant et peu productif, qu'il serait urgent de faire disparaître.

Mais ce sont là considérations accessoires, sur lesquelles nous n'avons pas à insister ici. Les solutions adoptées, sur ces divers points, peuvent varier avec les mœurs, les besoins du fisc, la situation économique ; celle-ci rend, en effet, plus ou moins fâcheuse, suivant les époques et les pays, la destruction de capitaux qu'implique la disparition de la partie des fortunes acquises prélevée par l'impôt, pour faire face aux dépenses annuelles de l'État. Le seul point capital, c'est de ne rien faire qui tende à ébranler ou à contrarier dans ses effets le sentiment fondamental sur lequel reposent, dans la société humaine, la protection des incapables et les vues d'avenir. Or, ce sentiment, c'est, l'union intime entre les générations successives, dont les conditions et les manifestations essentielles sont la permanence du lien conjugal, les obligations réciproques des époux, des parents et des enfants, enfin l'héritage.

V
La natalité et la population.

Le seul danger réel qui résulte, pour la société, de la solidarité familiale, c'est que, dans un état de culture un peu avancé, les sentiments qu'elle développe entraînent une certaine diminution de la natalité. Il ne faut pas s'en dissimuler la gravité. De tout temps et dans tous les pays, le nombre des naissances a été en décroissant, à mesure que le progrès amenait le développement du bien-être et de la prévoyance ou que s'atténuait l'autorité des traditions religieuses faisant considérer comme un devoir de multiplier les créatures à la subsistance desquelles la providence pourvoira. Ce mouvement se faisait sentir, avant la guerre, dans tous les pays civilisés ; il est en France plus ancien et plus marqué que partout ailleurs. Partout, il se développe d'autant plus que les affections de famille sont plus puissantes. Aux uns, l'égoïsme fait redouter des charges et des soucis dont le poids s'accroît dans la mesure où les parents se croient obligés de donner plus de soins à leurs enfants. Les autres ne veulent point partager leurs sacrifices et leur héritage entre un trop grand nombre de descendants, pour assurer à chacun de ceux-ci une éducation aussi complète ou une fortune aussi grande que possible. Si la France est le premier pays où ces effets se soient faits sentir avec une intensité inquiétante, il semble bien que ce soit parce qu'elle est le premier où la division de la propriété, l'accès à tous les emplois ouvert à toutes les classes de la société aient généralisé des préoccupations propres autrefois aux aristocraties. Si la diminution de la natalité s'accentue dans beaucoup de pays, c'est que ces préoccupations pénètrent dans le monde ouvrier, en même temps que les syndicats y propagent l'idée que la restriction de la natalité est le seul moyen d'assurer la hausse des salaires.

Déjà, avant la guerre, les hommes soucieux de l'avenir de la France montraient les dangers que comportait, pour la diffusion de sa langue, de ses idées, de son influence dans le monde, la diminution rapide dé l'importance relative de sa population. Le nombre des naissances, qui dépassait encore 26 par an pour 1.000 habitants sous le second Empire, était tombé à 22 p. 1.000 à la fin du XIXe siècle, au-dessous de 19 de 1911 à 1913, - tandis que la proportion était encore de 24 p. 1.000 en Angleterre, de 28 en Allemagne, de 32 en Italie. La population, qui augmentait chaque année de 8 à 9 pour 1.000 habitants dans la plupart des états de l'Europe occidentale, de 12 p. 1.000 en Allemagne, était chez nous sensiblement stationnaire. La guerre européenne a rendu évident le danger que présente, pour la sécurité d'un peuple, une infériorité numérique marquée. Les deux dernières classes appelées sous les drapeaux, au moment où cette guerre a éclaté, répondaient à des nombres de naissances dont le rapport était de 212 en Allemagne à 100 en France ; ce rapport eût été seulement de 170 à 100 vingt ans plus tôt ; il eût atteint 247 pour 100 vingt ans plus tard.

Les périls politiques que comporte une pareille infériorité numérique n'autorisent pas à dissimuler les inconvénients d'une natalité excessive. Il vaut évidemment mieux élever convenablement un petit nombre d'enfants qu'en appeler à la vie, comme jadis, un nombre énorme, dont fort peu parviennent à l'âge d'homme. Sans doute aussi, pour que le sort des classes ouvrières s'améliore, il faut que le progrès technique et l'accumulation des capitaux devancent l'essor de la population. Mais nous sommes loin d'avoir à craindre que l'inverse se produise : en France, c'est le manque de bras qui arrête, de nos jours, l'essor de toutes les industries nouvelles. Ce que nous avons à craindre, en réalité, c'est l'invasion pacifique ou violente des races plus prolifiques, que nous ne pourrons pas exclure indéfiniment d'un territoire trop peu peuplé. D'autre part, l'expérience montre que la diminution du souci de l'avenir chez les hommes sans enfants, de l'esprit d'entreprise et d'initiative chez ceux qui en ont trop peu, amène une stagnation déplorable au point de vue du progrès du bien-être général, que stimule au contraire un accroissement modéré de la population.

En tout cas, ce n'est pas par le relâchement des liens de la famille, par là mise à la charge de l'État de l'éducation des enfants, par la suppression de l'héritage que l'on peut espérer combattre efficacement la dépopulation. En faisant disparaître les responsabilités des parents, on relâcherait aussi les liens d'affection qui seuls peuvent faire accepter les fatigues et les soucis inséparables de la maternité, Ce qu'il faudrait inculquer aux parents, c'est un dévouement pour leurs enfants moins craintif, plus confiant dans les résultats du travail fécond, plus préoccupé de les armer pour triompher des difficultés de la vie que de leur éviter tout effort.

Il appartiendrait aux pouvoirs publics de faire sentir, dans toutes les lois imposant des charges aux citoyens ou leur accordant des avantages, que donner des défenseurs à la patrie est un titre à sa bienveillance. Jusqu'à ces derniers temps, toute la législation était orientée en sens inverse : on ne faisait même pas les distinctions que la justice la plus élémentaire eût prescrit d'établir, d'après les situations de famille. Puisque chacun doit payer l'impôt suivant ses facultés, il faut tenir compte du fait évident que, toutes choses égales d'ailleurs, chacun peut payer d'autant plus qu'il a moins de charges de famille. Si l'assistance n'est due, comme nous tâcherons de le montrer plus loin, qu'à ceux qui ne peuvent suffire à leurs besoins et qui n'ont pas pu faire acte de prévoyance, celui qui n'a jamais eu d'autre charge que lui-même doit en être exclu ou y être admis bien moins largement que celui qui élève ou a élevé plusieurs enfants. Les obligations militaires devraient être sensiblement réduites pour les pères de nombreuses familles, l'instruction gratuite, aux divers degrés, être presque exclusivement réservée à ceux de leurs enfants qui se montrent capables d'en profiter, leurs émoluments accrus dans les fonctions publiques, etc.

Vis-à-vis des familles riches, qui ne font pas appel aux secours de l'État, c'est par les droits de succession qu'il peut exercer une action efficace. Il doit prélever une forte part de la fortune laissée par les célibataires ou les ménages sans enfant, taxer lourdement l'héritage qui serait attribué à un fils unique ou même à deux enfants seulement, et dégrever à peu près complètement les autres successions en ligne directe. Si difficile qu'il soit de constater les fraudes que multiplierait la perception de droits très élevés sur les biens transmis par les parents à leurs enfants, il est nécessaire d'adopter des mesures draconiennes pour rendre plus rares, en les déjouant, le calcul des pères qui veulent enrichir un fils unique ou deux enfants, au lieu d'enrichir la France en hommes.

Après les pertes effroyables que la guerre cause, parmi les hommes en âge d'avoir des enfants dans les dix ou vingt prochaines années, c'est une question de salut public de faire disparaître, parmi les survivants, l'état d'esprit qui menaçait déjà la race française d'une extinction assez prochaine avant la guerre. L'élan de patriotisme dont nous sommes témoins permet d'envisager l'avenir avec confiance, à cet égard. Le législateur peut exercer une grande influence sur la prolongation des heureuses dispositions qui se manifestent, à ce point de vue, s'il s'attache à montrer, dans toutes les lois fiscales, militaires ou sociales, qu'une famille nombreuse n'est point uniquement une charge et que la France sait reconnaître les services de ceux qui lui donnent des défenseurs. En tout cas, des lois sur la propriété et l'héritage enlevant aux parents les moyens de pourvoir au bien-être et à l'avenir de, leurs enfants, dont ils se montrent souvent trop soucieux de nos jours, diminueraient sans doute encore le désir d'en avoir, en même temps que le stimulant essentiel de l'épargne et du travail.

Chapitre II
Les doctrines solidaristes

Sommaire :
I. La solidarité et la charité.

II. L'interdépendance sociale.
III. Le quasi-contrat social.
IV. L'harmonie réelle des intérêts.
V. Les œuvres de solidarité.

I
La solidarité et la charité.

Nous venons de constater une tendance marquée au relâchement des liens que la nature établit entre les membres d'une même famille et qui comportent des devoirs nettement déterminés, très doux à remplir pour la plupart des hommes parce qu'ils répondent aux sentiments les plus puissants et les plus universellement répandus, mais aussi très pesants par leur étendue et par leur précision pour les rares individus que ces sentiments ne touchent pas. En même temps et par un singulier contraste, nous entendons un concert de voix retentissantes célébrer un lien nouveau, la solidarité, d'où naîtraient des obligations de tous envers tous, aussi séduisantes par l'ampleur monumentale des rêves évoqués que peu gênantes pour chacun par leur caractère vague et indéterminé.

L'antique charité avait bien mis en relief l'existence, chez tous les hommes, et la puissance, chez quelques âmes généreuses, du sentiment de pitié pour les misères d'autrui ; elle avait parfois réussi à corriger ce qu'ont de trop étroit les affections de famille, en faisant une réalité de cette belle expression, l'amour du prochain ; mais, d'un côté, elle excluait toute idée de contrainte, de l'autre elle était rendue suspecte par de trop longues fréquentations cléricales. Les substantifs *fraternité* et *altruisme,* l'adjectif *humanitaire* offraient toutes les garanties voulues de laïcité ; mais eux aussi étaient fâcheusement entachés de libéralisme. Tant que l'obligation de venir en aide aux pauvres garde, pour les riches, le caractère d'un devoir purement moral et non d'une dette exigible, celui qui reçoit le secours librement donné par autrui se sent tenu à une reconnaissance toujours pénible pour un cœur indépendant. Sans doute, il sied au prêtre et au philosophe d'exhorter, à la fois, le possesseur de biens dont il n'a pas un besoin urgent à en consacrer une part au soulagement des misères imméritées, et le malheureux incapable de se suffire à attendre avec résignation de la générosité libre le supplément de ressources qu'il ne peut réclamer comme un droit ; mais un candidat ne peut rien tirer de ces appels à l'abnégation, pour conquérir les électeurs. C'est pourquoi la solidarité intervient, afin de donner un caractère de nécessité et d'obligation juridique à des actes restés jusque-là dans le domaine de la liberté et de la conscience.

II
L'interdépendance sociale.

Le mot solidarité, si accrédité auprès des foules et si compromis auprès des esprits sérieux par l'abus qu'en fait une vague phraséologie, a cependant un sens précis dans certaines sciences. En mécanique, on dit que deux pièces sont solidaires quand elles sont liées de telle sorte que la position de l'une détermine celle de l'autre ; en physiologie, on appelle solidarité une relation nécessaire entre certains phénomènes organiques. Aussi les solidaristes font-ils grand état des liens qu'établissent entre tous les hommes l'échange, la production pour le marché, la répercussion des variations d'un prix sur tous les autres prix, la contagion des maladies, etc. La puissance publique, disent-ils, doit se préoccuper de la santé et de la situation 'économique de chaque citoyen, parce qu'elles ont une répercussion sur la santé et la situation économique de tous.

Cependant, du fait incontestable sur lequel repose cette affirmation, il ne résulte nullement que l'*intérêt collectif* de la société soit d'imposer des charges à ses membres valides et prospères, pour venir en aide aux malades et aux malheureux. Si l'on restait sur le terrain des faits et de l'utilité sociale entendue au sens purement matériel, on aboutirait à des conséquences tantôt heureuses, tantôt révoltantes. Sans doute, la connaissance des conditions de propagation des épidémies par les microbes a fait comprendre que tout le monde est intéressé à ne pas laisser se prolonger et se répandre une infection ; seulement, elle n'indique pas si la société doit, pour l'arrêter, faire soigner les malades par des médecins et des infirmiers qu'ils pourront contaminer, ou bien les parquer en leur interdisant toute communication avec le dehors et même accélérer leur disparition par les procédés les plus expéditifs. Ce dernier moyen serait presque toujours le plus efficace et le moins coûteux ; ce serait donc celui dont l'intérêt du plus grand nombre prescrirait l'adoption, comme il prescrirait l'élimination de tous les infirmes qui consomment et ne produisent pas.

Un des esprits les plus intéressants parmi les théoriciens modernes du droit public, M. Léon Duguit, a cependant essayé de fonder le droit tout entier sur cette *solidarité sociale* de fait, que l'on pourrait, dit-il avec grande raison, appeler *l'interdépendance sociale* « pour éviter le mot solidarité discrédité par les politiciens » [1]. Pour lui, « le droit de l'individu est une pure hypothèse, une affirmation métaphysique sans réalité... Le droit n'est pas un pouvoir de la collectivité, pas plus qu'il n'est un pouvoir de l'individu ; il est une règle objective... Cette règle ne dit pas à l'homme : fais cela parce que c'est utile, parce que ton bonheur en dépend ; elle lui dit : fais cela parce que cela est... La solidarité est un fait... elle n'est pas un impératif pour l'homme ; mais, si l'homme veut vivre, comme il ne peut vivre qu'en société, il doit conformer ses actes à la solidarité sociale » [2]. M. Duguit essaie de faire découler le droit tout entier du respect dû à chaque acte de volonté individuelle déterminé par un but de solidarité sociale, tandis que l'acte de volonté qui ne remplit pas cette condition ne s'impose pas au respect des autres et ne doit pas être sanctionné par la loi [3].

Il nous est impossible, quant à nous, de concevoir comment M. Duguit passe ainsi de la constatation du fait de l'interdépendance des hommes à l'idée de droit ou d'obligation. « L'homme, dit-il encore, doit vouloir la solidarité, parce qu'il ne peut pas ne pas être solidaire. 4) Mais l'homme ne peut pas davantage ne pas souffrir, ne pas être malade, ne pas mourir. Doit-il pour cela vouloir la souffrance, la maladie et la mort ? Il se montre sage sans doute en les acceptant avec résignation, quand il ne peut y échapper ; mais il a le droit et même le devoir de les éviter ou de lès retarder, de lutter contre elles, de restreindre leur empire sur lui et sur les

1 *Traité de droit constitutionnel, p. 14.*
2 *L'État, le droit objectif et la loi positive, pp. 16, 24, etc.*
3 *Op. cit., p. 84.*

Clément Colson

autres hommes, dans la mesure où il le peut. De ce qu'une relation existe, on ne peut conclure que l'homme doit travailler à l'étendre et à la développer. Tout le progrès social a consisté pour lui à triompher des forces hostiles, en utilisant les actions favorables. Sans doute, il n'étend sa maîtrise sur la nature qu'en se servant des lois que la science lui révèle ; mais la connaissance de ces lois sert précisément à obtenir des effets autres que ceux qui se produiraient spontanément. La solidarité est un fait, cela est incontestable. Il faut donc que chaque individu en tienne compte dans la conduite de sa vie publique et privée, qu'il s'applique à la développer de son mieux dans tous les cas où elle contribue au progrès physique, moral et intellectuel de l'humanité, et à la restreindre autant que possible dans les cas contraires. Aucun homme de bon sens ne peut mettre en doute ni que la solidarité sociale, sans laquelle la continuité du progrès serait impossible, soit une source d'avantages infiniment supérieurs aux inconvénients qu'elle entraîne, - ni que ces inconvénients existent et que la contagion des maladies, des idées fausses et des mauvaises passions soit un mal. Ce qu'il faut vouloir, ce n'est pas la solidarité en elle-même, c'est le bien qui en résulte, séparé autant que faire se peut des maux qu'elle entraîne. Pour trouver dans la simple constatation de son existence la base du droit et des obligations des hommes les uns envers les autres, il faudrait établir, entre ces deux idées, un lien que nous n'apercevons pas et dont M. Duguit, malgré tout son talent, ne démontre nullement la réalité.

III
Le quasi-contrat social.

C'est pourquoi on a cherché aux doctrines solidaristes une base autre que les relations de fait, une base juridique, motivant l'intervention de la puissance publique pour servir les intérêts plus ou moins bien compris de la masse qui détient cette puissance et pour donner satisfaction, en même temps, à ses sentiments de commisération pour les malheureux et d'envie envers les riches. Dans la langue du droit aussi, le mot solidarité a un sens précis : il indique la situation de plusieurs débiteurs dont chacun peut être poursuivi individuellement pour le paiement intégral de leur dette commune. Cette dette naît en général d'un contrat ; mais elle peut provenir aussi de ce que le Code civil appelle un quasi-contrat, c'est-à-dire, dit l'article 1370 « d'un fait purement volontaire de l'homme, dont il résulte un engagement quelconque envers un tiers, et quelquefois un engagement réciproque des parties ». Dans un livre dont la grande situation de son auteur a fait le manifeste officiel du solidarisme [1], on trouve exposé avec éloquence comment chaque homme, par le seul fait qu'il profite de tous les avantages sociaux, du trésor des connaissances et des biens accumulés par les générations antérieures, naît engagé par un quasi-contrat envers tous ses contemporains et envers la postérité, investi d'un droit à la vie et débiteur de tous ceux qui y ont un droit égal, - comment un redressement de comptes doit intervenir entre les riches, qui bénéficient plus largement du domaine commun de l'humanité, et les pauvres, qui n'en tirent que de médiocres avantages, - comment enfin le législateur, chargé d'assurer le respect des contrats, doit opérer ce redressement en assurant à tous, grâce à l'impôt prélevé sur la richesse acquise, un minimum d'existence, l'instruction gratuite à tous les degrés et l'assurance contre tous les risques de la vie.

Ce quasi-contrat, aussi dénué de réalité que le contrat social de Rousseau, n'a pas eu un moindre succès. Il sert aujourd'hui de passe-partout à toutes sortes de revendications et de réponse aux économistes qui défendent les droits individuels et la liberté des conventions. Cependant, cet abus de termes juridiques détournés de leur sens réel a soulevé les critiques de quelques-uns des maîtres qui professent des doctrines interventionnistes et qui arborent même le pavillon de la solidarité, sans pour cela perdre de vue les principes essentiels du Droit [2]. Ceux-ci ont rappelé qu'il n'y a rien de commun entre l'effet d'un quasi-contrat, suppléant à l'absence de contrat pour établir une équivalence entre des prestations réciproques, et les mesures destinées au contraire à parer l'insuffisance trop fréquente des ressources que chaque homme peut obtenir par des échanges basés sur cette équivalence.

1 *Solidarité*, par M. Léon Bourgeois.
2 Voir une critique de cet abus de la langue du Droit, la plus vigoureuse sous la forme la plus modérée, dans la belle *Histoire des doctrines économiques* de MM. Ch. Gide et Ch. Rist.

Clément Colson

Ils ont fait voir comment le socialisme tout entier pourrait sortir de cette conception singulière d'une dette indéterminée, dont le montant serait fixé arbitrairement par les créanciers eux-mêmes, puisque, dans une démocratie, c'est la masse des prolétaires qui détient la puissance législative. Ils ont même indiqué combien cette situation de fait modifierait les conséquences pratiques tirées par les Allemands du *socialisme de la chaire*. Sans doute, cette dernière doctrine ne se distingue pas théoriquement des doctrines solidaristes et prétend, comme celles-ci, prendre une situation intermédiaire entre le socialisme pur et le libéralisme, en faisant de l'État l'arbitre des droits et des devoirs de chacun ; mais elle combine ces idées avec la conception métaphysique d'un État idéal, planant au-dessus des partis, des passions et des intérêts privés et trouvant en lui-même ou recevant d'en haut ses inspirations. Or, un pareil État, s'il existait, n'aurait rien de commun avec la démocratie parlementaire, maîtresse chez nous et bien près de l'être chez tous les peuples civilisés.

Pas plus d'ailleurs dans l'équité naturelle que dans les termes du Droit, on ne saurait trouver une base à la prétendue dette des riches et à la créance des déshérités sur eux. L'enfant naît bien avec un *droit à la vie* ; mais sa créance n'existe que vis-à-vis de ceux qui, par un acte volontaire, ont assumé l'obligation de donner satisfaction aux besoins qu'ils engendraient. Le *redressement des comptes,* imaginé pour régler plus équitablement la participation de chacun aux avantages sociaux, n'aurait de sens que s'il était possible d'établir, au moins approximativement, le compte de chaque individu et de ses auteurs, - à moins que, supprimant la seule solidarité essentielle et efficace en droit et en fait, celle des parents et des enfants, les solidaristes ne fassent table rase de tout ce qui a précédé la naissance, auquel cas la seule solution défendable serait l'égalité la plus absolue, préconisée par le pur socialisme.

Et si, pour éviter les difficultés des comptes individuels, on se contente de faire le redressement par grandes masses, entre les classes sociales, on est réduit à reconnaître que, dans l'ensemble, loin d'avoir une créance sur les riches, les pauvres descendent de familles qui sans doute, de génération en génération, depuis un temps plus ou moins long, ont contracté une dette croissante envers la société, en prenant une part plus grande dans la consommation que dans la production. L'expérience montre que la misère naît plus fréquemment du vice, de la paresse ou de l'imprévoyance que de malheurs impossibles à éviter ou à réparer, et qu'elle est trop souvent héréditaire, comme la richesse, par suite des habitudes qu'elle perpétue [1] : Les malheureux au nom desquels on revendique aujourd'hui le paiement d'un arriéré représentent, sinon tous, du moins en grande majorité, des parents et peut-être der, suites d'ancêtres qui ont vécu, non pas uniquement de salaires répondant plus ou moins exactement à la valeur de leur travail, mais aussi et parfois principalement des secours de la charité. Au contraire, les familles aisées sont, pour la plupart, celles qui, de père en fils, ont collaboré à la production des objets propres à satisfaire aux besoins des hommes d'une manière particulièrement efficace, apportant aux richesses de l'humanité, par leur énergie, leurs talents, leur prévoyance, un accroissement dont leurs gains personnels ne représentaient qu'une fraction plus ou moins forte. Il faut une singulière bonne volonté pour découvrir dans ces faits la cause d'une créance des premiers sur les derniers.

IV
L'harmonie réelle des intérêts.

Loin d'être acquise aux dépens des travailleurs, la fortune des riches leur est profitable, car, on ne saurait trop le répéter, une des manifestations les plus claires de la solidarité de fait qui, elle, est une réalité, c'est la baisse du taux de l'intérêt relativement à celui des salaires, dans les sociétés où l'accumulation des capitaux progresse plus vite que la population. Quelques statisticiens croient démontrer que la répartition des biens devient de moins en moins équitable dans une société qui s'enrichit, parce que le montant total des revenus de la richesse acquise y croît plus vite que celui des salaires. Mais, ce qui importe aux classes ouvrières, ce n'est pas

---

1 Nulle personne renseignée ne contestera la justesse de la réponse que nous faisait un jour le secrétaire d'un bureau de bienfaisance, avec qui nous causions de l'intérêt poignant de ses fonctions : « Ce qu'il y a de douloureux, disait-il, c'est la certitude que, du jour où nous avons inscrit une famille pour lui donner des secours réguliers, elle est perdue et presque sûrement vouée à la misère perpétuelle ».

Clément Colson

que leur part, dans la richesse totale, augmente plus que celles des classes possédantes, c'est que les ressources dont elles disposent par tête croissent en grandeur absolue. Quand la production totale grandit principalement par le fait de l'augmentation de l'outillage industriel, il est naturel que ceux qui fournissent cet outillage bénéficient de la plus grande part de l'augmentation. Toutefois, par un heureux effet des lois de la valeur, ils ne peuvent retenir qu'une fraction du surcroît de produits dû aux capitaux constitués par eux, parce que la hausse des salaires en transfère en partie le bénéfice aux ouvriers, - indépendamment de la part que beaucoup de ceux-ci touchent dans les revenus du capital, comme rémunération d'une petite épargne.

Nous ne voulons pas dire par là qu'il n'y ait jamais d'antagonisme réel entre les intérêts des diverses catégories de producteurs. Mais, grâce au mécanisme des prix, il se trouve que, sous un régime de liberté économique, les seules modifications dans les conditions de la production dont la réalisation soit, à la fois, profitable aux classes possédantes et subordonnée à leur volonté, sont précisément celles qui, en même temps, améliorent la situation des classes ouvrières. Rien n'est plus facile que de s'en rendre compte.

Capitalistes et travailleurs ont un intérêt commun à ce que le total des produits à partager augmente par les progrès de l'art industriel, par l'accroissement et le bon emploi de l'outillage. Seuls, les propriétaires fonciers auraient parfois un intérêt inverse, puisque la rente du sol est d'autant plus élevée qu'il est plus difficile de suppléer à l'insuffisance de son étendue. Or, il ne dépend nullement de ces derniers d'empêcher les progrès des moyens de transport, qui atténuent les avantages d'une situation géographique privilégiée, Ils ne peuvent pas non plus empêcher la science de découvrir les moyens d'augmenter le rendement du sol, et la concurrence inévitable entre les agriculteurs oblige chacun d'eux à pratiquer les méthodes perfectionnées de culture, même quand leur application, en se généralisant, doit amener peu à peu la baisse des prix, suivie nécessairement par celle de la rente.

Les travailleurs ont intérêt à ce que le nombre des bras ne croisse pas plus vite que la masse des capitaux, puisqu'un tel accroissement ferait baisser les salaires et hausser le taux de l'intérêt et de la rente. Tout en constatant qu'il n'y a certes pas là- une éventualité dont la réalisation soit probable en France, il faut reconnaître que, sur ce point, l'intérêt des travailleurs est en opposition avec celui des classes possédantes ; mais ce n'est pas de celles-ci que dépend la natalité dans les familles ouvrières.

Les ouvriers tirent grand profit de l'augmentation du capital, qui fait hausser le taux des salaires. Or, cette augmentation est également avantageuse pour les familles auxquelles une certaine aisance donne les moyens de réaliser des épargnes importantes, puisque la baisse du taux de l'intérêt n'empêche pas les revenus totaux de la richesse acquise de grandir, quand sa masse augmente.

Il n'est donc nullement besoin que le législateur intervienne, pour établir une véritable solidarité entre les diverses catégories de producteurs et une juste répartition des bénéfices dus à leur coopération, puisque déjà le jeu naturel de l'organisme économique reporte sur les travailleurs une part du surcroît de production dû à l'accumulation des capitaux.

V
Les œuvres de solidarité.

L'État n'a d'ailleurs pas besoin d'étendre son champ d'action en dehors de ses limites rationnelles, pour élargir constamment la place tenue dans la société par la solidarité, entendue dans le sens d'une communauté d'intérêts n'ayant pas pour base le *do ut des*. Il fait une application constante et nécessaire de l'idée de solidarité, quand il gère les services légitimement appelés publics, c'est-à-dire ceux auxquels les entreprises privées ne peuvent pas pourvoir, parce qu'ils exigent l'intervention d'un pouvoir coercitif, ou ceux dont les frais doivent être couverts par l'impôt, parce qu'il est impossible d'obtenir par la voie de l'échange le paiement des avantages procurés par eux aux particuliers. Ce rôle de l'État grandit chaque jour, à mesure que la facilité des transports développe les agglomérations et multiplie les contacts forcés entre les hommes ;

mais il est intimement lié à une action dont le caractère principal n'est pas de l'ordre économique. Nous l'étudierons dans le chapitre suivant, en même temps que celui des associations volontaires poursuivant un but moral, religieux, charitable, artistique, politique ou professionnel.

L'étude du fonctionnement de ces associations, elle aussi, sort d'ailleurs à beaucoup de points de vue des cadres de l'Économie politique ; en effet, si leur objet final est souvent un intérêt économique et pécuniaire (tel est le cas, par exemple, pour les syndicats professionnels), leurs moyens d'action sont la propagande, la persuasion, quelquefois l'appel à l'autorité ou la violence, jamais la production industrielle ou l'échange.

Les apôtres de la solidarité en aperçoivent volontiers une manifestation dans toute intervention de l'État ou des associations auxquelles nous venons de faire allusion. Par contre, ils ne considèrent point comme une application de leurs idées les relations qui s'établissent, dans les entreprises ordinaires, entre les employeurs et les employés, entre les emprunteurs et les prêteurs, entre les propriétaires et les fermiers, entre les acheteurs et les vendeurs, enfin entre les associés, quand l'aléa et la direction d'une affaire sont assumés par une société de capitalistes. Ils y font rentrer, au contraire, le fonctionnement des sociétés dans lesquelles le choix des directeurs et l'aléa des gains et des pertes sont attribués, soit aux ouvriers (associations coopératives de production), soit à un certain nombre de propriétaires fonciers se groupant pour vendre une espèce de produits (laiteries coopératives), soit aux clients d'un magasin (associations coopératives de consommation), soit à ceux d'une banque (sociétés de crédit mutuel), etc.

Nous avouons n'avoir jamais pu comprendre sur quoi repose cette distinction. Les associations coopératives sont, en droit et presque toujours en fait, des sociétés industrielles ou commerciales comme toutes les autres, dans lesquelles un nombre plus ou moins grand de personnes se groupent pour tirer de leur effort commun certains avantages pécuniaires. Elles comportent, comme les autres, une communauté d'intérêts qui exige une certaine entente entre les associés. Elles réussissent ou elles échouent, comme les autres, suivant qu'elles sont bien ou mal dirigées. Le fait que certaines bases spéciales sont adoptées pour régler le droit de vote dans les assemblées et la répartition des gains ou des pertes ne change rien au caractère général de leurs opérations.

Il est vrai que la fondation des coopératives est souvent liée, soit à des idées d'amélioration sociale, soit à une communauté de situation personnelle ou de sentiments entre les participants. Mais celles qui prennent un développement suffisant pour jouer un rôle important dans le mouvement économique ne diffèrent bientôt plus que par la forme des entreprises capitalistes ou des grands magasins. Le côté idéaliste ne survit guère à une extension assez large pour rendre impossibles les relations personnelles suivies entre les associés, si ce n'est dans celles de ces sociétés qui sont, en même temps, l'œuvre d'un parti ; tel est le cas des coopératives belges, socialistes ou catholiques, dont l'union est cimentée au moins autant par la haine des partis adverses que par les idées de solidarité ou par les avantages matériels de la participation.

Sans doute, à côté des associations coopératives servant surtout d'étiquette, pour obtenir des pouvoirs publics ou de quelques clients naïfs des commandes à meilleur compte, il en est d'autres qui sont administrées par des hommes généreux, apportant leur concours sans demander de salaire, par dévouement à une idée, - de même qu'à côté des patrons rapaces, il en est qui ajoutent au salaire normal de leurs ouvriers des avantages très profitables pour ceux-ci et très coûteux pour eux-mêmes. Le fait que le rapprochement entre les idées de charité et la recherche de bénéfices pécuniaires est un peu plus fréquent dans les associations coopératives que dans les autres entreprises ne nous paraît justifier ni les avantages qu'on réclame pour elles du Parlement et des administrations publiques, ni les espoirs de transformation sociale qu'elles font naître.

Il est, par contre, une catégorie spéciale d'entreprises, les assurances, dont l'essor de nos jours est bien autrement grand que celui des coopératives, qui étendent très largement et très heureusement le champ des solidarités de fait entre les hommes.

Clément Colson

C'est pour en étendre les bienfaits aux ouvriers qu'ont été conçus les plus vastes essais réalisés jusqu'ici d'organisations ayant un certain caractère socialiste. La transformation que les assurances dites sociales sont en train d'apporter dans les relations humaines nous oblige à nous arrêter un peu plus longuement sur elles, en terminant le présent Livre.

Chapitre III
Les assurances sociales

Sommaire :
I. L'objet du contrat d'assurance et ses conséquences.
II. Les assurances ouvrières et l'incidence des subventions de l'État et des contributions patronales.
III. L'obligation et les difficultés spéciales que présente son application aux différentes assurances : décès prématuré, invalidité prématurée, maladie, chômage, vieillesse.
IV. L'assurance pour la vieillesse et la solidarité familiale.

I
L'objet du contrat d'assurance
et ses conséquences.

L'objet essentiel de toute assurance est de grouper des individus exposés à subir certaines pertes, sans qu'on puisse Savoir qui sera frappé ou épargné, afin de, répartir entre eux tous des charges qui écraseraient les victimes de la mauvaise chance, si elles les supportaient seules. Chaque assuré substitue ainsi à la possibilité d'une perte ruineuse la certitude d'une dépense minime. Le montant de cette dépense peut être calculé à l'avance, s'il s'agit de risques soumis à ce que l'on appelle la *loi des grands nombres*. On entend par là les malheurs, tels que l'incendie, le naufrage, le décès prématuré, amenés par des causes extrêmement diverses, sans doute, mais assez régulières dans leur action pour que, sur un grand nombre d'édifices analogues, de navires faisant le même service, d'individus du même âge, la proportion des sinistres annuels ne s'écarte jamais sensiblement d'une moyenne facile à constater par la statistique. Il suffit alors que le nombre des assurés soit un peu élevé pour qu'il existe un rapport à peu près fixe entre la prime, que chacun d'eux doit payer, pour faire face à l'ensemble des risques, et l'indemnité qu'il recevra, si c'est lui qui est atteint.

L'assurance peut être organisée, dans ce cas, par des entreprises ayant pour but de réaliser des bénéfices, en vendant à leurs clients la sécurité moyennant un prix convenu, légèrement supérieur à son prix de revient, sans d'ailleurs que la concurrence permette à l'écart d'être jamais bien élevé. L'assurance peut être aussi organisée sous la forme, de mutualités, dont chaque membre s'engage à supporter sa part des pertes qui seront subies par l'un quelconque des membres de l'association. Quel que soit le système adopté, si la charge assumée par chacun est proportionnelle aux risques courus par lui, on se trouve en présence d'un contrat d'affaires, où chaque associé prend des engagements en rapport avec les avantages qu'il en espère et où les questions de sentiment n'ont rien à voir.

À la solidarité de fait ainsi établie, dans un but purement intéressé, il ne s'ajoute un élément de solidarité morale, impliquant de véritables dons, que dans deux cas. Les mutualistes reçoivent la charité et ne la font pas, quand ils obtiennent de l'État ou de membres honoraires des *subsides* gracieux. Certains mutualistes font la charité et les autres la reçoivent, quand une société admet volontairement ce que les assureurs appellent les mauvais risques, aux mêmes conditions que les bons ; c'est ce qui a lieu quand une mutualité consent à assurer contre l'incendie des maisons couvertes en chaume au même taux que des maisons couvertes en tuile, à garantir des soins et une indemnité de chômage, pendant leurs maladies, à des malingres ou à des vieillards, sans leur demander une cotisation plus forte qu'aux jeunes gens vigoureux, etc. Il peut arriver que les charges imposées à la masse des membres d'une société de secours mutuels, par le fait qu'aucune surprime n'est demandée à ceux dont la situation comporte des risques exceptionnels, excède le montant des subsides que reçoit cette société ; dans ce cas seulement, les membres qui consentent ainsi à prendre leur part des mauvaises chances, en renonçant aux avantages d'une situation plus favorable, accomplissent réellement un acte de généreuse fraternité.

Clément Colson

Dans tous les autres cas, la solidarité établie par l'assurance mutuelle ou à primes fixes constitue une application du *do ut des*, inspirée par un sentiment de prudence très louable au point de vue économique, mais où n'apparaît aucune trace de désintéressement, - sauf de la part de ceux qui gèrent l'entreprise, s'ils lui consacrent gratuitement leurs peines.

L'assurance accroît nécessairement les charges totales de l'ensemble des assurés, en ajoutant aux pertes résultant des événements visés les frais généraux qu'entraînent : 1° l'encaissement des primes ; 2° la constatation des pertes à couvrir. Ces charges, toujours importantes, deviennent énormes si les risques assurés sont très dispersés et si les primes sont perçues par très petites fractions ; mais la sécurité est un tel bienfait, qu'il est sage de le payer même à un prix double de la somme représentant mathématiquement la valeur du risque couru, d'après son importance et sa probabilité.

L'assurance accroît encore les charges par la diminution inévitable des précautions propres à prévenir les sinistres ou à en limiter les conséquences. La sécurité qu'elle donne serait purement illusoire, si l'indemnité n'était pas intégralement reçue par l'assuré, tolites les fois que le sinistre a été causé ou aggravé par une négligence ou une faute imputable à lui ou à l'une des personnes dont les actes peuvent engager sa responsabilité, enfants, serviteurs, ouvriers, etc. En effet, il n'est guère d'incendie, de maladie ou d'accident qui n'ait été causé ou aggravé par des faits de ce genre. Sans doute, une jurisprudence tutélaire déclare nulle toute stipulation par laquelle un des contractants aurait prétendu s'exonérer des conséquences de son dol, ou d'une de ces fautes lourdes qui sont assimilées au dol parce que, pour les commettre, il faut méconnaître de parti pris les règles de prudence les plus élémentaires. Mais nul contrat d'assurance ne pourrait être exécuté sans procès interminables, si la validité des clauses qui mettent les risques à la charge de l'assureur était subordonnée à la discussion préalable des conséquences de toutes les erreurs et de toutes les négligences commises par l'assuré ou par les personnes dont il est responsable. Aussi admet-on que l'assurance s'étend à tous les accidents éventuels qui ne résultent pas d'un dol ou d'une faute lourde dûment prouvée [1].

L'extension de l'assurance substitue ainsi, dans bien des cas, la conception de *risque* à celle de *faute*, - de même que la législation moderne sur les accidents du travail substitue le principe du *risque professionnel*, faisant partie des charges de l'entreprise, à la recherche des auteurs des négligences ou des maladresses excusables qui ont pu amener telle ou telle blessure. C'est là un progrès considérable, car il remédie en partie à des maux immérités, engendrés par les coïncidences impossibles à prévoir qui rendent désastreuses, une fois par hasard, les conséquences d'erreurs fréquentes et habituellement inoffensives. Mais il n'est pas douteux qu'en dégageant la responsabilité des auteurs d'imprudences susceptibles d'entraîner des accidents, on rend ceux-ci bien plus fréquents. Personne ne contestera que, en dehors même des cas de spéculation criminelle, les incendies deviennent plus fréquents quand l'assurance les rend moins redoutables, de même que la sécurité des piétons est sensiblement diminuée par l'assurance des cochers pour les responsabilités civiles encourues par eux en cas d'accident. C'est ce qui explique que le taux des primes à payer, pour la partie assurée des risques de mer, soit réduite lorsque l'armateur reste son propre assureur pour une fraction sérieuse de la valeur d'un navire ; la possibilité d'un sinistre est en effet diminuée, dans ce cas, par la certitude plus grande de voir observer toutes les règles de prudence.

II
Les assurances ouvrières
et l'incidence des subventions de l'État
et des contributions patronales.

Les assurances présentent un intérêt tout particulier, quand elles

---

1 La même jurisprudence devrait être rationnellement appliquée à toutes les clauses qui mettent à la charge d'une des deux parties contractantes les pertes, les avaries et les dommages de toute nature résultant d'une manutention, d'un transport, etc. On admet que ces clauses ne sont valables qu'autant qu'il n'est pas prouvé que la partie qui a stipulé l'exonération de responsabilité à commis une faute. Mais l'utilité de ces contrats est précisément d'éviter les complications de la preuve, et il n'y a aucune raison de ne pas admettre qu'ils constituent une *assurance*, valable tant qu'il n'y a pas dol ou faute lourde équivalente.

Clément Colson

ont pour objet de parer aux misères les plus complètes, celles où tombent les familles ayant pour seule ressource le travail de quelques-uns de leurs membres, si cette ressource -vient à leur manquer. Les travailleurs dont le salaire est élevé peuvent aisément s'assurer eux-mêmes et ne sont guère excusables s'ils ne le font pas. Pour les autres, dans tous les cas où l'incapacité de travailler provient d'un accident survenu pendant le travail, la législation qui met les conséquences de cet accident à la charge de l'entreprise y pourvoit autant que possible ; il appartient au patron de comprendre le coût de l'assurance correspondante dans ses frais généraux, s'il ne veut pas garder l'aléa des risques. Mais, vis-à-vis des causes d'interruption de travail autres que les accidents professionnels, l'ouvrier reste sans appui et la modicité des salaires rend l'assurance difficile pour lui. C'est pourquoi on estime aujourd'hui à peu près unanimement que l'État doit intervenir pour développer ces assurances, - souvent qualifiées de sociales, parce qu'elles sont nécessaires pour parer à des maux que nulle société policée ne doit tolérer, s'ils sont évitables.

Le premier procédé que l'État peut employer à cet effet consiste dans l'allocation de larges *subventions,* pour encourager l'assurance librement contractée en allégeant les charges qu'elle comporte. Si lourd que soit le poids des impôts nécessaires pour subvenir aux frais de l'énorme machine qu'est l'État moderne, il n'est pas de besoin qui justifie mieux une addition, même très sérieuse, aux charges qui en résultent déjà. Les classes aisées doivent accepter ce surcroît de sacrifices dans un vrai sentiment de solidarité charitable, avec la certitude que le bénéfice en ira aux travailleurs méritant un réel intérêt, par l'effort qu'ils savent s'imposer à eux-mêmes en s'assurant volontairement. Non seulement elles allègent ainsi dès misères physiques, mais elles contribuent au progrès moral dans les milieux ouvriers, par le développement des idées de prévoyance s'appliquant à l'avenir de toute la famille, car ces idées prendront corps d'autant plus souvent que leur mise en application sera rendue plus facile et plus efficace.

Mais l'effet de propagande des subventions se fait sentir avec une lenteur dont s'accommode mal l'impatience moderne de tout faire en un jour ; aussi est-ce à l'obligation que l'on recourt, de plus en plus, pour généraliser les assurances sociales. Par la disparaît tout, d'abord le côté moral de l'effort soutenu, de la maîtrise de soi dont A donne l'habitude, du Sacrifice librement consenti par l'ouvrier pour assurer la sécurité de sa famille, qui n'est pas le moindre mérite de, la prévoyance volontaire. D'autre part, l'obligation implique d'abord le contrôle de la situation de tous les travailleurs, puis le versement des cotisations par fractions infimes, le seul qui puisse être imposé pratiquement pour les petits salaires. Il en résulte une énorme augmentation des frais généraux que masque, sans l'atténuer, la dispersion de ces frais rejetés en partie sur les autorités locales chargées de dresser les listes des assujettis, en partie sur les patrons chargés d'effectuer les retenues en payant les salaires. Ces retenues, étant imposées, ne peuvent atteindre pratiquement qu'un chiffre très insuffisant pour réaliser les assurances nécessaires ; la plus grande part des charges doit alors être couverte soit par un prélèvement sur le produit des impôts généraux perçus par l'État, soit par une cotisation des patrons qui est, elle aussi, un impôt véritable.

Cet impôt serait de nature à compromettre la situation de 'bien des entreprises, au moment où il viendrait s'ajouter à leurs autres charges, s'il atteignait le chiffre nécessaire pour que l'assurance procure aux familles ouvrières une véritable sécurité, vis-à-vis des causes diverses qui peuvent les réduire à la misère : décès ou invalidité prématurée de leur chef, maladie, chômage, vieillesse, etc. On conçoit donc les craintes qu'inspire aux patrons l'institution d'assurances comportant une contribution obligatoire pour eux. Cette inquiétude devrait être atténuée, cependant, par la certitude que, au bout de peu de temps, ce sera toujours sur les ouvriers eux-mêmes que retombera cette contribution, sous la forme d'une réduction de leurs salaires.

Cette incidence rejetant l'impôt sur les employés peut être masquée par les variations que d'autres causes amènent dans le taux des salaires, pendant le temps nécessaire pour qu'elle se produise ; elle n'en est pas moins absolument certaine, pour quiconque y réfléchit un peu. Ce qui règle la demande de force de travail et la rémunération que les patrons peuvent allouer aux ouvriers, c'est la comparaison entre l'ensemble des charges qu'entraîne l'emploi de ceux-ci et les dépenses qu'il faudrait faire pour réduire cet emploi par un usage plus. large des machines ; c'est aussi le rapprochement entre les frais totaux de l'entreprise et les recettes qu'elle peut donner. Quand on impose une charge proportionnelle à l'effectif du personnel employé, que ce soit un impôt perçu au profit de l'État ou une contribution alimentant des établissements d'assurances ouvrières, il faut absolument qu'elle soit compensée par une diminution égale du salaire, afin que la demande de bras ne diminue pas et qu'elle continue à être en rapport avec le nombre des travailleurs cherchant un emploi. Dans les périodes où une hausse notable et générale des salaires est amenée par les progrès techniques et par l'accumulation rapide des capitaux, comme c'est le cas depuis un siècle, ce n'est pas une baisse, c'est un ralentissement de la hausse que produit le prélèvement ; il n'en pèse pas moins sur le gain de l'ouvrier.

Ce ne sont pas là des considérations théoriques ; ce sont des faits trop peu observés, mais qui apparaissent comme incontestables à quiconque a été témoin des calculs que fait et doit faire tout chef d'entreprise. Il y a bien longtemps qu'ils nous frappèrent pour la première fois, dans une conversation où le directeur d'une grande compagnie nous expliquait les avantages d'installations nouvelles, propres à réduire l'emploi de la main-d'œuvre. Le chiffre auquel il évaluait l'économie réalisée, pour chaque ouvrier en moins, nous semblait très supérieur au salaire moyen. « Sans doute, dit-il, mais il faut faire le calcul sur le salaire majoré de 20 p. 100, en raison des versements aux caisses de retraites, congés payés, maladies, secours, etc. » C'est ce salaire majoré qui constitue le prix de revient du travail, qui entre à ce titre dans le prix de revient des produits et qui règle dès lors la demande de bras. Dans les chemins de fer, aujourd'hui, le gros obstacle à la hausse des salaires, c'est l'énormité des versements imposés par la loi spéciale réglant les retraites des agents. Il en sera de même dans toutes les industries, si jamais on y donne aux assurances sociales un développement analogue ou si l'on accroît encore, sous une forme quelconque, les charges déjà considérables résultant de la législation du travail.

Bien entendu, les ouvriers luttent contre cette conséquence. Ils ne l'aperçoivent guère, quand il s'agit seulement d'un arrêt dans l'amélioration de leur sort. Mais, parfois, la situation du marché est telle, que les charges imposées par la loi aux patrons doivent se traduire, dans une industrie, soit par une réduction du salaire payé eu argent, soit par l'impossibilité d'allouer l'augmentation de ce salaire rendue nécessaire par la hausse du coût de la vie qu'entraîne nécessairement l'augmentation da prix de revient de tous les objets de consommation courante. Dans ce cas, la nécessité de réduire les conditions d'existence auxquelles l'ouvrier est habitué n'est acceptée qu'après des grèves dont l'échec laisse dans les cœurs des haines durables. Si la pression subie amène les patrons à faire momentanément des concessions dépassant leurs possibilités, c'est bientôt le renouvellement des conflits ou la faillite de nombreux établissements, avec les chômages consécutifs. Les prétendues lois de solidarité sociale ne peuvent entraîner que des divisions et des ruines, quand on a fait miroiter aux yeux des ouvriers des avantages que leur enlèvent aussitôt les lois inéluctables de la détermination des prix et notamment des salaires.

III
L'obligation et les difficultés spéciales que présente son
application aux différentes assurances :
décès prématuré, invalidité prématurée,
maladie, chômage, vieillesse.

Les complications administratives, les faux frais, les chances de conflits qu'entraîne l'obligation, appliquée aux assurances sociales, ne constitueraient pas des objections suffisantes contre les lois qui l'établissent, si elle était réellement capable de mettre la population ouvrière à l'abri des maux résultant pour elle d'une impossibilité accidentelle de travailler. Peut-être ce résultat pourrait-il être atteint, dans un pays où l'autorité préposée aux assurances réprimerait avec une extrême rigueur les abus et les fraudes ; une discipline de fer y serait nécessaire. Nous avons signalé, comme un effet général de toute assurance, l'augmentation des sinistres par suite de la diminution des soins apportés à les prévenir. Quand le droit à une allocation résulte de l'impossibilité de travailler, n'eston pas fondé à penser que cette impossibilité deviendra de plus en plus fréquente, sans qu'il soit possible de déterminer avec précision les cas où la malchance sera aggravée par la paresse, et même ceux où la paresse ira jusqu'à la fraude ?

Quand une assurance libre porte sur des risques répondant à des faits difficiles à contrôler, *la* vraie garantie contre les abus, c'est la résiliation du contrat passé avec les assurés dont les demandes en indemnités révèlent, par leur fréquence, sinon la mauvaise foi, du moins une négligence systématique. Or, du jour où l'assurance devient une obligation, elle devient par cela même un droit ; on ne peut plus recourir, pour réprimer les abus, qu'à de véritables pénalités, toujours difficiles à appliquer. Nous ne craignons pas d'être démenti en affirmant que jamais un gouvernement démocratique ne réussira à exercer, dans ces conditions, un contrôle suffisant sur les ouvriers qui sauront trouver de bons prétextes pour faire appel à la caisse officielle, à laquelle ils auront toujours le droit de s'inscrire, puisqu'ils y seront obligés. Les dépenses et la démoralisation qu'entraînent ces abus inévitables constituent un des plus graves dangers auxquels une société puisse s'exposer.

Il est une assurance, cependant, qui ne peut pas donner lieu : c'est celle qui vise le cas du décès prématuré d'un travailleur ayant à sa charge des enfants trop jeunes pour se suffire. Il s'agit là d'un fait précis et impossible à simuler, survenant avant qu'une épargne prolongée ait pu constituer une réserve appréciable, - assez rare, d'ailleurs, pour que des primes minimes constituent une assurance sérieuse contre des besoins qui prendront bientôt fin, dès que les enfants auront grandi. C'est le cas peut-être où l'obligation se justifierait lé mieux ; c'est cependant le seul que les législations les plus complètes sur la matière, comme celle que l'Allemagne a créée de 1881 à 1889, aient laissé de côté ; l'assurance en cas de décès n'a été introduite qu'en 1911 dans cette organisation, modèle de toutes les autres. C'est que, sous forme d'obligation, ces lois d'apparente solidarité cherchent surtout à plaire aux masses : on flatte leurs désirs en leur parlant d'assurer le repos de leur vieillesse, sans leur demander un sérieux effort personnel, car chacun espère vivre longtemps ; mais l'idée de la mort prématurée est une idée importune, qui fait aussi mauvaise figure dans les rescrits impériaux que dans les programmes électoraux.

L'invalidité prématurée est un mal plus fréquent et plus redoutable que la mort du père de jeunes enfants, puisqu'elle transforme le soutien de la famille en une charge de plus. Mais là, une difficulté presque insurmontable résulte du danger de la fraude, ou tout au moins de la prime au manque d'énergie. L'invalidité donnant droit à des allocations importantes ne peut guère être simulée, si elle doit être complète et définitive, comme dans la loi française de 1910 ; encore, si la retraite était vraiment suffisante, verrait-on bientôt qualifier d'invalidité absolue beaucoup d'infirmités simplement gênantes : les scandales aux quels donne lieu la loi sur les accidents du travail montrent jusqu'où peut aller, en ces matières, l'ingéniosité des agents d'affaires et la mauvaise foi de certains médecins. Sans doute, on pare à ce danger, en Allemagne, par des dispositions mettant l'invalide à la discrétion de l'assureur, qui peut lui imposer tous les traitements ou toutes les opérations propres à lui rendre la capacité de travail ; mais nous ne voyons guère un pareil régime appliqué en France. Étendue, comme en Allemagne, au cas d'une invalidité partielle réduisant des deux tiers la faculté de travail de l'ouvrier, l'assurance engendrerait sans aucun doute des abus criants. Il faut bien remarquer, en effet, que, du moment où la loi impose l'assurance contre l'invalidité, elle doit déterminer le mode de désignation des médecins chargés de constater celle-ci ; dans ces conditions, il n'est pas douteux qu'après deux ou trois périodes électorales, tous les médecins apportant une certaine sévérité à l'examen des cas d'invalidité prétendue auraient été remplacés par d'autres, d'humeur plus accommodante, et que les pensionnés constitueraient bientôt la majorité des citoyens.

La pension d'invalidité ne nous parait guère réalisable sans abus que par une caisse patronale, mettant les chefs du travailleur fatigué dans la nécessité d'opter entre la continuation du paiement de son salaire entier, pour un travail réduit, ou l'allocation d'une retraite inférieure à ce salaire. Mais ce régime, faisant de la pension de retraite la conséquence du séjour prolongé de l'employé chez l'employeur qui contribue à la constituer, suppose entre eux un lien durable, établissant cette solidarité réelle, parce que personnelle, qu'on n'admet plus aujourd'hui et à laquelle on entend substituer une solidarité nouvelle, sociale en théorie et purement verbale en fait.

L'assurance contre la *maladie* donne plus aisément encore lieu aux abus que nous venons de signaler. La limite où une indisposition commence à exiger le repos, la durée d'une convalescence, ne sont pas faciles à fixer : on sait que le nombre des journées de maladie des travailleurs municipaux a quintuplé, depuis que la Ville de Paris, se faisant elle-même leur assureur, paie le plein salaire pour ces journées. L'assurance contre les pertes de salaires et les frais qu'entraîne la maladie, n'impliquant pas de lourdes charges, est organisée efficacement par des mutualités restreintes, dont les membres se connaissent, se surveillent tout naturellement et n'admettent pas de carottiers. Il est vrai que, sous cette forme incompatible avec l'obligation, elle exclut les malheureux à qui leur état de santé ne permet qu'un travail intermittent ; mais, quand la maladie est un état habituel, et non un risque, l'assurance ne peut plus lui être appliquée. La charité seule peut pourvoir aux misères qui en résultent ; à rien ne sert de la déguiser sous un faux nom.

Le *chômage* est un des maux les plus redoutés dans les milieux ouvriers. Il peut donner lieu à une sorte d'assurance de la part des associations professionnelles, qui savent si tel ou tel de leurs membres se trouve sans emploi par sa faute on par malchance, dans quelle mesure il est fondé à refuser un travail peu payé, etc. Mais il serait absurde d'organiser une assurance générale, mettant à la charge de la collectivité les chômages périodiques des industries saisonnières, dont le correctif rationnel est, soit la majoration des salaires dans les périodes d'activité, soit l'exercice d'un autre métier par le personnel inoccupé pendant la morte-saison du métier principal. Dans les autres métiers, il serait souverainement injuste et imprudent de faire entretenir par les travailleurs consciencieux, qui chôment rarement et seulement au plus fort der, crises générales, les mauvais ouvriers qui sont toujours sans travail, parce qu'ils se font renvoyer de partout ou parce que, quittant l'atelier dès qu'ils ont un peu d'argent devant eux, ils ne retrouvent pas ensuite une place libre à volonté. Comme le dit Schmoller, grand partisan pourtant des assurances sociales, les chômeurs habituels sont une sélection de paresseux et d'incapables. Pour qu'une assurance générale contre le chômage ne fût pas un encouragement à la paresse et à l'incapacité, aussi immoral que ruineux, il faudrait qu'elle fût organisée sous une forme comportant l'exécution d'un travail pénible et peu payé, avec une surveillance rigoureuse. Or, une pareille surveillance n'a jamais été réalisée nulle part dans les ateliers nationaux, les seuls où du travail puisse être offert constamment à tout venant.

Il n'est pas douteux que la prodigalité avec laquelle ont été distribués les secours de chômage en France, dans la guerre actuelle, en ait énormément aggravé les conséquences économiques. Tandis que la main-d'œuvre faisait défaut de tous côtés, on accordait des allocations à une foule de gens qui refusaient tout travail. Au lieu de placer à côté des services qui les distribuaient des bureaux de placement indiquant les emplois vacants, de limiter les subsides de chômage, pour les gens valides, à ceux qui ne pouvaient trouver un emploi, on les allouait à tout venant et on les supprimait tout au plus à ceux qui travaillaient effectivement. Il n'est personne qui n'ait constaté de nombreux cas où cette manière de faire encourageait la paresse ; il est à craindre que les habitudes créées par elle ne soient ensuite difficiles à déraciner.

L'assurance contre la misère pendant la *vieillesse,* la plus populaire de toutes, ne prête à aucune fraude ; c'est ce qui explique qu'on tente de l'organiser par tout, sous des formes diverses. La vraie difficulté à laquelle elle donne lieu, c'est la fixation de l'âge d'entrée en jouissance de la pension acquise au vieillard. L'âge où les forces déclinent suffisamment pour ne plus permettre au travailleur de gagner sa vie varie, suivant les individus, dans de très larges limites, et la détermination d'un âge normal où s'ouvrira le droit à pension, élément essentiel de toute loi d'obligation, conduira toujours à fixer la fin de la vie active trop tôt pour les uns, trop tard pour les autres. On sait que le moindre abaissement de cet âge conduit à une augmentation notable des charges, parce qu'il a pour effet d'augmenter le nombre des retraités et la durée de la retraite, de diminuer au contraire le nombre des versements de chaque assuré et la durée pendant laquelle ceux-ci grossissent, parle jeu des intérêts composés, pour former le capital constitutif de la rente viagère, au moment où elle commence à être servie. D'après les tarifs de la Caisse nationale des retraites pour la vieillesse, avec des versements réguliers à partir de 23 ans, âge où prend fin la service militaire, placés à 4 p. 100, la rente qui eût été obtenue à 55 ans est plus que doublée quand l'entrée en jouissance est fixée à 62 ans, presque triplée quand elle commence à 65 ans.

Dans ces conditions, si le droit à pension, résultant de l'assurance obligatoire, est ouvert à un âge où déjà beaucoup d'ouvriers voient leurs gains diminuer notablement, quoique la plupart soient encore valides, à 55 ans par exemple, comme la loi l'exige dans les chemins de fer en France, ou à 60 ans, comme le prévoit notre toi sur les retraites ouvrières, les charges sont écrasantes. Si on reporte le point de départ à 65 ans, comme le faisait en France la première loi sur les retraites ouvrières de 1910, ou même à 70 ans, comme en Allemagne, la retraite vient trop tard pour la majorité des ouvriers. La seule manière de répondre à tous les besoins, sans assumer de charges inutiles, c'est de fixer un âge élevé pour l'ouverture du droit absolu et général à une pension de vieillesse, en admettant que la plupart des assurés obtiendront plus tôt une pension d'invalidité ; c'est le régime adopté en Allemagne. Malheureusement, il ouvre la porte à tous les abus inhérents à la constatation de l'incapacité de travailler, si un contrôle très sévère ne peut pas être organisé, comme c'est le cas dans toute démocratie. Il y a là une difficulté presque insoluble.

IV
L'assurance pour la vieillesse
et la solidarité familiale.

L'objection la plus grave, contre une loi de retraites obligatoires, est l'atteinte portée aux liens de famille. Il faut bien remarquer que, parmi les ouvriers qui ont pu travailler régulièrement jusqu'à la vieillesse, ceux-là seuls méritent l'intérêt et les subsides du gouvernement, qui ont élevé des enfants. Il n'est pas possible de soutenir qu'on dehors des cas exceptionnels, dans lesquels l'assistance devra toujours intervenir, le célibataire et le ménage sans enfants ont été dans l'impossibilité de pourvoir aux, besoins de leur vieillesse par l'épargne ou par l'assurance. Une nation ne doit rien à ceux qui, n'ayant supporté aucune charge pour assurer sa perpétuité, sont sans ressources dans la vieillesse, parce qu'ils ont consommé au jour le jour, pour eux seuls, des salaires égaux à ceux avec lesquels les pères de famille élevaient leurs enfants. C'est seulement en vue de ceux qui ont fait l'effort imposé par la paternité que l'on peut songer raisonnablement à organiser l'assurance obligatoire et subventionnée.

Or, en ce qui concerne les pères de famille, le résultat essentiel de l'obligation est de les pousser à pratiquer la prévoyance sous sa forme la plus égoïste, en consacrant leur épargne d'abord et avant tout Li s'assurer à eux-mêmes un certain revenu dans leur vieillesse. Rien n'est plus contraire aux tendances naturelles de la plupart des parents, en France plus que partout ailleurs. Le père qui épargne est presque toujours inspiré par le désir de constituer à ses enfants un petit avoir, qui leur donnera dans la vie plus de sécurité et de bien-être qu'il n'en a eu lui-même. C'est ce que l'on constatait jadis, quand la Caisse nationale des retraites pour la vieillesse recevait surtout des versements faits par de grandes administrations pour leurs agents : ceux-ci demandaient presque tous que les versements fussent effectués à capital réservé, préférant réduire à très peu de chose leur retraite pour garder à leurs enfants l'épargne faite d'office sur leurs salaires. La loi des retraites de 1910 n'admet ce régime que sur une demande formelle, et seulement pour les versements de l'ouvrier. Elle impose le placement à fonds perdus de la contribution patronale et les majorations basées par l'État, qui constituent bien aussi, au moins en partie, un prélèvement sur les ressources des ouvriers assurés ; tout prélèvement sur les ressources générales du pays pèse en effet sur eux, comme sur les autres citoyens, par la diffusion des charges des impôts résultant des lois de l'incidence.

La contribution patronale, eu particulier, pèse indirectement sur les salaires, en dépit des lois qui interdisent d'en stipuler la reprise

Clément Colson

sur l'ouvrier ; on ne permet cependant pas à celui-ci d'en réserver le bénéfice à ses enfants. C'est en vain qu'il voudrait leur conserver ce petit avoir, en comptant sur leur dévouement polir pourvoir à ses besoins, si sa vie dure plus que ses forces ; la loi ne lé lui permet pas.

Il est vrai que la rudesse des mœurs ouvrières ou campagnardes n'assure pas toujours aux parents, quand leur vieillesse se prolonge, les égards et les bons traitements désirables. Mais quelques exemples d'ingratitude, dont ou exagère la fréquence et la gravité, n'enlèvent nullement sa beauté au sentiment général qui faisait considérer jadis comme un déshonneur, pour une famille, de ne pas pourvoir elle-même aux besoins de ses vieillards ; ils n'autorisent pas plus à empêcher les pères de réserver leur épargne à leurs descendants que la brutalité de quelques mères ne justifierait la substitution de l'État à la fa mille pour élever les enfants. Sans doute aussi, les enfants peuvent être morts, malades, écrasés par des charges de famille particulièrement lourdes, quand les parents auront besoin de leur aide ; il y a là des causes de misères exceptionnelles, auxquelles l'assistance doit pourvoir. Le senti ment de solidarité familiale, en vertu duquel les parents élèvent leurs enfants, épargnent pour eux s'ils le peuvent et comptent sur eux pour les soutenir dans leur vieillesse, n'en reste pas moins le vrai sentiment humain, le ciment de la famille qui est l'élément primordial de toute société, la cause principale de la plupart des efforts persévérants et généraux.

C'est pour défendre cette solidarité vraie que nous repoussons la fausse solidarité au nom de laquelle on développe l'égoisme, en ébranlant les affections familiales. Sans doute, ces affections engendrent souvent une sorte d'égoisme collectif un peu étroit. Mais, autant le dévouement au bien public et à la patrie est supérieur à J'égoïsme familial, autant celui-ci est supérieur à l'égoïsme purement individuel. Dans la résistance qu'a rencontrée en France, de 1911 à 1914, la mise en application de la loi des retraites, les manifestations les plus bruyantes ont été celles des fauteurs d'agitation, qui demandaient que l'État ou les patrons fissent tous les sacrifices, sans que rien fût réclamé aux assurés ; mais l'origine de la mauvaise volonté que l'on rencontrait chez tant de travailleurs économes et prévoyants se trouvait dans leur répugnance à faire de leur épargne un emploi dont rien ne resterait après eux pour leur famille, qui serait définitivement perdu pour les leurs comme pour eux-mêmes, s'ils n'atteignaient pas l'âge de la retraite. Il y a là un sentiment d'abnégation infiniment honorable ; rien n'est plus douloureux que de voir le législateur s'efforcer de le détruire et faire appel au concours des bons citoyens, désireux de se conformer aux lois, des bons patrons, des mutualistes, pour démontrer par la propagande aux pères de famille que c'est de leur propre vieillesse qu'ils doivent se préoccuper avant tout. Ce n'est pas sans rai son que l'opinion flétrit comme un égoïste l'homme qui place son avoir en viager. L'aspiration à la retraite et à la pension viagère, le désir d'obtenir le plus tôt possible le droit de vivre sans travailler, même si l'on est encore valide, répondent à des sentiments d'individualisme exaspéré ; il faut quelque ironie pour parer du nom de solidarité l'appel qui y est fait.

Nous ne méconnaissons pas les généreuses illusions de beaucoup des apôtres de la solidarité sociale. Elles ne peuvent nous empêcher de constater que, dans les forces qui marchent derrière eux, on voit surtout des prétendus ennemis de l'individualisme toujours prêts a invoquer la solidarité pour recevoir et au besoin pour prendre leur part des biens dont d'autres sont plus largement pourvus qu'eux, mais infiniment moins prompts à sacrifier les avantages dont ils jouissent et ne consacrant qu'en paroles leurs efforts à rendre meilleur le sort de l'humanité.

On ne saurait guère leur en faire reproche. Entre les héros du dévouement et les purs égoïstes s'étend la masse des hommes de qui on peut espérer sans doute des sacrifices sérieux et prolongé%, mais à la condition que les résultats en soient tangibles pour eux, que leur cœur puisse s'attacher à ceux pour qui ils les font, qu'un devoir évident les lie envers eux.

La famille est assez restreinte pour que la conduite de chacun de ses membres exerce sur le bonheur de tous une influence sensible, assez proche pour conserver vivantes des affections inspirées par la nature elle-même. Elle est fondée sur des relations qui rendent évidents les devoirs nés des engagements réciproques des époux, de l'acte volontaire des parents appelant les enfants à la vie, de la dette des enfants envers les parents qui les ont élevés. Prétendre substituer à la solidarité étroite qui en résulte une solidarité tellement large que les résultats de l'effort de chacun, sur la situation de tous ceux qu'elle embrasse, sont imperceptibles, que les hommes qu'elle lie les uns aux autres s'ignorent et que les devoirs sur lesquels elle se fonde n'ont leur origine dans aucun acte ni de celui qui est obligé, ni de ceux envers qui il est obligé, c'est lâcher la réalité pour le rêve et, sous prétexte de combattre l'individualisme, supprimer le seul frein vraiment efficace qui limite son empire dans la vie ordinaire.

Pourtant, les sociologues modernes croient apercevoir dans la Société et dans des Associations très diverses une sorte d'unité intime, qui donnerait un fondement inébranlable à cette solidarité universelle et à la solidarité plus restreinte existant dans toutes sortes de groupements. Il nous faut examiner maintenant la portée de ces conceptions.

Livre quatrième
Les associations, la conscience collective et la puissance publique

Chapitre I
Conscience individuelle et conscience collective

Sommaire :
I. La conscience et le principe de raison suffisante.
II. La société, l'individu et la cellule.
III. Les représentations collectives, les phénomènes sociaux et la loi des grands nombres.
IV. Les conséquences pratiques des doctrines qui attribuent une conscience aux collectivités.

I
La conscience et le principe de raison suffisante.

Les théories qui envisagent la Société, l'État, la Commune, voire même une association quelconque, Syndicat, Congrégation, etc., comme un être puisant ses inspirations dans une *conscience propre* et dont l'essor constitue une *fin en soi,* ne présentent pas seulement un intérêt doctrinal ; elles sont grosses de conséquences pratiques, par la justification qu'elles apportent aux tendances envahissantes des groupements toujours, enclins à sacrifier la liberté individuelle aux désirs et aux illusions d'une majorité ou des meneurs qui prétendent l'incarner. Leur étude offre donc une véritable importance dans la défense de l'organisation spontanée du monde économique contre l'oppression exercée au nom de la solidarité sociale on professionnelle qui, sous prétexte de créer une organisation meilleure, sème souvent le désordre et porte les plus graves atteintes aux intérêts réels des hommes et à la solidarité familiale.

L'autorité et la popularité acquises par ces doctrines, de nos jours, proviennent d'une alliance singulière entre le matérialisme et le mysticisme, entre l'impérialisme et la démocratie. Leur origine théorique se trouve dans les abstractions germaniques qui, par

Clément Colson

un nouveau réalisme, voient un être vivant derrière chaque mot désignant un ensemble d'individus ; mais les matérialistes, pour qui le caractère illusoire de la personnalité humaine est un dogme, ont vite compris à quel point leurs idées seraient fortifiées par une assimilation entre cette personnalité, qui est un fait, et d'autres, qui sont de purs fantômes. En même temps, l'inspiration divine, qu'il fallait bien invoquer jadis pour faire accepter aux sujets le devoir d'obéissance envers les princes issus de familles soumises comme les autres à toutes sortes de tares et d'infirmités morales, reparaît sous une autre forme : on imagine un instinct social supérieur, nécessaire à son tour pour justifier la toute-puissance, en toute matière, de la moitié plus un des représentants élus par un corps d'électeurs comprenant une grande majorité d'ignorants et d'incapables. C'est ainsi qu'a grandi un courant d'idées devenu aujourd'hui tellement fort que, pour beaucoup de bons esprits, en contester le bien fondé, c'est marcher à l'encontre, non seulement de la mode, mais de la science et du progrès.

Pour expliquer l'empire acquis sur beaucoup de savants par ces idées, il faut remonter à des considérations étrangères au domaine économique, et nous nous excusons de sortir ainsi de notre sujet. Mais il y a là une question d'ordre très général, et l'on ne peut pas comprendre le mouvement des idées contemporaines qui s'y rapportent, si on ne se rend pas d'abord compte de la profonde transformation amenée par le développement des sciences expérimentales dans la manière de concevoir ce principe de raison *suffisante* que suppose tout exercice de l'intelligence humaine.

Que l'homme se serve de sa pensée pour se guider dans les plus humbles détails de la vie pratique ou pour s'élever aux plus hautes conceptions de la science, il ne se confie à l'expérience et au raisonnement que parce qu'il admet, implicitement ou explicitement, leur aptitude à lui permettre de prévoir les phénomènes, en les expliquant par certaines causes. Longtemps il s'est représenté les causes efficientes comme des forces résidant en une substance cachée sous ces phénomènes, et il expliquait l'intelligibilité du inonde par les fins qui se proposaient une ou plusieurs forces intelligentes, préposées à son gouvernement.

Aujourd'hui, le développement des sciences expérimentales habitue les penseurs à voir dans l'univers des relations, non plus de *cause à effet,* mais *d'antécédent à conséquent,* en s'attachant uniquement aux lois qui relient les phénomènes entre eux. Si la science fait des hypothèses sur la nature intime de ces phénomènes, elle sait que ces hypothèses n'ont de valeur que dans la mesure où elles sont commodes pour décrire les faits constatés et, en même temps, fécondes pour guider le savant dans ses recherches, en l'amenant à vérifier si Certaines relations, qui seraient la conséquence logique des hypothèses admises, existent réellement. Une hypothèse en remplace une autre, quand celle-ci se trouve en contradiction avec certains faits, sans qu'aucune ait jamais la prétention de dépeindre la nature intime et réelle de l'univers, sur laquelle les savants laissent aux métaphysiciens le soin de disserter.

Ce point de vue, qui a d'abord chassé les entités abstraites du monde inorganique, domine aussi dans la science de la vie, depuis que les biologistes s'appliquent uniquement à retrouver, dans les phénomènes qu'ils étudient, des relations différant seulement par leur complexité de celles que constatent la physique et la chimie, sans jamais faire appel à un mystérieux *principe vital.* La même conception a paru sur le point de triompher dans l'étude de l'esprit humain, quand les premiers succès de la psycho-physiologie ont fait espérer à ses adeptes qu'ils expliqueraient bientôt toute l'activité humaine par les réactions du système nerveux en contact avec les agents extérieurs, qu'ils pourraient même considérer légitimement la pensée et la conscience que nous en avons comme des *épiphénomènes,* des circonstances accessoires sans influence sur la succession réelle des états du groupe de cellules qui a revêtu un moment l'apparence d'une unité illusoire.

D'autre part, une mentalité plus profondément imbue des connexions de phénomènes constatées par les sciences expérimentales répandait cette idée, déjà aperçue par certains philosophes, que l'on n'a nullement donné satisfaction au principe de raison suffisante en croyant expliquer la création du monde par la volonté divine, ou le crime et la vertu par la volonté humaine. Sans doute, il est beaucoup de penseurs (en dehors même de ceux qui restent directement ou indirectement dominés par les dogmes des religions révélées) pour qui la convergence des réactions d'un être vivant, si imparfaite qu'elle soit, ne peut se concevoir sans un principe d'unité, ni l'évolution de l'univers sans une pensée directrice. Seulement, l'intervention d'un principe d'unité ou d'une pensée directrice n'explique rien, tant que chaque manifestation de cet agent n'est pas expliquée elle-même, dans tous ses détails, par une raison suffisante.

Quoi qu'en disent certains matérialistes convaincus, ce n'est pas par des recherches de laboratoire que l'on peut détruire l'idée de la liberté de l'être vivant ou du moins de l'être pensant ; cette liberté n'est en effet nullement incompatible avec le principe de la conservation de l'énergie, par exemple, si elle a pour seul effet de déterminer celle qui se produira, dans un cas particulier, parmi les nombreuses transformations de l'énergie que nous connaissons. Mais une telle détermination reste complètement inexpliquée, si elle résulte d'un choix fait avec une liberté entière, qui n'est lui-même prédéterminé ni par la force intrinsèque des sensations et des motifs dont l'action tend à pousser le sujet vivant ou pensant dans tel ou tel sens, ni par les dispositions naturelles ou acquises qui rendent ce sujet plus ou moins sensible à telle ou telle de ces actions ; un choix ainsi réalisé serait bien an fond un effet sans cause, puisque aucune raison suffisante ne le motiverait. Si, au contraire, le choix est prédéterminé, la liberté humaine est une illusion, quelle que soit la nature du lien d'antécédent à conséquent d'où il résulte, que ce lieu s'établisse directement entre les états du système nerveux qui correspondent à nos états mentaux successifs, ou qu'il enchaîne ces états mentaux par des raisons psychologiques et non physiologiques, se produisant dans un centre d'unité qui constitue réellement le moi du penseur. Dans ce cas, en effet, l'homme cesse d'être réellement le centre d'indétermination que sa conscience lui représente, pour devenir seulement le siège de phénomènes se succédant d'une manière inéluctable, quelle que soit d'ailleurs l'hypothèse admise sur leur nature intime. Ainsi, tandis que les uns écartent sans hésitation, au nom de la science, l'idée que l'individu constitue une unité réelle, les autres reconnaissent que la réalité de cette unité, dont notre conscience se refuse à douter, ne résout pas à elle seule les problèmes métaphysiques les plus angoissants. On conçoit que, dans ces conditions, les conceptions qui prennent la conscience de l'individu comme centre de toutes les études morales ou sociales aient perdu, pendant assez longtemps, une grande partie de leur ancien prestige, qu'elles commencent seulement à retrouver.

Or, en même temps, le mouvement pendulaire dont les oscillations masquent si souvent la marche en avant de la pensée humaine, faisait succéder un vif engouement pour les idées d'association et de corporation à l'horreur excessive inspirée aux hommes de 1789 par des institutions dont ils avaient senti le joug.

D'autre part, le prestige des victoires de 1870 déterminait la jeunesse laborieuse de tous les pays à puiser de plus en plus ses inspirations dans les ouvrages allemands, où des conceptions nébuleuses sur la nature intime des groupements humains et des collectivités tiennent une grande place. On craignait de paraître manquer de profondeur en essayant de déchirer les nuées dont ces ouvrages enveloppent trop souvent ce qu'ils apportent de neuf et d'utile à la science. C'est ainsi que le langage métaphorique qui personnifie toutes sortes de collectivités a fini par devenir une doctrine philosophique et juridique, accordant à une prétendue conscience sociale autant de réalité qu'à la conscience individuelle, envisagée comme une sorte d'illusion, et subordonnant même résolument la seconde à la première.

II
La société, l'individu et la cellule.

Il faut reconnaître, d'ailleurs, que la thèse de l'assimilation de la société à un être vivant a quelque chose de singulièrement tentant pour les esprits hardis et novateurs. Le scalpel et le microscope ne découvrent pas dans l'homme autre chose que des cellules. C'est la cellule qui est l'organisme élémentaire, l'unité véritable du monde vivant, au moins étudié avec les moyens d'analyse dont nous disposons. Quand un groupe de cellules issues d'un même couple primitif a constitué, pour une certaine durée qui sera la vie d'un homme, un organisme plus complexe, il apparaît dans ce groupe une conscience collective qui n'est, dit-on, que la résultante des consciences des cellules et que, par une illusion naturelle, nous appelons notre conscience individuelle. Mais l'homme, pas plus que certains animaux, ne peut vivre isolé. Nous ne le connaissons que comme partie intégrante de groupes dont chacun à son tour constitue une unité nouvelle. « Les représentations et les résolutions, les émotions et les désirs tendant au salut commun, dit M. Espinas, font converger en un même point toutes les consciences partielles, en sorte qu'un centre nouveau va se former, auquel tout aboutit et d'où tout part, en ce qui concerne la sécurité, l'approvisionnement, l'information, le travail, les réjouissances et les deuils de ces vies individuelles entremêlées. Ce centre est une conscience collective ; toutes les sociétés ont la leur [1] ».

M. Espinas reconnaît d'ailleurs que « ce n'est que par des symboles qu'on en peut saisir l'image ». Mais d'autres philosophies, vont jusqu'à considérer la vie collective, non comme la résultante, mais comme la source en quelque sorte de la vie individuelle. Pour M. Durkheim, non seulement le « groupe formé par les individus associés est une réalité d'une autre sorte que chaque individu pris à part », ce qui est évident, mais, en outre « les états collectifs existent dans le groupe de la nature duquel ils dérivent, avant d'affecter l'individu en tant que tel et de s'organiser en lui, sous une forme nouvelle, une existence purement intérieure [2] », ce qui est pour nous inintelligible. Une École voisine imagine même une anatomie et une physiologie du corps social, où les capitales jouent le rôle central du cerveau, les routes et les chemins de fer remplacent les veines et les artères comme appareil circulatoire, le réseau télégraphique tient la place du système nerveux. De même qu'aux temps des précieuses, on traçait la carte du pays de Tendre, où le voyageur allait d'étape en étape de Tendre-sur-Estime à Tendre-sur-Inclination, on nous décrit aujourd'hui les détails de la nutrition du corps social ou de l'élimination des résidus. Quelques auteurs présentent comme une manière sérieuse d'étudier les faits sociaux cette forme nouvelle donnée aux jeux d'esprit dont les littérateurs de boudoir s'amusaient il y a bientôt trois siècles.

1 *Revue philosophique, 1901, tome II, p. 450.*
2 *Le Suicide, p. 362.*

L'anatomie du corps social est déjà un peu abandonnée par la mode ; mais les représentations collectives, la conscience collective de tout groupement humain, des États, des Églises, des Associations de toute nature, la prochaine conscience collective de l'Humanité, continuent à servir de base aux travaux de toute une École. Chose singulière, cette École se targue de réalisme, non dans le sens du réalisme du Moyen Age, qui s'attachait uniquement à la réalité des idées, mais dans le sens du réalisme moderne, qui tient à fonder toute la science sur des faits accessibles à l'expérience. Il n'est donc pas inutile de rappeler que la conscience individuelle est un fait, tandis que toutes les autres consciences sont des métaphores ou des hypothèses ; il ne faut pas avoir honte de répéter des choses trop évidentes, quand elles sont contestées.

En affirmant la conscience individuelle, nous ne prétendons d'ailleurs nullement aborder les problèmes métaphysiques que soulève son existence, rechercher si elle se comprend moins difficilement comme la résultante d'un groupement momentané de cellules ou comme la manifestation d'un principe d'unité existant dans ce groupement. Nous ne voulons pas davantage discuter ce qu'il peut y avoir de réel ou d'illusoire dans les troubles de la conscience, dans les dédoublements de la personnalité, dans le rôle reconnu aujourd'hui au subconscient. Nous voulons constater simplement ce fait, que l'homme a conscience de penser et de sentir.

Je connais une conscience et une seule, la mienne. Les impressions que je crois recevoir du monde extérieur me donnent la conviction absolue qu'il existe des consciences analogues chez mes semblables et quelque chose qui s'en rapproche, quoique d'assez loin, chez les animaux. L'idée de continuité me porte à admettre qu'il existe ou qu'il a dû exister des consciences intermédiaires et des consciences rudimentaires, ayant quelque chose de commun avec celles-là, qu'il en peut exister de très supérieures. Mais je n'ai jamais rien aperçu d'où je puisse inférer l'existence d'une conscience à laquelle on puisse appliquer l'épithète de sociale, à moins de donner aux mots un sens tout différent de celui qu'ils ont en français. Je ne nie pas que la cellule ait une conscience ; je ne nie pas davantage qu'elle puisse apparaître, à des instruments d'observation infiniment plus déliés que les nôtres, comme un univers aussi complexe que celui dont la terre est une parcelle imperceptible. Je ne nie pas non plus que la nébuleuse dont fait partie le système solaire puisse jouer le rôle de cellule dans quelque être gigantesque, ayant conscience de son individualité et faisant partie d'une société d'êtres analogues. Je ne discute pas des conceptions sur lesquelles je n'ai aucune donnée. Je dis simplement que jamais aucun des apôtres de la sociologie n'a signalé, à ma connaissance, un fait donnant la moindre raison de croire à l'existence d'une pensée sociale, d'une représentation sociale, ayant une réalité quelconque en dehors des consciences individuelles, soit qu'elle préexiste aux pensées ou aux représentations individuelles et les inspire, soit qu'elle en provienne comme une sorte de résultante de ces composantes.

Cela ne veut certes pas dire que la vie sociale ne réagisse pas sur les consciences individuelles, comme sur la constitution même de l'individu. Sans aborder l'hypothèse transformiste, qui fait résulter l'homme actuel d'une évolution dont les modalités sont encore très discutées, mais dont la réalité n'est plus guère mise en doute par la science, il est certain que toutes nos connaissances, toutes nos manières de sentir et de vouloir sont le résultat du progrès social lentement accumulé, que chaque jour nos états de conscience sont modifiés par le contact des consciences des autres hommes. Les lois de l'imitation ou de l'opposition commencent à être utilement étudiées et l'expression *psychologie des foules* ne constitue pas une alliance de mots vide de sens, si l'on désigne par cette formule abrégée l'étude des modifications que le rapprochement de nombreux individus provoque dans l'état psychologique de chacun d'eux. Mais, quand la foule s'exaspère ou s'épouvante, c'est seulement dans la conscience de chacun des hommes qui la constituent que la colère ou la terreur est une réalité ; c'est dans une ou plusieurs de ces consciences qu'elle est née, c'est de là qu'elle est partie pour exercer sur les autres une contagion dont la réaction l'a rendue ensuite plus violente chez ceux mêmes qui l'avaient manifestée les premiers.

III
Les représentations collectives, les phénomènes sociaux et la loi des grands nombres.

La métaphore qui résume ces phénomènes en personnifiant la société n'aurait que des avantages, au point de vue de la concision du langage, si elle ne transformait pas toutes les conceptions des savants qui en font un usage constant. Pour eux, le caractère social des phénomènes n'est ni une loi dont il faille démontrer la généralité, ni une hypothèse commode et féconde, c'est un *postulat*, sinon un *dogme*, qu'il faut admettre pour aborder utilement l'étude des hommes réunis en société. M. Durkheim nous avertit de l'erreur que l'on commet quand « sous prétexte d'établir la science sur des assises plus solides, en la fondant dans la constitution psychologique de l'individu, on la détourne du seul objet qui lui revienne. On *ne s'aperçoit pas qu'il ne peut y avoir de sociologie s'il n'existe pas de sociétés et qu'il n'existe pas de sociétés s'il n'y a que des individus* [1] ». M. Lévy-Bruhl, pour étudier les fonctions mentales dans les sociétés inférieures, part de ce principe que « prétendre expliquer les représentations collectives par le seul mécanisme des opérations mentales observées chez l'individu, c'est une tentative condamnée d'avance ». Il accumule alors des analyses de la mentalité collective de peuples sauvages, dont les langues primitives se prêtent sans doute bien mal à la précision et à la subtilité qu'exigent de semblables études, - en admettant que les observateurs cités aient eux-mêmes à la fois possédé suffisamment ces langues et été suffisamment préparés à ces études. Puis il nous présente, comme constituant une mentalité collective spéciale, des confusions, des préjugés que l'expérience n'arrive, pas à détruire, la méconnaissance fréquente des principes de contradiction et de causalité. Peut-être l'auteur eût-il trouvé, à moindres frais, force exemples de confusions et de contradictions analogues dans les idées des membres de nos sociétés, où les « représentations collectives » sont cependant très différentes, s'il eût étudié la mentalité individuelle de beaucoup de paysans ou d'ouvriers ayant une culture rudimentaire ; il en a probablement même parfois observé directement, comme examinateur, chez certains élèves de l'enseignement secondaire ou supérieur, et il ne serait sans doute

1 *Préface du Suicide, p. X. C'est l'auteur qui souligne.*

Clément Colson

pas impossible d'en trouver plus haut encore [1].

M. Durkheim nous a donné un modèle d'étude de sociologie dans son ouvrage sur le *Suicide,* et la grande autorité personnelle de l'auteur nous oblige à nous arrêter un moment sur l'exemple choisi par lui. Il l'a choisi, dit-il, à cause de la précision des statistiques auxquelles ce genre de mort donne lieu. À la vérité, il commence par donner du suicide une définition fort différente de celle qui a servi à établir ces statistiques, puisqu'elle fait rentrer dans les suicides l'héroïsme du chevalier d'Assas, que nul statisticien n'eût certainement classé sous cette rubrique [2]. Malgré les divergences qui doivent en résulter, M. Durkheim, voulant raisonner sur des faits et non sur des idées *a priori*, prend les statistiques pour base de toute son étude.

Il en est une, cependant, qu'il rejette sans hésiter : c'est celle des motifs des suicides. Il fait observer, avec grande raison, que les agents qui enregistrent ces motifs sont souvent mal renseignés sur ce point ; mais ce n'est pas cette considération, opposable, hélas ! à la plupart des statistiques, qui condamne spécialement celle-là à ses yeux. Il expose en ces termes le fait qui montre le mieux, pour lui, le peu de valeur des causes indiquées dans les relevés officiels : « Il n'est pas de professions plus différentes l'une de l'autre que l'agriculture et les professions libérales. La vie d'un artiste, d'un savant, d'un avocat, d'un officier, d'un magistrat ne ressemble en rien à celle d'un agriculteur. On peut donc regarder comme certain que les causes sociales du suicide ne sont pas les mêmes pour les uns que pour les autres. Or, non seulement c'est aux mêmes raisons que sont attribués les suicides de ces deux catégories de sujets, mais encore l'importance respective de ces différentes raisons serait presque rigoureusement la même dans l'une et dans l'autre [3] ». Pour un statisticien ordinaire, la concordance des résultats des deux <u>statistiques</u>, constituées au moyen de renseignements

1 Un officier qui a commandé tantôt des troupes noires, tantôt des troupes blanches, bien loin de leur attribuer des mentalités radicalement différentes, nous disait avoir été frappé de la très grande analogie de leurs conceptions et de la rapidité avec laquelle les mêmes emplois, dans des milieux si différents, développent les mêmes dispositions et souvent le même pli professionnel.

2 *Le Suicide, pp. 5 et 32.*

3 Le Suicide, p. 147.

élémentaires fournis par des agents locaux différents, serait une raison de croire à leur exactitude ; pour un observateur non prévenu, une coïncidence inconciliable avec l'idée que le suicide a un caractère social et non individuel prouverait que cette idée est fausse. Mais il n'y aurait plus de sociologie, nous a-t-on dit, si des faits qui reviennent régulièrement dans la société avaient une origine individuelle ; mieux vaut certes sacrifier une statistique qu'une science.

Donc, le suicide est un phénomène social, et ce qui détermine le nombre des suicides, dans une société, c'est la force du « courant suicidogène » qui la traverse. Ce courant ne désigne pas lui-même les victimes, par un décret nominatif, comme disait Renan. Mais, si les conditions individuelles « peuvent contribuer à déterminer les individus particuliers en qui il s'incarne, ce n'est pas d'elles que dépendent ses caractères distinctifs, ni son intensité. Ce n'est pas parce qu'il y a tant de névropathes dans un groupe social qu'on y compte annuellement tant de suicides. La névropathie fait seulement que ceux-ci succombent de préférence à ceux-là... Il n'est pas de société où les différentes formes de 'la dégénérescence nerveuse ne fournissent au suicide plus de candidats qu'il n'est nécessaire. Certains seulement sont appelés, si l'on peut parler ainsi » [1]. Et chacun de ceux qui partent, parce qu'ils figurent en tête de la liste dressée pour l'espèce de conscription résultant de l'appel du courant suicidogène, a du moins la consolation d'exonérer un autre candidat de la classe.

Car, d'après M. Durkheim, ce qui donne son caractère social à un phénomène, par exemple au suicide, c'est le fait que ce phénomène revient régulièrement dans une proportion déterminée, permanente d'une année à l'autre dans une même société, mais qui varie au contraire d'une société à une autre. « Cette permanence serait inexplicable s'il (le suicide) ne tenait pas à un ensemble de caractères distinctifs, solidaires les uns des autres, qui, malgré la diversité des circonstances ambiantes, s'affirment simultanément ; et cette variabilité témoigne de la nature individuelle et concrète de ces mêmes phénomènes, puisqu'ils varient comme l'individualité

---

1 *Le Suicide, p. 366.*

Clément Colson

sociale elle-même [1] ».

Ainsi, pour M. Durkheim, la permanence du nombre de cas dans lesquels un phénomène se présente ne peut tenir qu'à un ensemble de caractères *solidaires* les uns des autres, s'affirmant simultanément. Il oublie qu'il existe une circonstance tout autre, qui engendre la permanence avec infiniment plus de sûreté et qui est précisément *l'indépendance* des causes multiples susceptible d'engendrer un même phénomène. C'est la situation qui en résulte que l'on résume par le mot de *hasard*. La permanence des effets du hasard sert de base à tout une branche des mathématiques, qu'on appelle le calcul des probabilités, et à tout un ensemble d'entreprises dont le rôle s'étend très rapidement dans la vie sociale, les assurances, sans compter bien d'autres applications pratiques. Le raisonnement et l'expérience concordent donc pour en démontrer la réalité.

C'est qu'en effet, quand les causes multiples et indépendantes les unes des autres concourent à produire certains événements, dont on étudie la fréquence relative sur un ensemble de cas donnés, il est très improbable que toutes ces causes à la fois se modifient dans le sens nécessaire pour rendre ces événements plus fréquents ou pour les rendre moins fréquents : si on envisage un très petit nombre de familles, on peut tomber sur des concordances qui amènent une proportion anormale de naissances ou de décès ; si l'on prend nue population très nombreuse, les compensations qui s'établissent toujours, entre les circonstances infiniment diverses de nature à hâter ou à retarder les naissances et les décès dans chaque famille, amènent une natalité ou une mortalité presque constante d'une année à l'autre. C'est ce que l'on appelle *la loi des grands nombres*. Il West pas impossible *a priori* que les faits s'en écartent ; mais un écart sensible est d'autant plus improbable que le groupe envisagé est plus nombreux. S'il meurt en France environ une personne chaque année sur 50 habitants, il n'est pas prouvé, il est même fort peu probable que, dans un groupe de 50 personnes prises au hasard, il en mourra une et une seule en 1913 ; dans un groupe de 5.000 personnes, il en mourra environ une centaine ; dans un groupe de 500.000 individus de tout âge et de toutes conditions, un nombre de décès s'écartant de 10.000 dans une proportion un peu

1 *Le Suicide, p. 14.*

forte est très improbable.

La probabilité d'un résultat ; très voisin de la moyenne constatée par des statistiques exactes équivaut si bien à une certitude, en pratique, qu'une compagnie d'assurances bien gérée réalise invariablement les bénéfices prévus d'après les calculs basés sur ce principe, si elle arrive à se constituer une clientèle suffisante pour que la loi des grands nombres s'applique et si elle ne se livre à aucune spéculation étrangère à son objet.

La régularité des résultats amenés par l'action simultanée d'une multitude de causes indépendantes est tellement certaine, pour les hommes adonnés aux sciences expérimentales, qu'elle sert de base à certaines hypothèses très généralement admises pour expliquer les lois de la nature les mieux constatées. Telle est celle qui représente un gaz comme un ensemble de molécules animées de grandes vitesses, sillonnant dans tous les sens le récipient où ce gaz est contenu, choquant les parois et se choquant entre elles dans les conditions les plus diverses. Le calcul des probabilités montre que l'effet de ces chocs doit produire précisément une pression répondant à la loi de Mariotte ou plutôt aux lois plus complexes que des études plus précises y ont substituées. La théorie cin*étique des gaz,* fondée sur ce calcul, s'est montrée féconde pour guider vers des découvertes nouvelles-, la conception de mouvements analogues dans les liquides, peut-être même dans les solides, paraît devoir, expliquer bien des phénomènes jusque-là inintelligibles. La régularité des pressions produites par la masse gazeuse n'est que le résultat de la loi des grands nombres, et il n'est pas théoriquement impossible qu'une coïncidence de conditions spéciales, dans les parcours des molécules constituant cette masse, amène, au cours des siècles, une situation telle que la loi de Mariotte cesse d'être vraie pendant un temps infiniment petit, en un point particulier. mais la probabilité de la réalisation des conditions nécessaires pour que ce cas se présente est infiniment petite, par suite du nombre énorme de molécules contenues dans chaque millimètre cube de gaz, et cette probabilité infiniment petite équivaut pratiquement à une impossibilité physique.

Clément Colson

De même que les lois auxquelles obéit la masse gazeuse s'expliquent par les mouvements individuels d'es molécules s'entre-croisant au hasard, infiniment mieux que par quelque vertu propre, ayant sa raison d'être dans cette masse, avant de se réaliser dans chaque molécule, les lois de la démographie, la régularité des consommations, des déplacements, des crimes ou des actes de dévouement sont bien plus intelligibles quand on y voit le résultat de la loi des grands nombres, appliquée aux effets de l'activité individuelle de chacun des hommes constituant un groupe déterminé, que quand on y cherche l'œuvre d'une conscience sociale, dominant en quelque sorte cette activité.

Cela ne veut pas dire, bien entendu, qu'il n'y ait pas des causes générales amenant les variations qui se produisent, d'une époque à une autre, dans les activités individuelles. Quand le mouvement d'un piston réduit de moitié l'espace occupé par une masse gazeuse, c'est bien la fréquence plus grande des chocs individuels des molécules contre les parois du récipient qui double la pression ; mais c'est une cause unique, comprimant le même nombre de molécules dans un espace moindre, qui accroît cette fréquence. Quand une épidémie d'influenza augmente la mortalité, c'est l'état individuel de chaque victime qui a permis aux microbes pénétrant dans son organisme d'y exercer leur action destructive ; mais c'est la multiplicité et la virulence de ces microbes, dans le milieu social, qui accroît le nombre des décès, de même que c'est la diffusion plus grande ou moindre de certaines idées morales qui accroît ou diminue le nombre des crimes. Ce que les causes collectives expliquent, ce n'est pas la *permanence,* comme le dit M. Durkheim, ce sont au contraires les *variations,* d'une époque à une autre, dans la fréquence de tel ou tel phénomène. Nous ne contestons d'ailleurs nullement la légitimité de l'étude des conditions sociales propres à rendre plus ou moins fréquente telle ou telle manifestation, bonne ou mauvaise, des activités individuelles, qui constitue la *sociologie.* Il serait inconcevable qu'un économiste contestât l'utilité de cette science ou plutôt de ce groupe de sciences, puisque l'économie politique a pour unique objet de rechercher les lois suivant lesquelles fonctionne, dans les sociétés organisées, l'activité des hommes s'exerçant en vue de donner satisfaction à leurs besoins.

Tout ce que nous demandons, c'est que l'on n'envisage pas ces conditions sociales comme les manifestations d'une *conscience collective* ou comme les sources d'une *volonté collective,* qui sont de pures métaphores.

IV
Les conséquences pratiques des doctrines
qui attribuent une conscience aux collectivités.

Il semble donc que ce soit un simple désaccord sur les mots qui nous sépare de l'école de M. Durkheim, car son chef déclare hautement que, quand il se sert de l'expression *âme collective, il* n'entend pas plus que nous « hypostasier la conscience collective » ; il n'admet, dit-il, pas plus d'âme substantielle dans la société que dans l'individu. Sur les mots eux-mêmes, nous serions presque d'accord avec lui, car nous parlons aussi d'action sociale, d'influence sociale, de courant traversant une société, quand nous voulons parler des actions, des influences, des mouvements d'idées qui entraînent simultanément un certain nombre d'individus faisant partie d'un même groupe et qui se renforcent, par l'effet même du contact des membres de ce groupe, au point d'amener des changements sensibles dans son état général. Seulement, derrière les mêmes mots désignant les mêmes faits, nous plaçons des conceptions très différentes, et comme ces conceptions sont des *idées-forces,* suivant la belle expression de M. Fouillée, il importe de combattre celles qui sont propres à entraîner les esprits en sens inverse du progrès et de la vérité.

Or, si l'on attribue à la conscience collective la même *réalité* qu'à la conscience individuelle, quelle que soit d'ailleurs la nature intime de l'une et de l'autre, on n'a plus d'autre critérium que leurs *dimensions* pour établir ces *jugements de valeur qui* dirigent quelques-unes de nos actions et qui nous servent à légitimer les autres. Qui donc oserait, une fois cette hypothèse admise, soutenir que les initiatives individuelles, guidées par les intérêts individuels, constituent un instrument de progrès plus efficace que l'action collective ? Comment contester à la puissance publique le droit de tout diriger et sur quoi fonder la liberté de l'individu, si l'État,

Clément Colson

avec lequel il peut être en désaccord, est doté d'une conscience analogue à la conscience de chaque citoyen et qui est en France, vis-à-vis de celle-ci, dans la proportion de 40 millions à une unité ?

C'est pourquoi, il importe de répéter sans cesse que la -volonté de l'État n'est pas autre chose que la volonté des individus désignés pour parler au nom de l'État : c'est la volonté d'un descendant d'une certaine famille dans la monarchie, celle du groupe le plus fort dans une aristocratie, celle de la majorité des citoyens dans une démocratie, - ou plutôt, dans ce dernier cas, c'est la volonté des représentants qui ont su conquérir les suffrages de cette majorité, ou parfois faire croire, en manœuvrant habilement les urnes, qu'ils les avaient obtenus. Les constitutions imaginées pour combiner ces divers éléments ne peuvent pas faire que les individus désignés comme chefs, par des procédés plus ou moins savants, diffèrent beaucoup en capacité et en moralité de la masse d'où, ils sont extraits par l'hérédité ou par l'élection ; tout au plus peuvent-elles rendre plus ou moins probable qu'ils soient un peu supérieurs ou un peu inférieurs à la moyenne. En tout cas le raisonnement le plus élémentaire, comme l'expérience des siècles, montre que c'est seulement par un concours de circonstances très peu probable, par un hasard infiniment rare, que les chefs d'un État appartiennent à cette élite, toujours très peu nombreuse, qui fait progresser le monde et dont les membres ne peuvent être discernés dans la foule ni par leur naissance, ni par leur fortune, ni même par les examens et les diplômes.

Il n'importe pas moins de dire et de redire que seuls les individus jouissent et souffrent, que c'est seulement dans la conscience de chacun d'eux que sont sentis les angoisses de la faim et les déchirements des affections brisées, les plaisirs des sens et l'enthousiasme devant les chefs-d'œuvre de l'art ou les découvertes de la science. Nul sociologue n'a signalé la moindre apparence d'un fait qui permette de supposer que les biens ou les maux d'une société se réalisent ailleurs que dans la conscience des individus qui la composent. Quand on dit qu'un pays traverse une période heureuse ou malheureuse, ce bonheur ou ce malheur n'ont d'existence que dans la mesure où les habitants les éprouvent aujourd'hui et les éprouveront demain. On peut synthétiser par un mot la situation plus ou moins satisfaisante de la majorité d'entre eux, dans le présent ou dans l'avenir, on ne crée pas pour cela une conscience collective où soit senti quelque chose qu'ils ne Sentiraient pas.

Nous ne prétendons contester par là ni l'utilité de ces expressions synthétiques, ni la nécessité de confier à des organes collectifs les services qui ne peuvent pas être assurés par l'initiative privée. Nous voulons dire simplement que si, pour donner satisfaction à des vœux exprimés plus bruyamment que les autres ou plus propres à prendre place dans les programmes électoraux, on vient troubler les habitudes de nombreuses familles, diminuer la productivité de leur travail ou porter atteinte aux sentiments et aux idées sur lesquels reposaient leur vie morale, le prétendu progrès collectif réalisé accroît bien plus qu'il ne le diminue le fardeau total des souffrances humaines. Nous tenons surtout à constater qu'en étendant sans nécessité absolue l'action des pouvoirs publics et en lui donnant un développement qui entrave l'initiative privée, on remplace simplement, comme guide de la société, l'exemple des plus aptes par la volonté des médiocres et quelquefois des pires.

Il semblerait, au premier abord, qu'une pareille substitution devrait avoir au moins l'avantage de mieux utiliser l'activité des hommes, en lui assurant une direction commune. C'est ce que prétendent les réformateurs qui veulent mettre fin à l'anarchie de la concurrence, les uns en la réglementant, les autres en lui substituant un régime où l'État serait le seul propriétaire de tous les instruments de production et le seul entrepreneur. Mais, en réalité, les tentatives faites dans ce sens n'ont réussi jusqu'ici qu'à troubler l'organisme économique, dont l'admirable fonctionnement pourvoit aux besoins de la plupart des hommes dans les conditions sommairement décrites plus haut. Non seulement l'État ou les autres groupements de diverse nature, qui prétendent substituer leur action à celle de ce mécanisme, ne paraissent nullement capables de le remplacer, mais même leur action semble surtout propre à troubler l'ordre social indispensable à son fonctionnement. C'est ce que nous voudrions montrer, en étudiant la conception que l'on

Clément Colson

se fait de ces groupements et en exposant comment, tandis qu'ils prétendent intervenir, en qualité d'autorités supérieures, dans des transactions où rien ne justifie les entraves apportées à la liberté individuelle, les uns propagent l'anarchie, les autres la laissent se développer jusqu'à annihiler l'action de la puissance publique, là où elle est indispensable.

Chapitre II
La personnalité morale

Sommaire :
I. Les conceptions diverses de la personnalité juridique des collectivités : la fiction, la réalité, la négation absolue.
II. L'idée de patrie.
III. La gestion du patrimoine des personnes morales et les changements de son affectation.

I
Les conceptions diverses de la personnalité juridique des collectivités : la fiction, la réalité, la négation absolue.

Les idées diverses que nous venons de discuter, au sujet de la nature des groupements d'individus, trouvent une application directe dans la théorie juridique des personnes morales, constituées pour la gestion des intérêts collectifs.

En dehors des entreprises organisées par un seul homme, qui rémunère à forfait les concours auxquels il fait appel, il est une foule de cas où de véritables associations, comportant le partage de la direction et des responsabilités entre plusieurs intéressés, peuvent seules mener une œuvre à bonne fin. Ces groupements comportent la mise en commun de certains biens et la conclusion de contrats au nom de tous les associés ; par [suite, un régime juridique spécial est nécessaire pour éviter que chacun de ceux-ci ait à intervenir personnellement dans tous les actes intéressant la collectivité. La loi attribue donc au groupement, envisagé indépendamment des individus qui le constituent, le droit de posséder, de contracter, d'ester en justice comme une personne naturelle, par l'intermédiaire de certains représentants ; on dit alors qu'il est investi de la *personnalité morale.* Pendant longtemps, il a été admis à peu près universellement que cette personnalité était une simple fiction législative ou doctrinale, servant à résumer en peu de mots une situation spéciale et comportant d'ailleurs des modalités variées, selon que la personne fictive était plus ou moins complètement dotée des droits appartenant à un particulier.

La doctrine qui attribue une conscience collective a tout groupement offrant une certaine consistance devait conduire à écarter cette idée de fiction et à présenter comme appartenant naturellement et réellement à la collectivité, en tant que telle, l'aptitude à figurer avec des droits propres dans les actes de la vie civile ou administrative. Parmi les adversaires de ces conceptions, quelques-uns, comme M. Duguit, pour éviter de donner, même par une fiction, une apparence de réalité à de simples métaphores, veulent écarter jusqu'au mot de personne morale et montrent qu'il est facile de décrire tout le régime des biens collectifs sans employer cette expression. Mais d'autres, notamment M. Michoud dans sa remarquable *Théorie de la personnalité morale,* sans tomber dans les illusions que nous avons précédemment combattues, ont cherché à établir que ce n'est point par une fiction que les intérêts collectifs et permanents des groupements humains a personnel variable sont garantis exactement comme ceux des individus ; pour eux, la constatation lé-ale de l'existence de véritables droits appartenant à ces groupements n'a nullement le caractère d'un doit gratuit du législateur, susceptible d'être aboli par lui à toute époque.

Nous avons toujours eu peine, quant à nous, à concevoir l'importance attachée aux discussions sur le fondement et l'essence du droit des personnes morales, qui tiennent tant de place dans la doctrine allemande et qui obscurcissent si fâcheusement tant d'ouvrages modernes français. Ce n'est pas que nous méconnaissions l'intérêt des discussions métaphysiques ; mais cet intérêt, dans l'espèce, se concentre tout entier sur la question do savoir si l'on attribue aux collectivités une conscience et une volonté propres. Or, tout ce qui compte dans la doctrine juridique française est d'accord pour le nier ; dès lors, la manière de présenter le régime des droits appartenant en commun à de nombreux individus n'a plus qu'un intérêt de clarté ; à ce point de vue, l'idée de la personnalité morale envisagée comme une fiction, toute démodée qu'elle est, reste certainement la plus simple et la plus claire de toutes.

L'idée de biens sociaux appartenant en réalité aux individus associés ne soulève aucune difficulté, quand il s'agit de *sociétés constituées en vue de réaliser des bénéfices* à répartir entre leurs membres. Que chaque associé soit engagé pour la totalité de ses biens, comme clans une société en nom collectif, - ou seulement jusqu'à concurrence de versements atteignant la valeur nominale des actions dont il est titulaire, comme dans une société anonyme, - ou encore en raison de la propriété d'un immeuble qu'il peut délaisser, comme dans une association syndicale libre, - il est évident que la personne morale n'est là que pour faciliter la gestion d'un ensemble d'intérêts privés. La preuve en est que, le jour où les intéressés voudront la faire disparaître, une fois les obligations contractées en commun envers les tiers remplies, ils seront maîtres de se partager l'actif, qui rentrera dans le patrimoine individuel de chacun d'eux.

La situation est tout autre pour les groupements qui ne sont pas constitués en vue de répartir des bénéfices aux associés ; ces groupements peuvent présenter des formes et poursuivre des buts très différents. Quelques-tins constituent des associations volontaires, ayant un but tantôt *égoïste,* comme les corporations fondées pour défendre les intérêts communs à tous les individus exerçant une industrie ou une profession, - tantôt *altruiste,* comme les oeuvres charitables, - tantôt *idéal,* comme les sociétés scientifiques ou religieuses. D'autres encore comprennent tous les *habitants d'un territoire* déterminé, commune, département ou État, appelés à contribuer de gré ou de force à l'entretien de services d'intérêt collectif et jouissant en commun de biens affectés à ces services. Parfois, certains biens sont consacrés à une destination déterminée, sans qu'il y ait à proprement parler d'association constituée, les seules personnes physiques appelées à intervenir pour la gestion de l'œuvre étant les administrateurs d'une *fondation,* créée par des particuliers, ou d'un *établissement public,* institué par l'autorité compétente, soit pour poursuivre un but idéal, soit pour gérer un service public ayant un objet propre nettement délimité.

Dans tous ces cas, il n'y a évidemment aucun droit individuel de propriété masqué par la personnalité morale de l'institution, car ni les membres de l'association, ni les habitants de la commune, ni les administrateurs de la fondation ne peuvent en décider la suppression pour s'en partager l'actif. Mais ce n'en sont pas moins les intérêts d'un certain nombre d'individus qui sont en jeu et leurs droits qui sont représentés par l'organisation collective. Les biens constitués par l'accumulation des cotisations ou des revenus, par les dons, legs et subventions reçus, ont été affectés à faciliter, dans le présent ou dans l'avenir, l'essor d'une certaine nature d'entreprises, - à améliorer le sort des ouvriers appartenant à une certaine profession, - à soulager telle ou telle catégorie de pauvres ou de malades, - à donner des satisfactions plus larges aux fidèles de telle ou telle religion ou aux personnes qui s'intéressent à tel art ou à telle science - enfin à développer le bien-être et la prospérité du groupe d'hommes formant une certaine nation. Ce qui constitue le fonds et la substance des droits d'une personne morale, ce sont des intérêts humains, des besoins humains auxquels il s'agit de pourvoir en y affectant certains biens, parce, que ces besoins sont éprouvés aujourd'hui et seront éprouvés demain par un certain nombre d'individus, encore indéterminés.

II
L'idée de patrie.

Il peut sembler que cette idée ne s'applique pas à la patrie, qui a si bien une existence distincte de celle de chacun de nous que tout cœur généreux est prêt, s'il le faut, à sacrifier sa vie pour la sauver. Mais, en analysant les sentiments puissants qu'elle nous inspire, nous reconnaissons que leur objet véritable est l'ensemble des compatriotes formant avec nous une nation, leur manière d'être, les idées et les traditions qu'ils incarnent. On a montré que ce qui constitue une nation, ce n'est ni la race, si mêlée chez la plupart des peuples, ni la religion, si souvent diverse, ni même la langue, malgré la fréquence des mouvements séparatistes chez les peuples où elle diffère. Ce qui fait la patrie, a dit Renan, c'est le souvenir des grandes choses faites ensemble et la volonté d'en faire de nouvelles, c'est le sentiment des sacrifices passés et de ceux que chacun est encore prêt à faire pour ses compatriotes. Certes, le sol de la patrie a sa part dans le sentiment par lequel sont unis les descendants des familles qui ont lutté et souffert ensemble sur ce sol. Cependant si, par impossible, le peuple français était transporté en masse dans quelque pays jusqu'ici désert, malgré le déchirement subi, il sentirait que là est désormais sa patrie, tandis que les envahisseurs qui seraient venus se substituer entièrement à lui (et non se confondre avec lui, comme l'ont fait tant de hordes diverses dans les migrations anciennes) resteraient pour nous des étrangers ; tout en occupant le sol de la France, ceux-ci ne continueraient pas plus notre peuple que les Yankees ne continuent aux yeux des derniers Sioux, s'il en existe encore, leur tribu vaincue et détruite.

Ce n'est point porter atteinte à l'amour de la patrie que dire qu'il s'attache, non à une abstraction, mais à des hommes, à l'esprit qui vit en eux et qui ne peut survivre qu'en leurs descendants, qu'il se compose de souvenirs humains et d'espérances humaines. Ce sentiment a pu prendre des formes diverses, suivant les époques, s'attacher plus fortement tantôt à la cité, tantôt à l'un des États découpés par la politique dans un pays à tendances unitaires, tantôt à ce pays tout entier. Il n'en subsiste pas moins, tant. que le groupe d'hommes auquel il s'attache n'a pas été entièrement détruit, dispersé ou assimilé par un autre : le patriotisme polonais est encore vivant, de même que l'Irlande n'est pas devenue anglaise, ni l'Alsace allemande. En 1912, dans la première édition de cet ouvrage, nous terminions ainsi le paragraphe précédent :

« L'Allemagne, prétendue civilisée, a ressuscité de nos jours le barbare droit de conquête, aboli, semblait-il, en Europe depuis que les divers États avaient pris, en 1815, une assiette qui ne paraissait plus pouvoir être modifiée sans l'assentiment des populations passant d'un groupement politique à un autre. Elle a créé ainsi des haines inexpiables et un état de tension générale, absorbant en armements improductif-, des forces humaines et des ressources matérielles dont un meilleur emploi éteindrait tant de souffrances et de misères. C'est parce que les Alsaciens et les Français se sentaient unis par leurs souvenirs et par toute leur culture que la séparation a été un vrai déchirement ; c'est parce que les Alsaciens se sentent différents des Allemands qu'ils cherchent à sauver par une certaine autonomie leur culture, leurs souvenirs et leurs espérances. Il n'est pas besoin de personnifier la patrie pour comprendre ces sentiments et pour flétrir l'antipatriotisme, qui veut tuer la solidarité humaine dans ce qu'elle a de plus large et de plus haut, ou l'antimilitarisme, qui veut nous mettre hors d'état de défendre cette solidarité, si elle était attaquée, et de jamais la rétablir dans son intégrité sur le point où elle a été cruellement atteinte. »

Depuis l'époque où nous écrivions ces lignes, les Austro-Allemands, en voulant asservir la Serbie et détruire une patrie, ont fait sentir à l'Europe l'impossibilité de supporter plus longtemps leur tyrannie. On a vu alors l'impuissance des internationalistes de tous les pays à arrêter le conflit déchaîné par la folie de tout un peuple. On a vu la Belgique braver le martyre, pour sauver son honneur. On a vu toute la jeunesse française courir à la mort sans hésitation, les intellectuels les plus hostiles à toute idée de conquête et même de guerre fournir une proportion de glorieuses victimes plus forte qu'aucun autre groupe. Parmi les ennemis de l'idée de patrie, on a vu les uns reconnaître loyalement leur erreur, les autres abandonner une propagande qui leur eût aliéné tous leurs anciens partisans. Dans le monde entier, le patriotisme fait supporter sans plaintes la prolongation des souffrances qu'impose la nécessité de suppléer à l'insuffisance des préparations antérieures, vis-à-vis d'un peuple qui avait tendu toutes ses forces physiques et morales vers l'organisation de procédés de guerre d'une barbarie inconnue depuis des siècles.

Nous pouvons donc espérer que toutes les races opprimées depuis si longtemps vont enfin retrouver leur patrie, soit avec une entière indépendance, soit sous une protection qui ne sera plus une tyrannie. Mais nous ne pouvons, croire que tant d'héroïsme ait pour but de sacrifier des êtres vivants, conscients de leurs affections et de leurs souffrances, à des abstractions. Ce sont des hommes qu'il s'agit de libérer, et nous comptons bien qu'au jour de la victoire, nulle conquête n'asservira des êtres doués d'une conscience à une patrie qui ne serait pas celle à laquelle leurs sentiments les lient, - sauf dans la mesure, hélas ! inévitable, imposée par l'enchevêtrement des peuples habitant les régions où les conquêtes anciennes n'ont point été suivies de la fusion des races.

III
La gestion du patrimoine
des personnes morales
et les changements de son affectation.

Il importe de remarquer, d'ailleurs, que la solution adoptée au sujet du caractère réel ou fictif des personnes morales ne donne nullement la solution des deux grosses difficultés que soulève le régime à leur appliquer en droit positif, celle de la responsabilité des administrateurs et celle de la perpétuité de leurs droits de propriété.

Dans tous les systèmes imaginables, il est bien évident qu'une personne morale ne peut agir que par l'intermédiaire de personnes physiques. On a beaucoup discuté pour savoir si celles-ci doivent être assimilées à des *mandataires,* à des *représentants*, à des *agents*, on si elles ont une situation spéciale comme *organes* de la personne morale. Mais ce n'est pas l'adoption d'un mot plutôt que d'un autre qui permettra de trancher *a priori* toutes les difficultés d'espèce. Il est clair que les administrateurs d'une société ou d'une corporation quelconque, comme les fonctionnaires de l'État, l'engagent et ne s'engagent pas personnellement quand ils agissent en son nom régulièrement et de bonne foi, même s'ils commettent quelques-unes de ces erreurs courantes qui sont inséparables de toute activité humaine. Il ne l'est pas moins qu'ils engagent leur responsabilité vis-à-vis de la personne morale en cas, soit de dol, soit de faute lourde explicable seulement par cette négligence grossière que la jurisprudence assimile an dol. Il peut arriver qu'un administrateur infidèle ou incapable traite avec des tiers dans des *conditions telles* que ceux-ci ne pouvaient ignorer sa mauvaise foi ou l'omission des formalités statutaires ; il y a même parfois collusion entre lui et les individus vis-à-vis de qui il est censé représenter la personne morale. Dans ce cas, il se peut qu'il soit seul responsable et que la personne morale soit en droit de se refuser à supporter les conséquences d'actes viciés dans leur essence. L'application de ces principes généraux aux diverses espèces est beaucoup trop délicate pour être résolue en bloc par l'application de tel ou tel terme juridique soit à la situation de la personne morale, soit à celle des administrateurs en qui elle s'incarne, sans pour cela devoir être considérée comme l'auteur de toutes leurs fautes personnelles.

L'une des préoccupations essentielles des partisans de la réalité des personnes morales, c'est la crainte de voir l'État, s'il les envisage comme de simples fictions créées par sa volonté, s'arroger le droit de disposer souverainement de leurs biens. Mais l'affectation des biens d'une personne morale à tel ou tel but a toujours pour origine la volonté des personnes physiques de qui elle tient chaque fraction de son patrimoine. Or, personne, parmi les partisans les plus déterminés de la propriété privée et de l'héritage, ne soutiendra que la volonté d'un propriétaire puisse régler à jamais l'emploi et le mode de gestion d'une fortune. Dans la transmission des biens de génération en génération, les dispositions du propriétaire actuel subissent, à chaque instant, toutes les influences qui peuvent rendre nécessaire un changement de régime. La législation positive n'admet pas que la volonté d'un ancien propriétaire puisse instituer à perpétuité un mode spécial de transmission de certains biens ; à plus forte raison ne peut-elle rendre perpétuelle une affectation qui n'aurait plus aucune raison d'être. L'histoire nous apprend que des maladies ont presque disparu et que d'autres ont -apparu, que des religions se sont éteintes ou transformées : pourrait-on admettre que d'immenses léproseries restassent vides, tandis que les sanatoriums manquent pour les tuberculeux ? si le temple d'Ephèse existait encore, qui oserait prétendre que, malgré la disparition des derniers fidèles de Diane, ses trésors dussent rester affectés à entretenir des prêtres qui ne feraient jamais défaut, tant qu'un revenu serait attaché à l'emploi ? La précision du testament du fondateur d'une chaire pourrait-elle obliger à enseigner encore la scolastique ou l'alchimie suivant les méthodes du Moyen Age ? Les limites des départements et des communes, les attributions de leurs représentants sont-elles intangibles, parce qu'il existe Un patrimoine départemental ou municipal ?

Il faut donc admettre qu'une autorité supérieure ait qualité, non seulement pour veiller à ce que la gestion et l'emploi des biens affectés à perpétuité à certains usages soit régulière, mais encore pour adapter aux circonstances nouvelles, en cas de besoin, leur mode d'administration et même leur destination. Certes, un pareil pouvoir peut donner lieu à des abus, et toutes les précautions doivent être prises pour que l'usage qui en est fait ne dégénère pas en confiscation arbitraire. Mais il est impossible que l'avenir soit indéfiniment régi par des volontés mortes depuis longtemps. Il faut bien reconnaître à une pensée vivante, à, chaque époque, le droit d'interpréter ces volontés, de dire, en cas de conflit, qui représente vraiment, de nos jours, des intérêts matériels et moraux complètement transformés depuis le moment où certains biens leur ont été affectés, de déterminer au besoin le nouvel emploi de ces biens, si leur importance est hors de proportion avec l'étendue des besoins à desservir. On ne compromet pas le principe de la propriété privée en reconnaissant qu'il ne peut pas exister de biens dont nulle volonté n'ait plus qualité pour changer le régime. Puisqu'une personne morale n'a pas de volonté propre, puisque les individus préposés à sa gestion ne peuvent qu'exécuter la volonté du fondateur oui des anciens donateurs de qui ils tiennent leur titre, il faut bien que l'autorité souveraine puisse modifier au besoin les effets de ces volontés passées.

Reste à savoir ce que c'est que l'autorité souveraine. C'est la question que nous examinerons dans le chapitre suivant.

Chapitre III
La souveraineté de l'état

Sommaire :
I. La nature, l'objet et les limites de la souveraineté.
II. Le siège du pouvoir souverain.

I

La nature, l'objet
et les limites de la souveraineté.

Parmi toutes les associations investies de la personnalité morale, il en est une qui joue un rôle absolument prépondérant, c'est l'État. Il partage avec les autres groupements territoriaux, provinces ou communes, ce caractère spécial de constituer une association *obligatoire : les* habitants d'un pays profitant tous de l'action qu'il exerce dans l'intérêt collectif, tous sont astreints à y contribuer par l'impôt ou par certaines prestations. La mesure dans laquelle chacun participe à la gestion des intérêts communs, l'acquisition des droits du citoyen par le *jus soli* ou le *jus sanguinis,* peuvent faire l'objet de règles variables ; l'obligation de se conformer aux lois et de participer aux charges communes n'en pèse pas moins sur toute la population. l'État présente encore un aspect spécial, que seuls les groupements régionaux ou municipaux offrent dans une mesure plus ou moins large, par le caractère *général* et *indéterminé* de ses attributions : il n'a pas pour objet spécialement tel ou tel service ; c'est à lui qu'il incombe d'assurer la marche de tous ceux auxquels l'initiative privée ne peut pas pourvoir, en raison de leur nature, et qui ne sont assurés par aucune autre collectivité. Ce qui le caractérise spécialement, c'est que lui seul détermine la mesure dans laquelle son action est limitée par les droits et par les intérêts privés ou, autrement dit, qu'il est *souverain* [1].

Quand nous parlons de la souveraineté de l'État, nous n'entendons certes pas nous associer aux doctrines qui légitiment toutes les tyrannies, en attribuant à la puissance publique des droits saris limites, fondés tantôt sur une investiture divine donnée aux rois, - tantôt sur ou ne sait quelle inspiration mystérieuse en

---

1 Nous laissons ici systématiquement de côté les distinctions entre l'État, la Nation, le Gouvernement, les Pouvoirs, les Organes, etc., qui ont pris, sous l'influence allemande, une si grande place dans la doctrine du droit public et qui y ont porté, sans aucun profit, tant de confusion et d'obscurités.

Clément Colson

vertu de laquelle la sagesse humaine se résumerait dans le vote de la majorité des citoyens, - quelquefois enfin sur un contrat imaginaire par lequel chaque individu aurait aliéné tous ses droits à la collectivité. Nous n'admettons nullement, quant à nous, que les droits individuels aient pour base la consécration que leur a donnée la volonté supérieure d'une autorité publique, et nous ne voyons certes pas dans l'État la réalisation de l'Idée morale, suivant l'expression de Hegel. Nous voulons simplement constater ce fait que, dans une société policée, tout conflit aboutit finalement à une décision sans appel, c'est-à-dire souveraine, émanant d'un organe de l'État.

Le but essentiel et primordial de toute organisation d'État, c'est d'assurer la paix publique, en faisant trancher pacifiquement par certaines autorités les litiges entre les habitants d'un même pays, puis en constituant une force suffisante d'abord pour faire respecter à l'intérieur les décisions de ces autorités, ensuite pour protéger les citoyens contre les attaques des étrangers qui ne reconnaissent pas leur juridiction. Or, il faut bien que tout litige ait une fin et que toute question débattue reçoive une solution. Suivant la gravité des cas, la décision définitive émanera tantôt de la première autorité saisie, tantôt de la dernière à laquelle puisse aboutir une série de recours. Mais, qu'il s'agisse d'un juge de paix décidant sans appel sur un point de fait, dans les limites de sa compétence, ou de la Cour de Cassation interprétant définitivement la loi après plusieurs renvois, d'une autorité administrative prescrivant une mesure de police locale ou du Congrès révisant la Constitution, il y a toujours un individu ou une assemblée qui, au nom de l'État, rend une décision contre laquelle nul recours légal n'est plus ouvert, c'est-à-dire qui exerce, dans l'espèce, le pouvoir souverain.

Pour subvenir aux dépenses qui lui incombent, l'État ne peut pas vendre ses services a prix débattu aux citoyens qui y ont recours, car il n'y a nulle proportion entre la fréquence de ces recours et la mesure dans laquelle chacun profite des dépenses publiques : ceux qui tirent les plus grands avantages de l'existence des tribunaux et de la police, ce sont ceux qui n'ont jamais à invoquer leur secours, précisément parce que l'existence seule des juges et des gendarmes assure une sécurité plus ou moins complète à tous. Il faut donc répartir les charges publiques d'une manière aussi équitable que possible, et il est inévitable : 1° qu'une autorité supérieure fixe souverainement les bases de cette répartition ; 2° que certains agents et certains tribunaux tranchent, les uns en premier ressort, les autres souverainement, les difficultés d'application des règles ainsi posées.

L'État, doit, d'autre part, organiser directement ou par ses délégués certains services essentiels que l'initiative privée serait impuissante à créer, faute de moyens d'action suffisants, et d'autres auxquels elle lie donnerait pas toujours un développement en rapport avec les besoins, parce que leur utilité ne se mesure pas par leur rendement financier. C'est ainsi que la puissance publique doit intervenir dans l'exécution des Travaux publics, pour ordonner l'expropriation et pour empêcher les abus du monopole, qu'elle doit assurer la création d'établissements donnant au moins le minimum d'instruction indispensable à tout homme sur tous les points du territoire, suppléer aux lacunes de la charité privée. Mais comme, partout où elle intervient, elle dispose de toutes les ressources de l'impôt et de l'autorité de la loi, on ne peut pas compter sur le libre jeu de la concurrence pour déterminer la place réservée aux entreprises privées à côté de celles qu'elle organise. Il faut donc que l'État détermine, par ses propres décisions, les conditions et les limites de son action en ces matières, c'est-à-dire qu'il les détermine souverainement.

La nature des choses ne permet d'ailleurs pas de fixer, *a priori*, une, limite à la souveraineté de l'État et à ses attributions. *Natura non facit saltus.* Il n'y a pas de point précis où s'arrête l'autorité légitime et où commence la tyrannie. En la forme, la souveraineté des diverses autorités n'a pas d'autres limites que celles que tracent les constitutions, souvent susceptibles elles-mêmes d'être révisées et modifiées dans des conditions déterminées. En fait, le moindre pouvoir de police, manié par un habile homme, peut couvrir les atteintes les plus graves à la liberté individuelle. Si respectueux que l'on soit des autorités constituées, il faut bien reconnaître que celle à laquelle le dernier mot appartient, en chaque matière, peut abuser

Clément Colson

de sa souveraineté d'une manière intolérable. Après épuisement des procédures légales ouvertes pour obtenir le redressement des décisions abusives ou la révocation de leurs auteurs, il ne reste plus d'autre recours que l'insurrection. C'est d'elle que sont issus tous les Gouvernements, car l'histoire ne nous signale aucun État où la transmission régulière des pouvoirs se perde dans la nuit des temps, et c'est par l'insurrection que tous finissent. Quelque dangereux que soit ce retour momentané à l'état de barbarie, où le droit du plus fort désigne de nouveaux gouvernants, il faut bien reconnaître que plus d'une fois la conscience humaine a donné raison à ceux qui y recouraient contre les pouvoirs établis : les abus intolérables de ceux-ci ont érigé parfois les auteurs des coups d'État ou des révolutions en libérateurs de leurs pays.

Mais l'insurrection n'a jamais pour objet que de déplacer la souveraineté, non de l'abolir ; au lendemain du jour où elle a pris fin, les autorités anciennes ou des autorités nouvelles, étendant leur action sur le même territoire ou dans des limites différentes, pourvoient de nouveau aux services dont la suppression rendrait définitif le retour à la barbarie ; de nouveau, alors, le droit de décider souverainement, en chaque matière, est attribué à l'une d'elles.

II
Le siège du pouvoir souverain.

La nécessité de prévoir, en fait, une décision souveraine sur chaque question, n'implique nullement, d'ailleurs, l'existence d'une souveraineté générale et absolue, résidant en quelque entité supérieure. C'est le vain désir de trouver un être souverain, là où il n'existe que des individus groupés conformément à des règles infiniment variables suivant les pays et les époques, qui est l'origine de la plupart des difficultés doctrinales en matière de droit public.

On s'est demandé, par exemple, si c'est en tant que *Personne morale* que l'État exerce la souveraineté, et on a prétendu bâtir une foule de théories juridiques sur la distinction entre les actes de *gestion* de son patrimoine et les actes *d'autorité*. En fait, les agents de la collectivité constituée par les citoyens d'un état agissent tantôt comme représentant la personne morale, assimilée par une fiction aux particuliers et placée en conséquence sur un pied d'égalité avec ceux-ci, - tantôt comme exerçant la part d'autorité subordonnée ou souveraine qui leur est attribuée, - tantôt enfin en invoquant ces deux qualités à la fois. On ne saurait trouver dans une théorie unique, établissant entre ces diverses fonctions des cloisons étanches ou des confusions arbitraires, la solution des innombrables difficultés de fait nées de leur complexité naturelle.

On a beaucoup discuté, de même, la question de la souveraineté sous le *régime fédéral.* Dans toutes les matières où il appartient à l'autorité fédérale soit de décider, soit d'étendre sa propre compétence, quand elle le jugera utile, elle est souveraine. Dans celles où l'un des États confédérés ne peut être dépouillé du droit de décider sans appel que s'il y consent, c'est lui qui est souverain. Dans celles où la question n'est pas tranchée constitutionnellement, l'autorité souveraine ne sera connue que le jour où la force matérielle ou morale aura dicté une solution.

Même quand c'est le pouvoir central qui règle souverainement les compétences, il peut trouver avantage à placer, par la *décentralisation,* la direction des services locaux plus près des particuliers qui ont affaire à eux, la disposition de la force publique plus près de ceux qu'elle doit protéger. Une autorité locale présente, en effet, de grands avantages de compétence et de promptitude, pour la solution des difficultés journalières, quand elle est indiscutée. Seulement, dès que les détenteurs du pouvoir sont désignés par l'issue de la lutte des partis, plus le champ de bataille est étroit plus il y a des chances pour que les vainqueurs persécutent les vaincus et soient impuissants à réprimer les abus dont profitent leurs partisans ; nous n'en voyons que trop d'exemples dans les communes de France. Il ne faut pas oublier, d'ailleurs, que, dans nos grands États unifiés, les abus d'une tyrannie locale ne sont plus arrêtés par le correctif déplorable, mais parfois nécessaire, d'une révolution locale possible. Toute la force de la nation interviendrait, au besoin, pour faire respecter les décisions légalement prises par l'autorité municipale. Le pouvoir

Clément Colson

central, qui exerce la souveraineté, n'a pas seulement le *droit, il* a le *devoir* absolu de contrôler ces décisions, dont il assure l'exécution, et de les annuler si elles sont déraisonnables on tyranniques.

La constatation de cette nécessité permet de comprendre quelle part de vérité renferment les doctrines qui voient dans la décentralisation ou dans la *séparation des pouvoirs la* meilleure garantie des libertés des citoyens. Sans doute, on restreint les abus auxquels peut donner lieu la souveraineté en divisant les fonctions publiques, soit d'après leur nature, soit d'après les limites des régions intéressées, comme en multipliant les recours ou en subordonnant à l'accord de plusieurs volontés les innovations graves. Mais les équilibres les plus savamment organisés n'éviteront jamais la nécessité de donner le dernier mot, dans chaque cas, à certaines autorités, soit pour agir, soit pour empêcher d'agir, - à moins que les constitutions ne laissent certaines difficultés sans solution légale, ce qui revient à dire que, à défaut d'accord, se sera la force qui décidera.

Ce qu'il ne faut jamais oublier, c'est que, pacifique ou violente, la solution dépendra toujours, dans chaque cas, d'hommes qui, de quelque façon qu'ils aient été désignés, resteront sujets aux faiblesses, aux passions et aux erreurs humaines. Que celui ou ceux à qui la Constitution donnera le dernier mot s'appellent l'oint du Seigneur ou les représentants, de la Volonté nationale, qu'ils soient désignés par la naissance, par la fortune, par l'élection, par la cooptation ou par le concours, jamais ils n'auront, pour se guider, d'autre lumière que les lumières de leur intelligence, plus ou moins apte à juger par elle-même ou à distinguer les bons avis des mauvais ; jamais ils n'auront non plus, pour réaliser leur décision, d'autre force que la force de leur volonté propre. C'est pourquoi il est impossible d'imaginer une constitution qui sauvegarde dans tous les cas- les intérêts et les droits de tous, sans jamais laisser place ni aux conflits violents, ni à la tyrannie, d'où naissent les révolutions,

Toute solution violente des difficultés pour lesquelles il n'en a pas été prévu d'autre, tout changement du personnel dirigeant réalisé par la force, implique une période de désordre qui jette un trouble profond dans le fonctionnement de l'organisme économique. Mais l'expérience montre avec quelle merveilleuse rapidité se réparent les dommages causés par une révolution, comme par une guerre, même s'ils ont été accompagnés de grandes destructions de capitaux, toutes les fois que l'ordre ne tarde pas trop à être rétabli. La France, après la guerre de 1870 et la Commune, en offre un exemple éclatant. Pour être bien autrement graves, les pertes causées par la guerre actuelle seront comblées de même, si les pouvoirs publics -n'entravent pas l'œuvre réparatrice des initiatives privées et si les énormes impôts nécessaires sont répartis de manière à entraver le moins possible l'essor des entreprises. Pour que les crises politiques amènent réellement un recul économique et une misère générale, il faut que des troubles prolongés pendant de longues périodes, en renouvelant les destructions, enlèvent toute sécurité aux entreprises et par suite tout gagne-pain régulier aux travailleurs, comme fit jadis la guerre de Trente, ans dans l'Europe centrale.

Le même résultat peut être amené par le mauvais fonctionnement d'un pouvoir régulier qui n'est plus capable de s'acquitter de sa mission essentielle en sauvegardant les droits de tous, en assurant la sécurité générale et la marche régulière des services publics. Cette situation peut provenir de deux vices, en apparence opposés et en fait souvent engendrés par une même cause. La désorganisation sociale peut résulter soit d'une tyrannie qui abuse du pouvoir souverain en le mettant au service des intérêts ou des passions de certains individus, vis-à-vis de qui les droits des autres ne sont plus garantis, - soit d'une anarchie qui laisse sans répression les atteintes portées par les malfaiteurs à la sécurité des citoyens laborieux et pacifiques et qui détruit la discipline essentielle au fonctionnement des administrations nationales ou locales. L'incapacité et la faiblesse des hommes qui détiennent la souveraineté peuvent engendrer à la fois la tyrannie et l'anarchie, en faisant du pouvoir un instrument que les forts exploitent à leur profit et qui ne protège plus les faibles contre les violences et les désordres.

Clément Colson

Beaucoup de fonctionnaires sont, dans la limite de leur compétence, les organes directs ou indirects de la souveraineté de l'État et les représentants de sa personnalité ou de celle des administrations locales ou spéciales organisées par lui ; tous les autres sont les auxiliaires de ceux à qui sont dévolus ces pouvoirs. Il faut donc, pour apprécier la solidité de l'ordre social, examiner l'organisation de ce personnel, qui exerce une influence si considérable sur la prospérité générale.

Chapitre IV
La discipline et l'avancement des fonctionnaires

Sommaire :
I. Situation spéciale du personnel des services publics.
II. La discipline et la politique.
III. Les réformes judiciaires, les règles d'avancement et le statut des fonctionnaires.
IV. Les associations de fonctionnaires.

I
Situation spéciale du personnel
des services publics.

L'État est, en tout pays, le principal employeur. De tout temps, le nombre de ses fonctionnaires et agents a été particulièrement considérable en France, par suite du développement de la centralisation et du goût général pour les organisations régulières, présentant une belle ordonnance et de nombreux contrôles. Dans le monde entier, depuis quarante ans, le développement des services d'intérêt général, notamment en matière d'instruction et de communications, la prédominance des idées interventionnistes et le goût des exploitations en régie, la folie d'armements née de la situation créée en Europe en 1871 et des entreprises coloniales, puis accrue, dans les dernières années précédant la guerre actuelle par les menaces répétées de l'Allemagne contre l'indépendance des autres États, enfin l'augmentation des besoins du fisc, résultant de toutes ces causes, ont prodigieusement grossi le personnel des administrations nationales ou locales. En France, à la fin de

1893, l'État payait directement plus de 600.000 agents civils, en comptant ceux des chemins de fer rachetés ; les départements et les communes en payaient 350.000, dont un tiers environ relevaient en réalité de l'État ; l'armée et la marine comptaient en outre, avant l'application de la loi portant à trois ans la durée du service militaire, 720.000 hommes présents sous les drapeaux, parmi lesquels 120.000 environ y étaient volontairement, y exerçaient une certaine autorité ou y remplissaient des fonctions administratives, pour qui enfin leur emploi, dans l'armée ou dans la marine, était une carrière, au moins temporaire. La conscience professionnelle, le zèle et la discipline de ce personnel colossal sont la condition essentielle du maintien de la sécurité nationale et de l'ordre public, auquel il est préposé, et de la bonne exécution des services, chaque jour plus étendus, qui lui sont confiés.

Le caractère collectif et perpétuel des intérêts auxquels répondent les services publics donne nécessairement un caractère spécial à leur organisation, en ce qui concerne le personnel comme à bien d'autres points de vue. Il semble, à première vue, qu'à cet égard ils se rapprochent beaucoup des grandes entreprises privées, notamment de celles qui sont organisées en sociétés anonymes. Mais il existe une différence essentielle dans la situation des chefs.

Jadis, cette différence consistait uniquement dans les conséquences résultant éventuellement, pour une entreprise privée ou pour une nation, du défaut de capacité du personnel dirigeant, et déjà elle était considérable. D'un côté comme de l'autre, le chef, tenant ses pouvoirs de sa naissance ou de ses succès, considérait comme un bien propre l'affaire ou l'État reçu en héritage ou créé par lui ; son intérêt capital était d'assurer la prospérité de cette affaire ou de cet État, et il avait un pouvoir discrétionnaire pour choisir, récompenser et punir les collaborateurs qui l'y aideraient. Seulement, pas plus alors qu'aujourd'hui, une affaire privée un peu importante ne pouvait rester longtemps aux mains d'une famille incapable de la bien diriger, d'y attirer un bon personnel et d'entretenir son zèle par une juste distribution des récompenses et des punitions ; si ces vices n'étaient pas corrigés, la concurrence ne tardait pas à faire disparaître la maison où ils se perpétuaient, et d'autres entreprises prenaient sa place, au grand profit du public, mieux servi, et du personnel, plus équitablement traité. Au contraire, l'incapacité de la famille en qui s'incarnait la souveraineté d'un État pouvait y prolonger longtemps un gouvernement détestable ; si elle finissait par amener soit le remplacement de cette famille par une autre, soit même la dislocation de la nation qu'elle dirigeait ou son assujettissement aux nations voisines, c'était à travers des déchirements dont souffrait le peuple tout entier.

Aujourd'hui, un nouveau mode de désignation des chefs prévaut dans les États où le peuple est seul maître de ses destinées, et aussi dans les grandes entreprises, presque toutes organisées en sociétés anonymes. Dans ces deux cas, c'est par l'élection que sont désignés les représentants préposés à la gestion des intérêts communs. Ni les uns, ni les autres ne sont fondés à prétendre que l'élection leur donne le droit de gérer à leur fantaisie une affaire qui n'est pas la leur et qu'elle leur confère les connaissances techniques nécessaires pour diriger avec compétence les divers services. Les actionnaires, pas plus que les électeurs, ne sont en mesure de choisir directement les hommes ayant les aptitudes professionnelles indispensables ; la tâche essentielle des représentants investis de leur confiance, administrateurs ou députés, est de découvrir ces hommes et de contrôler leur gestion, pour s'assurer qu'elle est toujours orientée conformément aux intérêts de leurs commettants.

Ici encore, la concurrence, en éliminant les sociétés anonymes où cette tâche serait trop mal exécutée, donne aux règles de bonne administration une sanction qui n'a pas son équivalent dans les services publics. D'autre part, les gérants de ces sociétés, en Même temps qu'ils sont ainsi contraints à entretenir le zèle du personnel à tous les degrés par une juste répartition des récompenses et des punitions, ont la liberté d'action nécessaire à cet effet, car ils tiennent leurs pouvoirs uniquement des actionnaires, dont le seul intérêt est le bon rendement de l'entreprise et le développement de sa clientèle. Au contraire, les ministres, qui représentent à la tête des services publics l'assemblée générale des actionnaires, comme disait récemment l'un d'eux, savent bien que, parmi les électeurs des députés, dont le vote entraîne leur maintien ou leur renversement, sont compris tous les fonctionnaires civils, tous les candidats à des emplois publics, enfin tous les parents et amis de ces fonctionnaires, de ces candidats et des militaires qui n'exercent pas directement le droit de vote. Ils dépendent donc, dans une large mesure, des hommes à qui ils doivent Commander. C'est là peut-être la plus grande difficulté à laquelle se heurte aujourd'hui la bonne gestion des affaires publiques ; c'est même un des plus graves, parmi les dangers qui menacent l'ordre social et les finances publiques.

L'organisation du personnel est à peu près la même dans les services publics que dans les grandes sociétés privées. Dans toute administration étendue et permanente, la grande majorité des agents entrent avec l'idée d'y passer toute leur vie active. Cette disposition habituelle devient absolument générale dans les services publics nationaux ou locaux, gérés directement ou concédés, parce que le caractère spécial des fonctions rend particulièrement difficile à un homme qui en sortirait, n'étant plus jeune, de trouver un nouvel emploi.

Un renvoi ne peut donc être prononcé que pour faute grave, mauvaise volonté persistante ou incapacité, absolue, et il doit être entouré de garanties. Pour entretenir le zèle des agents pendant une longue carrière, on établit d'Lin côté des mesures disciplinaires, de l'autre des échelles de traitement avec lesquelles un même travail est payé moins qu'il ne vaut au début de la carrière, parfois beaucoup plus à la fin, s'il s'agit d'un agent apte seulement à remplir des emplois subalternes. Dans chaque ordre de fonctions, les agents peuvent monter en grade à mesure qu'ils font preuve de capacité et acquièrent l'expérience nécessaire. Toute leur existence, toute celle de leur famille est or-anisée en raison des augmentations de ressources qu'ils peuvent espérer. Leur zèle dépend essentiellement de l'équité avec laquelle les avancements de classe et de grade sont distribués, un juste compte étant tenu de la qualité des services en même temps que de leur durée. L'autorité de chaque chef, sur un personnel qu'il n'a pas choisi et qu'il n'est pas maître de renvoyer, dépend exclusivement de l'influence que ses notes et ses propositions ont dans ces avancements. La grande difficulté, dans les services publics, est de concilier cette influence et l'autorité dont elle est la condition avec le caractère impératif que savent donner à leurs réclamations les fonctionnaires électeurs. Nous examinerons les conséquences de ce caractère impératif, dans le présent chapitre, au point de vue de la discipline des agents de l'État, et dans le suivant au point de vue des conséquences économiques et budgétaires qu'entraînent la fixation de leurs traitements et le rendement de leur travail.

II
La discipline et la politique.

Il est évident que les réclamations des agents contre la répartition des avancements et contre les mesures disciplinaires sont parfois fondées, car les chefs ne sont ni infaillibles, ni exempts de toute partialité. Cependant, les effets de leurs défauts sont atténués par le fait que, dans une organisation hiérarchique, aucun d'eux n'agit seul : les propositions faites par les plus rapprochés des intéressés sont contrôlées par l'avis de leurs supérieurs ; souvent, le tout est l'objet de discussions dans des comités où des comparaisons peuvent être faites entre les bases d'appréciation adoptées par les uns ou par les autres. Aujourd'hui, on introduit dans ces comités des agents des grades inférieurs. L'utilité de cette mesure est évidente, quand il s'agit de questions disciplinaires, où l'avis d'un employé du même rang que l'accusé peut éclairer ses juges sur la manière dont les instructions administratives sont comprises et appliquées par ses camarades. Elle s'aperçoit difficilement, quand il s'agit d'apprécier les titres à l'avancement de fonctionnaires dont les collègues ne travaillant pas dans le même bureau n'ont jamais pu apprécier le mérite. Tout ce système de contrôle et de délibérations rend assez difficiles les faveurs ou les rigueurs arbitraires. Il entrave en même temps les choix ou les punitions justifiés. Il tend naturellement à faire prévaloir l'ancienneté dans l'avancement, l'indulgence dans la discipline, et donne ainsi au personnel beaucoup plus de sécurité que d'émulation.

Il éviterait du moins les injustices graves, si les avis des chefs de service ou des comités étaient toujours suivis. Mais le ministre, représentant les pouvoirs publics et le gouvernement à la tête d'une administration dont il est responsable, ne peut pas abdiquer entre les mains des fonctionnaires de carrière parvenus au grade le plus élevé dans chaque corps ; il n'est guère possible de lui contester le droit d'accorder ou de refuser des avancements, d'appliquer ou non, des mesures répressives, outre et contre leurs propositions. Du moins faudrait-il qu'il prît réellement, en ce cas, la responsabilité d'une décision qui lui est personnelle, en faisant connaître au public qu'il statue contre l'avis de ses conseils naturels, et pourquoi.

Mais ce n'est pas ainsi qu'on a procédé jusqu'ici. Les avis et les propositions envoyés au ministre sont, en principe, connus seulement de lui et de ses collaborateurs immédiats ; il décide sans avoir ni à dire s'il s'y est conformé, ni à expliquer ses motifs dans le cas contraire. Il est donc maître absolu de n'en tenir aucun compte. Or, il est constamment sollicité dans ce sens par les personnages politiques, soumis eux-mêmes à la pression des agents et des comités locaux de qui dépend en grande partie leur réélection. La faveur de ceux-ci va naturellement aux fonctionnaires plus soucieux de servir les influences locales que de défendre l'intérêt général, aux préposés du fisc qui ne recherchent pas avec rigueur la matière imposable, aux agents sachant fermer à propos les yeux sur les contraventions qu'ils sont chargés de constater, enfin aux caractères serviles qui s'appliquent à se faire des amis dans le parti au pouvoir et qui fuient toute relation avec ses adversaires. Leurs recommandations vont donc souvent à l'encontre des propositions des chefs hiérarchiques.

Pour opter entre elles, le ministre s'inspire habituellement de l'avis du préfet, qui est censé représenter à, la fois, dans le département, l'administration générale et la politique du gouvernement. Sous l'Empire, quand le préfet était réellement l'homme du Ministre, quand le député était le candidat officiel choisi par le gouvernement, leur intervention faisait déjà très fâcheusement pénétrer la politique dans l'administration ; elle ne désorganisait pas celle-ci, parce qu'eux-mêmes dépendaient de l'autorité centrale, qui eût bien vite mis à pied préfet et député, s'ils se fussent avisés d'entraver l'action des services publics et d'énerver la répression des fraudes ou des

Clément Colson

délits. Aujourd'hui, le préfet sait que sa carrière dépend surtout de sa bonne entente avec les députés, trop souvent dominés eux-mêmes par des coteries locales et par des comités dont quelquefois les membres les plus actifs sont précisément ceux qui ont le plus d'intérêt à se faire craindre par les agents du fisc et de la police. Parfois même, on a vu les fiches émanant d'individus dénués de toute qualité et de toute compétence, pour juger les agents civils ou militaires, prévaloir sur les notes des supérieurs hiérarchiques.

Les effets déplorables de cette situation ont été trop souvent signalés par les chefs mêmes du gouvernement et par les membres les plus éminents du parlement pour qu'il soit besoin d'y insister. Dans tous les services, on éprouve une extrême difficulté à assurer l'exécution des règlements et à obtenir un rendement sérieux d'un personnel qui ne se sent plus dans la main de ses chefs, qui constate que son avenir ne dépend plus principalement de la qualité de son travail. Les avancements scandaleux ou les disgrâces imméritées amènent parfois de véhémentes protestations et des recours contentieux. On parle beaucoup moins d'un mal infiniment plus grave et plus général, l'absence de toute répression sérieuse pour la négligence habituelle et parfois pour de véritables fautes professionnelles ou malversations. L'agent incapable, paresseux ou malhonnête ne réussit qu'exceptionnellement à obtenir un avancement anormal ; mais, le jour où il est menacé d'un châtiment ou même d'un simple retard dans son avancement normal, il trouve toujours des protecteurs et des défenseurs. Les sentiments d'indulgence universelle, sur les dangers desquels nous insisterons dans le Livre suivant, concourent avec la crainte de se créer des ennemis, d'abord pour empêcher les chefs immédiats de signaler les faiblesses qui ne sont pas extrêmement graves, puis pour détourner l'autorité supérieure de punir celles qu'il était impossible de dissimuler.

Quand un fonctionnaire courageux cherche à rétablir l'ordre dans son service, le relâchement général sert de prétexte pour refuser d'appliquer une sanction à des fautes devenues habituelles et pour lesquelles l'impunité semble un droit acquis.

Les remèdes mêmes appliqués récemment pour prévenir les injustices trop criantes tendent à aggraver ce mal général, car, au lieu de les chercher dans les garanties résultant du bon choix des chefs, jointe à l'obligation, pour le ministre, de suivre leurs propositions ou de motiver les mesures qu'il prendrait en sens contraire, on ajoute de nouvelles entraves à celles qui minent leur autorité. La présence de représentants élus des agents dans les comités, la communication des dossiers aux intéressés, ne mettent sans doute pas obstacle à un choix ou à une punition motivés par quelque fait éclatant ; elles rendent plus difficile de constater ces différences de zèle, de soin, de compétence, qui constituent les motifs habituels des choix administratifs, et aussi de tenir compte des titres ou des défauts que les chefs seuls peuvent apprécier et qui ne sont pas de nature à faire l'objet d'un débat contradictoire.

III
Les réformes judiciaires, les règles d'avancement et le statut des fonctionnaires.

Le relâchement dans le travail et l'indiscipline, qui sont les résultats de l'affaiblissement de l'autorité, se font sentir, surtout dans les administrations employant un nombreux personnel subalterne. La difficulté de donner aux services publics une organisation satisfaisante s'étend aussi à ceux où tous les emplois devraient être occupés par des hommes offrant des garanties intellectuelles et morales particulières, comme l'instruction publique et la justice, et c'est là que ses conséquences sociales sont particulière ment dangereuses. Les nombreux projets de, réformes judiciaires discutés depuis de longues années mettent bien en évidence la gravité et les difficultés de la question.

Il n'est pas besoin d'insister sur la nécessité absolue d'organiser les tribunaux de manière à assurer, autant qu'il est humainement possible, la capacité, la valeur morale et l'indépendance des magistrats appelés à statuer sur tous les droits des particuliers, sur la vie et la liberté des accusés, et à sauvegarder l'ordre social. L'inamovibilité ne constitue à cet égard qu'une faible partie des garanties nécessaires : il est indispensable que les juges soient assez

Clément Colson

peu nombreux pour pouvoir être bien choisis et largement payés, - qu'ils soient recrutés uniquement en raison de leur mérite, c'est-à-dire par un concours donnant les garanties nécessaires de capacité, suivi d'un stage permettant d'apprécier leur moralité, - que les échelons de la carrière ne soient pas trop multipliés, pour que la préoccupation de l'avancement ne soit pas constante, - enfin que cet avancement dépende uniquement des chefs professionnels de la magistrature, sans aucune ingérence politique. On sait comment toutes les réformes tentées dans ce sens ont été rendues impossibles, chez nous, par les influences électorales : d'une part, ces influences s'opposent absolument à la réfection de la carte judiciaire de la France, établie à une époque où l'on ne pouvait même pas imaginer la facilité actuelle des communications ; d'autre part, elles ont mis les nominations des juges de paix à la discrétion absolue des députés ou des comités locaux et elles jouent un rôle important dans le choix même des magistrats d'un ordre plus élevé.

L'insuffisance des traitements et le manque de toutes garanties d'avenir ont abouti à ce résultat que, dans le pays le plus entiché des fonctions publiques, les candidats acceptables manquent pour les postes de début dans la magistrature. Tout concours est dès lors impossible et le recrutement ne se fait plus que parmi les jeunes gens assurés de protections politiques qui leur permettent d'arriver de suite ou très vite à un grade supérieur, ou parmi les déchets des autres carrières juridiques. Il en résulte que, sur 800 emplois de juges suppléants, 460, dont beaucoup comportent des émoluments, étaient vacants à la fin de 1913, faute d'amateurs qualifiés pour les occuper.

Telle est cependant l'influence du pli professionnel que, malgré tous ces vices organiques, la justice est encore mieux rendue par les tribunaux composés de magistrats de carrière que par ceux où siègent uniquement des hommes exerçant d'autres métiers et appelés à remplir les fonctions de juges sans s'être fait des âmes de juges. On conçoit qu'on adjoigne aux magistrats des spécialistes ayant la pratique des affaires à examiner, dans certains cas : des négociants s'il s'agit d'une question commerciale, un patron et un ouvrier s'il s'agit d'un contrat de travail, des officiers quand la discipline militaire est en cause, - voire même des citoyens suffisamment éclairés, quand il y a lieu de juger un crime de droit commun. Mais au moins faudrait-il que les débats fussent toujours dirigés et les délibérations présidées par un magistrat ayant la connaissance du droit et l'habitude des formes judiciaires. Il est prodigieux que, dans le siècle de la division du travail, on confie encore la solution de questions juridiques souvent complexes et toujours délicates, à des juges dont aucun n'a jamais fait une étude spéciale des lois et qui ne sont nullement habitués, par profession, à examiner les affaires uniquement au point de vue du Droit et de la Justice.

Dans de pareilles conditions, il arrive tantôt que les tribunaux ainsi constitués méconnaissent les règles les plus élémentaires de la procédure criminelle, - tantôt que leurs membres se considèrent comme des mandataires uniquement chargés de défendre les intérêts de leurs électeurs, - tantôt qu'ils se déchargent de la plus grande partie de leur tâche sur des auxiliaires ne présentant à aucun degré les garanties nécessaires de probité et d'impartialité. Quant à la conception du jury criminel, statuant théoriquement sur des questions de fait hors de la présence des magistrats et sans se préoccuper des conséquences pénates de ses réponses, elle aboutit, en pratique, au prononcé de verdicts en contradiction évidente avec les faits, inspirés uniquement par la volonté arrêtée d'aboutir à une peine donnée ; l'incompétence des jurés, dirigés presque uniquement par des raisons de sentiment, fait de la solution une véritable loterie.

Il faudrait donc étendre encore le rôle des magistrats de profession. Mais, pour faire accepter cette extension, il faudrait d'abord entourer leur recrutement et leur avancement de garanties dont tout le monde reconnaît la nécessité, puis attirer un nombre de candidats en rapport avec les besoins, en réduisant le nombre des tribunaux de tout ordre et en augmentant les traitements de leurs membres. Quand on aurait ainsi diminué les chances d'erreurs chez les juges au premier degré, par l'amélioration de leur recrutement, on pourrait restreindre les formalités et les recours qui compliquent et prolongent si fâcheusement les procès, de

Clément Colson

manière à diminuer notablement les charges qui en résultent pour le public.

Des réformes analogues seraient nécessaires dans la plupart des administrations, et il serait facile d'en couvrir les frais en réalisant, dans leurs organes, une concentration analogue à celle que la facilité des communications impose dans toutes les industries. Mais la souveraineté de l'État ne lui assure nullement le pouvoir de triompher des résistances locales qui s'y opposent. La gravité du mal semble cependant devoir amener prochainement une réforme électorale qui sans doute l'atténuera, au moins pour un temps.

L'opinion reconnaît aussi la nécessité absolue de soustraire les fonctionnaires à l'arbitraire des politiques, en faisant établir par le législateur lui-même un *statut,* qui consolide et généralise les garanties déjà données par les règlements d'un certain nombre d'administrations. Seulement, pour ne pas être plus nuisible qu'utile, il faut que le futur statut, en même temps qu'il assurera des garanties aux bons agents, maintienne l'autorité nécessaire aux chefs, la répression rigoureuse de la négligence et de l'indiscipline, le stimulant d'un avancement variant dans une mesure assez large, suivant le mérite de chacun. Il faut aussi qu'il ne mette pas obstacle au recrutement du personnel supérieur parmi des jeunes gens qui aient fait preuve, par des examens et des concours, de la culture générale nécessaire, et qui soient appelés assez tôt à l'exercice de l'autorité et à la direction de certains services pour acquérir, à l'âge où se forment l'esprit et le caractère, les qualités spéciales indispensables à la gestion des grandes affaires.

Malheureusement, une réforme conçue dans cet ordre d'idées ne donnerait nullement satisfaction aux agitateurs, dont l'objectif est précisément d'annihiler la discipline. Ceux-ci trouvent facilement de l'écho dans la masse des agents subalternes, trop peu éclairés pour comprendre la nécessité d'une autorité forme, confiée à des chefs ayant une culture supérieure et une formation spéciale. C'est pourquoi beaucoup de fonctionnaires cherchent un remède aux abus actuels, non dans un statut adopté par la puissance publique, mais dans une action syndicale prenant, vis-à-vis d'elle, une attitude de lutte analogue à celle qui se développe si rapidement, parmi les ouvriers, vis-à-vis des chefs des industries privées.

IV
Les associations de fonctionnaires.

L'attitude de l'opinion publique, en présence de ce mouvement, a été assez singulière. Pour quiconque le suit de près, il n'est pas douteux que la protestation contre *l'arbitraire des chefs* a pour objet essentiel la destruction de toute autorité hiérarchique, qu'elle vise avant tout l'autorité des fonctionnaires d'un rang supérieur chargés d'apprécier le mérite de chaque agent. Mais elle s'applique aussi aux abus de l'autorité préfectorale ou ministérielle provoqués par les politiciens. Fort habilement, les meneurs ont mis en relief ce point de vue, qui en réalité les touche moins que tous les autres, car ils savent souvent jouer eux-mêmes des influences politiques. Ils ont ainsi conquis certaines sympathies dans les rangs des conservateurs et des fonctionnaires soucieux avant tout du bien du service, gens portés cependant en général à envisager d'un œil peu favorable le mouvement syndicaliste. Par contre, la formation de syndicats de fonctionnaires a paru intolérable à beaucoup d'hommes politiques qui se montrent en toute occasion prêts à livrer toute l'industrie privée aux syndicats ouvriers : dès qu'il s'agit des services publics, l'idée d'une action corporative des agents leur apparaît comme une violation de la souveraineté sacro-sainte de l'État et comme une sorte de crime de lèse-majesté.

Il est vrai qu'ils concilient souvent leur répugnance pour les syndicats de fonctionnaires avec leur crainte des prohibitions énergiques, en admettant que les agents d'un service public peuvent s'associer sous le régime de la loi de 1901 ; comme il faut prendre un microscope pour découvrir les nuances qui séparent une association ordinaire d'un syndicat, nous ne nous arrêterons pas à ces subtilités. Certes, nous ne méconnaissons pas la puissance des mots : une association d'employés, en prenant le nom de syndicat, indique par cela même qu'elle ne reculera pas devant les conflits et les violences, - exactement comme un candidat, en se présentant aux élections avec telle ou telle étiquette, s'oblige à voter

Clément Colson

tôt ou tard les mesures inscrites au programme du parti auquel il déclare appartenir. Mais, en droit, depuis que le législateur, en 1901, a étendu à toutes les associations les avantages accordés en 1884 aux seuls syndicats, autoriser à former des associations exclusivement professionnelles des fonctionnaires à qui l'on défend de se syndiquer est une ligne de conduite trop peu d'accord avec les réalités de fait et de droit pour être soutenable.

Que les syndicats, avec ou sans faux-nez, jouent dans les services publics, comme dans les entreprises privées, un rôle plus souvent malfaisant qu'utile, nous n'en avons aucun doute. Pourtant, en qualité de vrai libéral, nous ne croyons pas que l'État ait le droit d'interdire aux citoyens un acte qui ne porte en lui-même aucune atteinte à la liberté d'autrui, par le motif que cet acte peut engendrer des abus ; il doit seulement réprimer les abus, quand ils se produisent. Et s'il admet que les ouvriers d'une entreprise privée ne commettent pas un délit en se syndiquant, il est vraiment mal fondé à décider le contraire en ce qui concerne ses propres agents. Le lien qui unit les employés à l'employeur est un contrat dans les deux cas : du moment où il ne s'agit pas de fonctions rendues obligatoires parla loi (comme le service militaire pendant trois années), la forme sous laquelle intervient l'accord entre l'État, qui offre un emploi dans certaines conditions, et le citoyen qui l'accepte, ne change rien à la nature de leurs rapports juridiques. l'État présente certainement moins de garanties que les autres patrons, en ce qui concerne l'équité dans l'application du contrat et la bonne volonté pour en modifier les clauses le jour où elles ne seraient plus en rapport avec la situation économique : en effet, tout directeur d'une entreprise privée sait que, pour conserver sa place, il lui faut obtenir de bons résultats financiers et que, pour obtenir ces résultats, il doit attirer un bon personnel, - tandis que la conservation du portefeuille d'un ministre dépend de considérations tout autres. D'autre part, l'agent qui ne se croit pas apprécié à sa valeur dans une maison de commerce a toujours la ressource d'en changer, tandis que le métier de la plupart des fonctionnaires de l'État ne peut s'exercer qu'au service de l'État.

Les agents de l'État ont donc besoin de garanties spéciales, et c'est pourquoi un statut réglant le recrutement, l'avancement et la discipline du personnel est infiniment plus nécessaire dans les services publics que dans les entreprises privées. Si un pareil statut était reconnu insuffisant, il nous est impossible d'apercevoir sur quoi l'État se baserait pour prétendre s'affranchir des difficultés et des gênes qu'entraîne l'existence d'un syndicat d'employés, alors qu'il pèse de tout son pouvoir sur les industriels et parfois même menace de modifier la législation, afin de les obliger à conserver les ouvriers syndiqués et à traiter avec les syndicats.

Bien entendu, nous ne saurions admettre, avec quelques enthousiastes du syndicalisme, que les agents de l'État associés ou syndiqués soient appelés à diriger ou à réformer les administrations. Qu'un syndicat soit aussi incapable de mener un service public qu'une affaire privée, cela est trop évident. Nous avons souvent répété que le meilleur remède contre l'intrusion de la politique dans l'administration consiste dans une autonomie aussi étendue que possible, reconnue à chaque service public, sous le contrôle du ministre et du Parlement ; mais cette autonomie n'est possible que si la direction appartient à des chefs parvenus au sommet de la hiérarchie assez jeunes pour avoir encore de l'initiative, après avoir traversé rapidement les divers grades, grâce à une sélection reposant à la fois sur des concours et sur les notes des supérieurs. Un syndicat de tous les agents, dans lequel la direction dépendrait du vote du plus grand nombre, c'est-à-dire de la masse qui n'a ni culture étendue, ni pratique des grandes affaires, serait évidemment le plus déplorable mode de gestion imaginable. Nous concevons mal les Travaux publics administrés par les cantonniers, la Poste par les facteurs et l'Instruction publique par les instituteurs primaires. Les échecs ou les déviations des associations ouvrières de production, malgré toutes les faveurs dont les comblent les pouvoirs publics, montrent bien l'impossibilité de compter pour diriger des affaires, même fort simples, sur des groupements d'agents préparés seulement à y occuper des emplois inférieurs. L'extension de ce régime à des administrations aussi compliquées que celles des grands services publics ne pourrait conduire qu'aux plus lamentables échecs.

Clément Colson

Limités au rôle de défenseurs des intérêts des agents associés, les syndicats nous apparaissent exactement sous le même jour dans les services publics que dans l'industrie privée. l'État législateur n'est pas plus fondé à qualifier de délit l'adhésion à un syndicat dans un cas que dans l'autre. l'État employeur est par contre aussi fondé qu'un industriel à ne pas garder à son service les fauteurs de désordre, les meneurs qui injurient leurs chefs et qui organisent l'arrêt des services qu'ils sont chargés d'assurer. Il est évident qu'un instituteur ou un agent de police qui admet l'idée de poursuivre l'obtention d'avantages matériels en menaçant de déserter un poste de confiance, qui adhère à une association où la grève est préconisée, prouve par cela même qu'il est totalement dépourvu des qualités morales nécessaires dans son emploi et ne peut dès lors y être conservé. Vis-à-vis des agents à qui l'État ne demande que des services matériels, sa situation est la même que celle d'un employeur particulier ; les avantages ou les dangers de l'organisation syndicale, quand elle se borne à user des pouvoirs que le droit commun lui reconnaît, sont en ce cas exactement ceux que nous examinerons plus loin au point de vue général.

Mais les associations de fonctionnaires bien avisées ne considèrent que comme accessoires les moyens d'action dont leurs membres peuvent se servir, à titre d'employés, vis-à-vis de l'État employeur. Leur arme véritable, c'est l'influence qu'un groupe bien organisé d'électeurs, comptant des membres actifs dans chaque arrondissement, peut exercer sur les députés qui votent les crédits afférents à leurs traitements. À chaque discussion du budget, on voit l'initiative parlementaire proposer l'augmentation des salaires de telle ou telle catégorie d'employés ; souvent, ce sont les associations constituées par les intéressés qui rédigent les amendements et qui fournissent les arguments à l'appui. Le gouvernement ne sauvegarde l'équilibre d'un budget qu'on promet-tant de demander lui-même dans le suivant les augmentations réclamées, même s'il les trouve injustifiées. Nous ne contestons pas que les traitements de beaucoup de fonctionnaires fussent déjà, avant la guerre, insuffisants par rapport à ceux du personnel des entreprises privées ; mais l'action syndicale n'est certes pas le moyen de réaliser les relèvements dans les conditions répondant le mieux aux intérêts publics.

Pourtant, le mouvement est si général que l'obligation de le suivre s'impose, même aux corps qui le jugent sévèrement : toutes les ressources disponibles étant absorbées par ceux qui réclament le plus fort, il faut bien se grouper pour n'être pas complètement sacrifié. Nous avons entendu un ministre conseiller lui-même à ses subordonnés de s'entendre pour faire aboutir des demandes qu'il trouvait justes, mais qu'il se sentait incapable de soutenir seul, - de même qu'on voit un chef de service informer un bon employé qu'il le propose pour la croix et l'engager à se faire appuyer par quelques députés, pour que la proposition aboutisse.

L'expérience montre combien était grande l'illusion des hommes d'État qui, jadis, comptaient sur les représentants des contribuables pour réduire les dépenses publiques. Un petit groupe d'électeurs ardents à l'attaque du budget, dont les votes aux prochaines élections dépendront de l'attitude prise par chaque député dans les questions qui les intéressent, pèse sur cette attitude bien autrement que la masse des citoyens entre qui les charges se répartissent. Chacun de ceux-ci reste indifférent en présence d'une dépense inutile, entraînant un accroissement d'impôt qu'il ne ressentira que dans une mesure infime, et s'aperçoit trop tard que le total de ces accroissements minuscules finit par devenir écrasant. On a vu, au début de l'année 1911, ce spectacle attristant : le représentant d'une circonscription habitée par de nombreux employés du réseau de l'Ouest racheté, usant de l'influence qu'il détenait comme président de la Commission du budget, c'est-à-dire comme défenseur attitré des finances publiques, pour arracher à l'Administration des chemins de fer de l'État, en faveur de son personnel, des augmentations de traitements très supérieures à celles que cette Administration jugeait nécessaires ; il n'avait pas même laissé au ministre des Travaux publics le temps d'évaluer approximativement les charges qui en résulteraient.

Nous reviendrons sur le syndicalisme et sur les grèves dans les services publics au chapitre VI ci-après, en même temps que nous étudierons leur rôle dans les entreprises privées. Toutefois, avant d'y arriver, nous devons examiner les conséquences de l'état de choses que nous venons de signaler, au point de vue de la marche et surtout des dépenses des services publics.

Chapitre V
Le coût et le rendement des services publics

Sommaire :
I. Le caractère dispendieux des exploitations en règle : chemins de fer de l'État allemands et français, allumettes, imprimerie nationale, etc.
II. La qualité des services.
III. Conséquences économiques et sociales.

I
Le caractère dispendieux des exploitations en règle : chemins de fer de l'État allemands et français, allumettes, imprimerie nationale, etc.

Que les services gérés par l'État ou les communes soient particulièrement coûteux, de leur nature, cela ne se conteste guère. Pour chiffrer l'écart entre leurs dépenses et celles d'une entreprise privée similaire, il faut faire porter son étude sur l'une des exploitations industrielles qui sont gérées tantôt par des compagnies, tantôt par l'État. Nous avons établi à plusieurs reprises cette comparaison pour les chemins de fer, en rapprochant les statistiques de l'ensemble des réseaux français de celles des réseaux allemands, dans les années où le régime des concessions s'appliquait encore à la presque totalité de nos lignes, tandis que les chemins de fer allemands sont exploités presque exclusivement en régie. Sans doute, ceux-ci donnent des résultats financiers bien meilleurs que les nôtres, en raison de la facilité de la construction dans un pays très peu accidenté, de l'abondance du trafic due à la densité de la population et à la richesse minière du sous-sol ; mais, si l'on rapproche les dépenses du travail accompli, on constate qu'elles sont notablement plus élevées en Allemagne.

Toutes les circonstances concorderaient cependant pour rendre l'exploitation bien moins coûteuse qu'on France. Le trafic par kilomètre était, avant la guerre, plus élevé en Allemagne d'environ 40 p. 100, et l'on sait que le prix de revient de chaque unité transportée décroît, sur une ligne, quand les transports y sont plus abondants. La proportion du trafic voyageurs dans le total était moindre que sur nos réseaux, et ce trafic est toujours le plus coûteux à desservir. Le profil des lignes est en moyenne plus favorable, puisque, dans les immenses plaines de l'Allemagne du Nord, on ne rencontre guère les fortes rampes qui augmentent considérable nient les frais de traction. La houille et l'acier, qui entrent pour une très forte part dans les dépenses des chemins de fer, coûtaient de 20 à 25 p. 100. moins cher, en moyenne, chez nos voisins de l'Est que chez nous. Enfin les obligations imposées aux chemins de fer par les lois et règlements étaient moins rigoureuses chez eux, leurs responsabilités moins étendues, la proportion des manutentions effectuées par les expéditeurs et les destinataires sans intervention des agents était beaucoup plus forte, le nombre des trains moindre, eu égard à celui des voyageurs, etc.

Dans ces conditions, il eût été tout naturel que le prix de revient des transports fût de 10 ou 15 p. 100 plus bas en Allemagne qu'en France. Or, c'est un écart au moins égal *en sens contraire* que l'on constatait. Le coefficient d'exploitation, ou rapport des dépenses aux recettes, a varié de 1905 (année favorable) à 1908 (année exceptionnellement défavorable) de 54 à 58 p. 100 en France, de 65 à 74 p. 100 en Allemagne. Cependant, les tarifs ne présentaient pas de différence bien notable : s'ils étaient, en Allemagne, sensiblement plus bas pour les voyageurs, ils étaient certainement plus élevés pour les marchandises. Si l'on veut éliminer l'influence de cet élément en rapportant les dépenses au nombre d'unités de trafic (voyageurs ou tonnes de marchandise transportés à un kilomètre) on trouve, suivant la manière de faire le calcul et suivant l'année prise pour terme de comparaison, des écarts variant de 14 p. 100 à 31 p. 100, mais toujours dans le même sens [1].

---

1 Voir les chiffres établissant ces divers points dans mon *Cours d'économie politique,* livre VI, chapitre II, § 1, ou dans mon livre *Transports et tarifs.* On trouverait, dans les éditions successives de ces ouvrages, la comparaison faite d'après les dernières statistiques parties pour diverses années, donnant toujours les mêmes résultats.

Clément Colson

Cependant, personne ne conteste que l'Allemagne soit un des pays où les administrations d'État, celles des chemins de fer en particulier, sont le mieux organisées. La discipline y est maintenue avec une rigueur extrême et les influences parlementaires inconnues. Si, par le seul fait de l'incapacité naturelle des États à tirer de leur personnel le même, rendement que, l'industrie privée, l'exploitation y est très coûteuse, on peut prévoir qu'ailleurs l'écart serait encore plus marqué. L'Italie, la Suisse ont donné, avant la guerre, des exemples topiques de l'augmentation immédiate de dépenses qui suit la substitution d'une exploitation en régie à une exploitation par des compagnies. Mais il n'en est pas de plus frappant que celui du rachat du réseau de l'Ouest en France.

Tant que l'administration des chemins de fer de l'État n'avait exploité qu'un petit réseau, ayant un trafic restreint et n'offrant aucune difficulté, elle était obligée de régler ses manières de procéder sur celles des réseaux qui l'encadraient, et l'on pouvait douter qu'il y eût un écart sensible entre ses dépenses et celles des compagnies. Mais, dès qu'elle a eu repris l'ancien réseau de l'Ouest, en 1909, là dépenses ont commencé à augmenter. Le produit net obtenu par la Compagnie en 1908, année très mauvaise sur tous les réseaux et grevée pour le sien de charges spéciales, était de 70 millions seulement, alors que la moyenne, pour les cinq dernières années de la concession, atteignait 82 millions ; au lieu de se relever en partant de ce point bas, le produit net, d'après les comptes présentés par l'administration des chemins de fer de l'État, est tombé à 49 millions dès 1910 et a oscillé entre 28 et 38 millions de 1911 à 1913. En même temps, les dépenses en travaux neufs ou complémentaires prenaient un développement qui accroissait considérablement les charges du capital. L'un des motifs qui ont été invoqués pour racheter le réseau de l'Ouest était l'appel excessif fait à la garantie d'intérêts de l'État, qui a oscillé entre 6 à 26 millions dans les quinze années précédant le rachat. Le déficit du réseau racheté, calculé à peu près sur les mêmes bases, atteignait environ 75 millions en 1912 et, 1913 ; les charges inscrites au budget de l'État pour les travaux neufs de ce réseau, en dehors de son déficit, se sont considérablement accrues, elles aussi.

Sans doute les dépenses d'exploitation ont grossi sur tous les chemins de fer du monde dans ces dernières années, en raison de la hausse de tous les prix et particulièrement des salaires. Tous les réseaux français ont en outre eu à subir les conséquences de lois majorant dans une mesure tout à fait déraisonnable les pensions de retraite des agents. Enfin, s'il est absolument faux que la Compagnie de l'Ouest ait laissé son réseau en mauvais état d'entretien, il est certain que, sous la menace du rachat, elle avait ajourné des travaux d'amélioration qui ont grossi notablement les dépenses en capital nécessaires après la reprise de ses lignes. Mais ces raisons ne sauraient expliquer que le coefficient d'exploitation ait passé de 68 à 85 p. 100 sur le réseau racheté, tandis que, sur les réseaux concédés, il montait seulement de 56 à 59 p. 100, et que le, déficit à couvrir par les contribuables ait triplé en cinq années. Quelque complaisance que l'on apporte à admettre les palliatifs et les explications imaginés pour masquer ou excuser l'accroissement des dépenses, on ne peut nier que l'effet du rachat ait été de le rendre formidable.

Les résultats obtenus par les autres industries d'État sont tout à fait analogues. Il y a peu d'années, le Ministre des Finances constatait à la tribune qu'une grève dans les fabriques d'allumettes, obligeant l'État à approvisionner ses débits par des achats à l'étranger, constitue pour lui une économie, et non une cause de perte : bien entendu, le prix payé dans ce cas aux fabriques étrangères comprend l'intérêt du capital, les frais généraux et les salaires du personnel dirigeant, que l'État français continue à supporter, d'autre part, pendant le chômage de ses propres usines ; mais le prix total payé par lui à des industriels, y compris le bénéfice du vendeur, reste inférieur au seul coût de la main-d'œuvre et des matières premières qu'exige la même fabrication dans nos manufactures. Il suffit de causer avec les ingénieurs qui les dirigent pour n'avoir aucun doute sur les causes de cet état de choses.

Nous avons eu un autre exemple topique, dans une enquête sur l'Imprimerie nationale dont nous fûmes chargé il y a quelques années. Une étude approfondie avait constaté que le produit net de l'Imprimerie nationale représentait, à peu de chose près, l'intérêt normal de son capital ; mais la question était de savoir si ce résultat, assez satisfaisant, n'était pas obtenu en imposant des prix exorbitants aux administrations publiques, clientes obligées de l'Imprimerie. Comme preuve de l'exagération des prix exigés, les maîtres imprimeurs invoquaient un marché passé pour dix années avec le département de la Marine par la maison Paul Dupont : celle-ci s'était engagée à faire toutes les impressions de formules et de modèles du Ministère en appliquant les tarifs de l'Imprimerie nationale, sous déduction d'une simple bagatelle : les frais de composition, de correction et de conservation des formes, qui n'étaient pas payés. L'Imprimerie nationale soutenait que ce contrat constituait un acte de concurrence déloyale et que la maison Paul Dupont n'avait accepté une rémunération dérisoire que parce que le syndicat des imprimeurs la dédommageait des pertes subies, pour discréditer l'établissement de l'État. Une vérification attentive, faite par un Inspecteur des Finances impartial et clairvoyant [1], prouva que ce marché étonnant laissait un bénéfice normal à l'entreprise privée, qui se contentait d'appliquer les tarifs de l'Imprimerie de l'État pour le tirage et les opérations accessoires comprises dans ses fournitures. Les derniers rapports de la commission du budget ne permettaient pas de croire que les tarifs de l'Imprimerie nationale fussent plus raisonnables en 1913.

Les autres établissements industriels de l'État ne semblent pas donner de meilleurs résultats. Le très mauvais rendement des ateliers de la Marine, notamment, ne paraît pas contestable.

Il est plus difficile d'apprécier le rendement des administrations dont l'objet ne saurait être assimilé à celui d'aucune entreprise privée. Il n'est pas douteux que, pour les emplois d'un ordre un peu élevé, l'État, loin de payer son personnel plus cher que l'industrie privée, lui alloue des émoluments très inférieurs ; un très bon recrutement a néanmoins été assuré jusqu'ici, en France, par le prestige attaché aux fonctions publiques, par les distinctions honorifiques, la sécurité de l'emploi, la satisfaction que trouvent beaucoup d'hommes à servir l'intérêt public plutôt que des

---

1 Rapport de M. Sergent (depuis directeur du mouvement général des fonds et sous-gouverneur de la Banque de France) dans le compte rendu des travaux de la Commission chargée d'étudier le fonctionnement de l'Imprimerie nationale, 1897.

entreprises privées. La tendance à abuser du relâchement de la discipline est naturellement moindre parmi les fonctionnaires ayant une certaine culture, qui constituent les administrations proprement dites, que parmi les ouvriers des industries de l'État. Cependant, il n'est pas douteux que le travail fourni dans tous les services, particulièrement dans les bureaux des Ministères et de la Préfecture de la Seine, est singulièrement inégal : si quelques agents y déploient un zèle d'autant plus méritoire qu'il n'est nullement assuré d'être récompensé, la besogne totale pourrait être exécutée avec beaucoup moins de dépenses, si l'indulgence pour les employés négligents était moindre et si l'ancienneté ou la faveur jouait un moindre rôle dans l'avancement.

II
La qualité des services.

La qualité des services se prête moins bien encore que leurs dépenses à des mesures et à des comparaisons précises. Sans doute, l'opinion publique formule d'incessantes réclamations contre toutes les administrations publiques ; mais elle ne se plaint guère moins des chemins de fer dont l'exploitation est aux mains de compagnies privées. Dès qu'il y a monopole, le client mal satisfait n'a plus la ressource de changer de fournisseur ; son mécontentement ne peut se traduire que par des plaintes, et l'intensité de celles-ci n'est pas toujours proportionnelle au mal souffert, car l'accoutumance finit par faire supporter silencieusement des vices très graves, tandis que des erreurs peu fréquentes sont bruyamment relevées. Il est évident que le public ne tolérerait d'aucun service privé un retard de plusieurs années, comme celui que l'encombrement du rôle des grands tribunaux amène dans le jugement des procès, retard qui équivaut souvent à un véritable déni de justice. Que l'État, avec l'énormité de son budget, n'arrive pas à payer le nombre de juges nécessaires pour remplir convenablement, avec des délais raisonnables, sa mission primordiale, qui est de trancher pacifiquement les litiges entre les citoyens, c'est un scandale que seule la perte de tout espoir d'une amélioration sérieuse dans cet état de choses fait supporter en silence.

Clément Colson

Pour reprendre les services que nous avons cités à propos des dépenses, il n'est pas douteux que les chemins de fer d'État, en Allemagne, font un service satisfaisant ; il n'est cependant nullement supérieur à celui de nos compagnies. Les plaintes amenées par le retard dans les transports, aux moments des poussées exceptionnelles du trafic, sont aussi vives que chez nous ; les industriels se plaignent de l'insuffisance du matériel avec la même énergie ; la seule différence est qu'en France les compagnies paient des indemnités pour le préjudice causé, tandis qu'en Allemagne les règlements exonèrent les chemins de fer de toute responsabilité pour le retard dans)a fourniture des wagons réclamés. Si nous établissons la comparaison, dans notre pays, entre le réseau racheté et les réseaux concédés, personne ne soutiendra que les dépenses colossales assumées par la régie aient pour conséquence un meilleur service ; encore a-t-il fallu trois ou quatre années pour mettre fin au désarroi amené par les bouleversements qu'elle avait cru devoir apporter dans l'organisation antérieure.

La qualité des allumettes fournies par l'État n'est pas particulièrement appréciée par le public. La manière dont sont nettoyées les rues de Paris ne porte pas à penser que les crédits énormes consacrés par la Ville à ses services de voirie soient parfaitement employés.

Les plaintes du public se sont produites de tout temps, et leur caractère plus bruyant, dans un temps de publicité à outrance, ne serait pas une preuve suffisante d'aggravation des vices inhérents à toute institution humaine. Ce qui est plus convaincant, c'est le découragement du personnel supérieur et l'aveu qu'il fait, dans toutes les conversations privées, de son impuissance à obtenir un service satisfaisant, à récompenser les bons agents et surtout à punir ou à éliminer les mauvais. Dans les manifestations publiques, on continue à célébrer le zèle et la valeur du personnel subalterne ; mais la diminution de la conscience professionnelle et du dévouement au service chez la grande majorité des agents, surtout parmi les jeunes, ne fait doute pour aucun de ceux qui les dirigent.

La preuve du caractère général de cette impression, dans les milieux où se recrutent les fonctionnaires d'un ordre un peu élevé, se trouve dans la diminution, non certes du nombre des candidats, mais du nombre des bons candidats aux emplois publics. Nous l'avons déjà signalée pour la magistrature. Dans la plupart des concours d'un niveau un peu élevé, pour les fonctions publiques civiles ou militaires et pour les écoles qui y conduisent, le nombre des inscriptions diminuait sensiblement avant la guerre. Les fonctionnaires à qui la nature de leur emploi permet d'en trouver d'analogues dans les entreprises privées, comme les ingénieurs, quittaient en foule le service de l'État. Sans doute, la différence des émoluments entrait pour beaucoup dans cet exode ; mais cette différence a existé de tout temps. Ce qui fait que les hommes de valeur résistent moins à l'attrait d'une situation plus avantageuse, c'est trop souvent, il faut bien le dire, la diminution du goût pour les services de l'État, engendrée par le sentiment d'une impuissance absolue à obtenir un bon rendement de leur personnel ; c'est surtout l'expérience des disgrâces qu'amène tout effort tenté pour réprimer les abus ou pour proportionner l'avancement au mérite réel de chacun.

Ce qu'il y a de plus grave, c'est l'aveuglement volontaire avec lequel on se refuse à voir la vraie cause des incidents qui mettent en évidence la mauvaise marche des services publics, afin de n'être pas forcé d'y porter remède. Quand les explosions se multiplient à bord des navires ou les accidents sur les chemins de fer de l'État, quand un chef-d'œuvre disparaît d'un musée, on s'ingénie à en découvrir la cause dans quelque erreur des chefs de tel ou tel service, dans quelque vice d'une fabrication qui donne ailleurs toute satisfaction ; on ne veut pas reconnaître qu'il n'y a de sécurité possible ni pour les hommes, ni pour les objets les plus précieux, là ou chaque agent sait qu'il peut impunément négliger sort service et ne pas exécuter sa consigne [1].

1 Les enquêtes et les déclarations faites après l'explosion du cuirassé la *Liberté* sont très instructives à cet égard. Personne n'a constaté un fait quelconque permettant de dire si c'est un incendie causé par la négligence, ou du moins non arrêté à temps par l'effet d'un manque de surveillance, qui a allumé la poudre, - on si c'est au contraire l'inflammation spontanée de la poudre B qui a engendré l'incendie. Tout le monde sait que la négligence et le défaut de surveillance sont fréquents à bord de certains navires, tandis que l'inflammation spontanée de la poudre B, même en cas de

III
Conséquences économiques et sociales.

Les catastrophes restent heureusement exceptionnelles ; mais la disproportion entre les dépenses des services publics et les résultats obtenus est un fait constant. Ses conséquences économiques et sociales sont déplorables.

Si le mal venait uniquement du paiement, au personnel inférieur, d'émoluments supérieurs à ceux que justifie le taux général des salaires, il serait déjà sérieux. Quand la situation économique amène une amélioration générale du sort de la population ouvrière, quand la part des travailleurs les plus modestes dans la production s'accroît, grâce aux découvertes techniques et à l'accumulation des capitaux amenant la baisse du taux de l'intérêt, on ne peut que se réjouir de ce progrès général. Quand, au contraire, l'État prélève des impôts sur la masse des producteurs pour améliorer, par une faveur spéciale, le sort de quelques-uns d'entre eux qu'il a pris à son service, il commet un abus criant.

On dit souvent et on croit quelquefois qu'il dépend du législateur de faire peser uniquement sur les riches ces impôts supplémentaires. Malheureusement il est certain que les impôts modernes sont trop considérables pour qu'il soit possible de les faire porter tout entiers, ou même en majeure partie, sur les gros revenus, dont le total ne représente partout qu'une faible part du revenu national. Si d'ailleurs on y parvenait, l'impôt grevant les grandes fortunes équivaudrait à ,me confiscation qui arrêterait net l'augmentation des capitaux disponibles, condition essentielle du développement de la production et de la hausse des salaires. Mais les lois de l'incidence déjouent tous les efforts du législateur pour charger uniquement certaines classes de citoyens. La diffusion des

fabrication médiocrement surveillée, est infiniment rare. Cependant, ou n'a jamais voulu admettre qu'il ait pu y avoir un acte de malveillance, ou même simplement des consignes inexécutées et des négligences, à bord de la *Liberté ;* l'opinion générale a mieux aimé proclamer, contre toute vraisemblance, que la poudre était la cause de la catastrophe. Ses vices sont devenus article de foi, du jour où le public a connu les querelles des directeurs des deux poudreries du Finistère, qui ne prouvaient cependant qu'une chose : l'influence délétère de l'intrusion de la politique dans les services publics et l'impuissance des Ministres à la réprimer.

impôts dans la population tout entière, conséquence inévitable des répercussions de toute taxe sur les prix d'une foule d'objets, fait retomber en grande partie sur la masse des travailleurs le poids des générosités faites à quelques-uns d'entre eux.

Cette injustice ne procure d'ailleurs même pas à ses auteurs la reconnaissance de ceux qui en profitent : le mécontentement universel du personnel du réseau de l'Ouest, après le rachat, en a été une preuve évidente. C'est qu'en effet, du moment où l'État règle les allocations qu'il accorde à ses agents, non sur l'état du marché de la main-d'œuvre, mais sur l'appréciation qu'il fait arbitrairement de leurs besoins, jamais ceux-ci ne trouveront cette appréciation suffisamment large. Nul ne peut dire que le salaire qu'il faut payer, pour faire vivre convenablement une famille ici ou là, en temps normal, est de 4 ou 5 francs par jour plutôt que de 6 ou 8, et 12 ou 15 francs ne représentent certainement nulle part un bien-être excessif. Si ce qui détermine les traitements n'est plus le salaire reconnu indispensable, d'après les conditions de l'offre et de la demande, pour attirer des agents de qualité Suffisante dans chaque emploi, il n'y a plus aucune raison pour arrêter l'augmentation à tel chiffre plutôt qu'à tel autre quelle que soit la rémunération accordée, ceux qui la reçoivent en réclameront toujours une plus élevée. La faveur n'engendre que l'ingratitude, parce que, étant arbitraire, elle ne peut invoquer aucune bonne raison pour s'arrêter ici plutôt que là. Il n'y a qu'une règle défendable pour la fixation des salaires des agents de l'État : l'égalité entre eux et la masse des travailleurs que l'État n'emploie pas.

L'exagération des salaires, dans quelques emplois n'exigeant aucune capacité spéciale, entraîne d'ailleurs un déclassement du personnel qui constitue un détestable emploi des forces productrices du pays. Quand jadis la Ville de Paris s'est avisée de donner à ses balayeurs un salaire qui, avec les avantages accessoires de fixité de l'emploi, de congés, retraites, etc., constituait une rémunération comparable à celle des ouvriers d'art, on a vu beaucoup de ceux-ci solliciter et conserver des emplois de balayeurs. Il est déjà mauvais de faire d'un ébéniste un balayeur ; de plus, comme on ne peut pas faire d'un balayeur un ébéniste, le pauvre diable qui n'eût réussi à gagner

Clément Colson

sa vie qu'en balayant ne trouve plus d'emploi : il faut alors que le contribuable, qui déjà paie le balayage des rues beaucoup plus cher qu'il ne vaut, paie en outre l'entretien, par l'Assistance publique, des gens incapables d'un travail plus difficile, à qui celui-là devrait revenir et qui l'eussent conservé s'il était moins payé.

La majoration des salaires n'est donc pas sans inconvénients ; mais l'exagération des dépenses des services publics a souvent une autre cause, bien plus dommageable au point de vue de l'intérêt général ; c'est l'insuffisance de la tâche accomplie par chaque agent. Les ouvriers des arsenaux de, l'État ou les cantonniers sont bien loin de recevoir un salaire journalier excessif ; si la besogne qu'ils exécutent revient si cher, c'est que, moyennant ce faible salaire, ils ne font pour ainsi dire rien. Infiniment mieux payés, les travailleurs municipaux de la Ville de Paris ne se fatiguent pas davantage. Le mal n'est pas propre à la France : il nous souvient d'avoir entendu un haut fonctionnaire belge, avec qui nous discutions certaines questions d'exploitation des chemins de fer, résumer ainsi son opinion : « La vérité, c'est que, dans les Chemins de fer de l'État, il y a toujours deux hommes là où il en faudrait un, et les deux font le travail d'un demi ».

Au moment où, dans tous les pays, l'État augmente sans cesse ses attributions, on ne saurait trop signaler la gravité des dangers qu'entraîne cette détestable utilisation de son personnel. Déjà, avant les événements actuels, ces dangers étaient sérieux ; ils seraient extrêmement redoutables, après la diminution du nombre des travailleurs et la destruction de capitaux qu'a entraînées la guerre. L'amélioration du sort de l'humanité, l'augmentation de la quantité et de la qualité des produits que les hommes se partagent, la possibilité de se nourrir et de se loger sainement, celle de consacrer plus de temps à l'instruction dans la jeunesse, aux jouissances intellectuelles dans l'âge mûr, au repos dans la vieillesse, tous les progrès sociaux, en un mot, ont pour condition essentielle la productivité du travail de chacun, pendant les heures qu'il y consacre. En assurant à un certain nombre d'individus un salaire haut ou bas sans qu'ils fournissent un travail équivalent, l'État appauvrit la société tout entière. Le jour où les bras et les cerveaux si mal utilisés représenteraient la majorité des forces productrices d'une nation, cette nation marcherait à grands pas dans la voie de la décadence.

Malheureusement, les services de l'État ne sont pas aujourd'hui les seuls où sévisse ce mal. Parmi les associations qui tiennent une place sans cesse croissante dans la société moderne, il en est dont l'objectif principal semble être de diminuer la production, dans chaque profession, et d'empêcher l'industrie privée d'utiliser mieux que les administrations publiques la force de travail qu'elles emploient. Il nous faut étudier maintenant le rôle de ces groupements, qui tendent de plus en plus à mettre à leur service la souveraineté de l'État.

Chapitre VI
Le syndicalisme et les grèves

Sommaire :
I. L'anarchie et le caractère autoritaire des syndicats révolutionnaires ou réformistes.
II. L'action des syndicats sur la production et sur les salaires ; le succès des grèves.
III. Les dommages causés par les grèves aux patrons, aux ouvriers non grévistes et au public ; la limitation du droit de grève.
IV. L'extension des syndicats, leurs responsabilités et leur régime légal.
V. La grève et le contrat de travail ; le devoir professionnel.

I
L'anarchie et le caractère autoritaire des syndicats révolutionnaires ou réformistes.

Depuis que les révolutionnaires, ennemis jurés de tout ordre et de toute discipline, ont élu domicile en France à la Confédération générale du Travail, qui cherche à centraliser l'action syndicale, non sans succès, l'opinion publique confond souvent l'anarchisme et le syndicalisme. En réalité, tandis que l'anarchisme pur est une conception utopique au point d'être radicalement inintelligible, le syndicalisme intégral est une forme du socialisme, aussi autoritaire que les autres vis-à-vis des individus. La plupart des écoles socialistes veulent confier la gestion de toutes les entreprises et de tous les services à une représentation de la masse des citoyens, qui répartirait les fonctions. et les pouvoirs à son gré ; le syndicalisme en diffère seulement en ce qu'il prétend attribuer à l'ensemble des travailleurs exerçant chaque profession le règlement intérieur de toutes les questions concernant la branche de production correspondante, et conçoit les autorités chargées de trancher les conflits entre ces divers groupes sous la forme de fédérations superposées, jusqu'à la fédération centrale qui constituerait l'État. Comme tous les systèmes où le principe d'autorité est placé dans les groupements élémentaires, le syndicalisme aboutirait sans doute à une tyrannie intolérable dans l'intérieur de chaque groupe et à une véritable anarchie dans les rapports entre les groupes. Cependant, quand on y réfléchit, il ne semble pas qu'à aucun point de vue, même à celui de l'adaptation de la production aux goûts des consommateurs, son fonctionnement soit beaucoup plus difficile à concevoir que celui des autres utopies socialistes.

Si cette mainmise complète sur toute l'activité sociale, s'appliquant aussi bien aux entreprises privées actuelles qu'aux services publics, est certainement le but idéal auquel aspirent beaucoup des meneurs du syndicalisme, il est difficile d'envisager sa réalisation comme un danger prochain. Mais les syndicats, sans renoncer à ces hautes ambitions, élèvent provisoirement des prétentions plus modestes, qui trouvent un appui parmi les partisans des idées interventionnistes. Or, ces idées rallient aujourd'hui, en dehors de leurs partisans sincères, les habiles et les peureux de tous les partis : conservateurs honteux, qui espèrent sauver la société actuelle en faisant la part du feu ; socialistes pratiques, qui consentent à édifier seulement pièce à pièce la société future. De plus en plus souvent, l'extension des droits légaux et des pouvoirs effectifs des syndicats est la forme sous laquelle les uns et les autres tendent à développer l'immixtion de l'État dans les affaires privées. On réclame pour les associations professionnelles le droit de surveiller l'application de la législation du travail, de contracter ou de plaider devant les tribunaux ou devant des arbitres au nom de tous les ouvriers, syndiqués ou non, celui de décider souverainement, le cas échéant, si le travail doit être suspendu ou repris dans telle ou telle industrie. En attendant que leurs pouvoirs, sur tous ces points, soient consacrés par la loi, elles parviennent à imposer leurs décisions par l'intimidation ou la violence, sans que le travailleur qui ne veut pas faire grève puisse compter, Je cas échéant, sur une protection efficace de la puissance publique.

Même quand le syndicat n'aspire qu'à défendre ainsi les prétendus intérêts des employés vis-à-vis des employeurs, nous croyons son action infiniment plus nuisible qu'utile, aussi bien dans les entreprises privées que dans les services publics. Nous ne méconnaissons point les services qu'il peut -parfois rendre, comme l'un des moyens d'assurer pratiquement le contact entre patrons et ouvriers, indispensable et pourtant très difficile à conserver dans la grande industrie moderne aussi bien que dans les administrations. Mais nous sommes profondément convaincu que de vastes associations, vouées par leur étendue même à tendre vers la tyrannie, constituent le plus mauvais des moyens d'entente, et que, d'autre part, comme instruments de lutte, elles ne rendent aucun service réel à leurs adhérents, car elles ne peuvent jamais assurer à ceux-ci, d'une manière durable, des avantages supérieurs à ceux qu'ils eussent obtenus, un peu plus tôt ou un peu plus tard, par le seul effet de la concurrence, dans le fonctionnement régulier de l'organisme économique.

Contrairement d'ailleurs à l'opinion générale, nous croyons depuis longtemps que les inconvénients du syndicalisme tiennent beaucoup moins aux défauts personnels de ses chefs qu'à l'essence de l'institution. Les *trade-unions* anglaises, que l'on cite si souvent comme modèles, en sont un exemple frappant. La sagesse de quelques hommes, à qui d'ailleurs la direction du mouvement échappe de plus en plus, et le sens pratique répandu parmi les Anglo-Saxons ont pu atténuer pour un temps les dangers de cette organisation ; elle n'en est pas moins une des deux grandes causes qui ont fait perdre peu à pou à l'industrie britannique son ancienne prééminence, - l'autre étant la préférence donnée à l'apprentissage pratique sur fit culture générale, dans la préparation du personnel

Clément Colson

dirigeant. Le vice essentiel de tous les syndicats se trouve dans leur principe même, qui est de substituer à des accords entre individus, ou entre groupes restreints, la discussion de revendications collectives des masses, au sein desquelles prévalent toujours, soit la passion aveugle, soit la médiocrité. Dans une élite, l'esprit de corps, qui a toujours quelques inconvénients par son exclusivisme, développe et généralise souvent des qualités éminentes ; dans les masses peu cultivées, il ne peut qu'ériger en vertus les défauts les plus répandus parmi elles, au point de vue professionnel, c'est-à-dire l'envie et la paresse.

À cet égard, la différence que l'on établit si souvent entre les syndicats réformistes et les syndicats révolutionnaires nous paraît bien illusoire, car il n'y a entre eux qu'une différence de méthode et de tempérament, comme le montrent toutes leurs discussions. Les uns et les autres ont, parmi leurs chefs, quelques hommes bien intentionnés (plus naïfs chez les premiers, plus illuminés chez les derniers), associés à beaucoup de beaux parleurs qui ne songent qu'à se faire une situation. Les uns et les autres ont pour objectif de substituer leur domination absolue à la discipline hiérarchique. Bien entendu, les procédés violents des uns appellent des sanctions pénales que ne comporte pas la pression morale par laquelle les autres cherchent à s'imposer à tous les travailleurs. Mais les uns comme les autres tendent surtout à détruire les deux éléments essentiels du progrès économique et de l'amélioration du sort des ouvriers, la sélection et l'ardeur au travail.

II
L'action des syndicats sur la production
et sur les salaires ; le succès des grèves.

Que l'action corporative ait toujours pour but essentiel : 1° d'établir le plus d'égalité possible entre les bons travailleurs et les mauvais, 2° de restreindre la production, nul observateur ayant pris contact avec des groupements de métier n'en peut douter.

Au premier point de vue, il n'est pas contesté que leur objectif essentiel soit la prédominance du salaire au temps sur le salaire à la tâche, celle de l'avancement à l'ancienneté sur l'avancement au choix, enfin la restriction des mesures disciplinaires. S'attachant aux erreurs et aux injustices inévitables, partout où des récompenses et des châtiments sont distribués, tout syndicat, sous couleur d'entourer les unes et les autres de garanties, les limite et les entrave de tout son pouvoir. Il va ainsi à l'encontre de la justice, qui veut que chacun soit traité selon ses mérites, et du progrès, qui ne peut être assuré que par la direction d'élites sans cesse recrutées au moyen de l'élévation des plus aptes et des meilleurs.

D'autre part, le syndicalisme donne à la paresse l'aspect séduisant d'un dévouement à l'intérêt général, en propageant cette idée, radicalement fausse, que la quantité de besogne à effectuer dans le monde est limitée et que l'ouvrier qui en débite plus que sa part réduit un camarade au chômage. La limitation de la production est célébrée comme une vertu et imposée par la force. On voit, sur les chantiers, l'ouvrier habile s'arrêter au bout d'une demi-heure de travail, parce qu'il a posé le nombre maximum de briques que son syndicat autorise, enlevé le cube de terre fixé, abattu la quantité de houille permise. Une fois son apprentissage terminé, dit un écrivain anglais qu'on ne suspectera pas d'idées réactionnaires, Wells, le plombier « s'est consacré à produire le minimum de travail dans le maximum de temps ». Par un renversement singulier de la vieille morale, l'ouvrier estimé et considéré par ses camarades est celui qui ne travaille jamais trop. On conçoit quelle influence peut exercer une pareille mentalité sur l'abondance de la production, qui n'est certes pas le seul élément du bien-être général, mais qui en est au moins une condition nécessaire.

Par la même raison, jointe à l'esprit de routine naturel aux masses, les syndicats ont une tendance à s'opposer à tous les progrès qui peuvent développer la production. « Tout perfectionnement professionnel, en Angleterre du moins, dit encore Wells, se trouve réduit au problème de savoir si les compagnons l'admettront... Si l'Angleterre était seule au monde, je ne vois pas pourquoi chacune des nouvelles industries mécaniques ne resterait pas stagnante à son tour, dès qu'elle se serait développée suffisamment pour constituer un syndicat capable d'entretenir un secrétaire de trade-union. »

Clément Colson

Quelques corporations montrent un esprit moins réactionnaire ; mais elles n'admettent les machines nouvelles que si le tarif des salaires est modifié de manière à réserver aux ouvriers seuls tout le bénéfice à en attendre, de telle sorte, que les patrons n'aient plus aucun intérêt à faire des essais dont tous les risques seraient pour eux et tout le profit, en cas de succès, pour leurs ouvriers.

Enfin, les syndicats ont une tendance naturelle au monopole, qui éteint toute concurrence et étouffe toute liberté. Partout, dès qu'ils sont assez puissants, ils prétendent interdire aux patrons l'embauchage des non-syndiqués et ils persécutent ceux-ci. Ils se réservent en même temps, d'ailleurs, le droit de ne pas admettre comme membres ou d'expulser les ouvriers qui ne se soumettraient pas à toutes les décisions de la majorité, de manière à réduire tout esprit indépendant à mourir de faim. Beaucoup limitent le recrutement de la profession, en fixant la proportion des apprentis tolérés dans chaque établissement ; parfois même on voit reparaître, comme dans les anciennes maîtrises, un privilège attribué aux enfants des membres de la corporation, pour l'obtention de ces postes peu nombreux. Sans doute, un syndicat peut par là amener une pénurie de main-d'œuvre qui, fait hausser les salaires dans les corps d'état où l'organisation du personnel est particulièrement puissante ; mais c'est à la condition de faire refluer vers les autres métiers un excédent de bras qui y fait baisser la rémunération du travail. Il est évident que la limitation ne pourrait être généralisée qu'en réduisant à vivre de la charité publique les prolétaires en excédent, à qui toutes les voies pour gagner leur vie auraient été progressivement fermées ; il en résulterait nécessairement une augmentation des charges de l'assistance publique qui, pour les ouvriers pourvus d'un emploi, compenserait par l'accroissement des impôts la hausse artificielle du salaire.

C'est d'ailleurs uniquement dans la mesure où ils permettent à un groupe limité d'ouvriers d'obtenir des prix de monopole, dans un métier vers lequel plus de travailleurs se porteraient sous un régime de liberté, que les syndicats peuvent agir sur les salaires. L'affirmation de leur impuissance dans tous les autres cas choque à la fois les idées des patrons et celles des ouvriers : ce que les uns redoutent surtout, dans l'action des syndicats, ce que les autres en espèrent, c'est l'augmentation des salaires sous la pression des grèves ou des menaces de grèves. Mais, comme nous avons essayé de le montrer dans le Livre II ci-dessus (page 70), la rémunération de la force de travail est déterminée par son abondance, par celle des capitaux et par leur productivité respective dans un état donné de la technique des arts industriels. Ni les grèves, ni les menaces des syndicats ne peuvent faire que les prix s'écartent d'une manière sensible et durable de la position d'équilibre déterminée par l»état du marché. Elles peuvent hâter un peu la réalisation d'un mouvement de hausse que justifie la situation générale de l'industrie ou la situation spéciale d'une de ses branches et que retardent la coutume, les résistances passives dues aux frottements du mécanisme économique. Elles sont impuissantes à obtenir ce résultat contradictoire, qu'il y ait du. travail pour tous les ouvriers, avec des salaires supérieurs au taux répondant à l'emploi du nombre des bras disponibles, dans les conditions où la production s'effectue à chaque époque ; elles le sont, surtout, à empêcher la concurrence de rétablir ce taux au bout de peu de temps, quand un écart momentané s'est produit par l'effet de l'erreur ou de la violence.

L'expérience, à cet égard, confirme pleinement ce que fait prévoir le raisonnement. Si l'on s'attache aux cas d'espèce, c'est un fait bien connu que les grèves réussissent dans les périodes où la prospérité de l'industrie justifie la hausse des salaires et qu'elles échouent presque invariablement dans le cas contraire. Si l'on examine le mouvement général des salaires, on constate que la hausse continue, qui est de règle depuis près d'un siècle, s'est accentuée ou ralentie par grandes périodes, dans les diverses catégories d'entreprises, non en raison de l'activité syndicale et du nombre des grèves, mais uniquement en raison de l'action variable des influences économiques motivant cette hausse. Dans la première moitié du siècle, l'augmentation des salaires agricoles a devancé celle des salaires urbains, lorsque la valeur croissante des produits d'un sol de plus en plus peuplé amenait Une progression rapide de la productivité du travail rural, mesurée en argent. La hausse des salaires industriels, au moment de l'essor des chemins de fer

Clément Colson

et des usines, a précédé le mouvement syndical en France ; puis elle s'est ralentie juste au moment où la loi de 1884 permettait à ce mouvement de se développer, parce que, vers cette époque, l'élan donné à l'industrie par l'emploi de la vapeur semblait lui-même se ralentir, en même temps que la crise agricole, résultant de la facilité du transport des denrées d'Amérique en Europe, amenait une baisse générale des prix.

Depuis une vingtaine d'années, une nouvelle accélération de la hausse, particulièrement sensible en 1900, en 1907 et en 1911, coïncide avec les progrès plus rapides des syndicats. Le nouvel essor industriel amené par la mise en œuvre de l'énergie électrique, les emplois nombreux offerts au travail par les transformations d'outillage qu'elle exigeait, coïncidant avec une accumulation rapide des capitaux, sont les raisons économiques réelles de l'amélioration marquée du sort des ouvriers. L'action syndicale a certainement accéléré le mouvement, et peut-être même augmenté son ampleur dans certaines branches, comme les travaux publics, où la charge est finalement supportée par les contribuables dont les intérêts sont toujours mal défendus. Mais, si la majoration récente de la plupart des salaires doit se maintenir en partie, malgré son importance exceptionnelle, comme cela semble probable, la véritable explication en sera dans les progrès techniques et dans le développement de l'épargne, auxquels s'ajouterait l'action de diverses causes susceptibles d'amener une hausse générale des prix. Cette hausse doit résulter de l'accroissement énorme de la production de l'or et de la circulation fiduciaire dans le monde entraînant une diminution inévitable de la valeur de la monnaie.

Les meneurs ouvriers s'indignent contre la cherté des denrées, qui rend l'augmentation du salaire réel de l'ouvrier, mesurée d'après la quantité de choses nécessaires à la vie qu'il peut se procurer, inférieure à la hausse de son salaire nominal évalué en argent. Le retour de prix déjà élevés avant la guerre, succédant à une longue période de baisse, présentait en partie un caractère provisoire, puisqu'il avait en partie pour origine la mauvaise récolte de 1910, la sécheresse de 1911, une épidémie de fièvre aphteuse sur les bestiaux. Il tenait aussi en partie à la hausse même des salaires, accroissant à la fois le nombre des demandeurs des denrées de qualité supérieure, dont la quantité ne peut augmenter que lentement, et le prix de revient de toutes les productions. Bien entendu, il faut faire abstraction de la hausse colossale résultant du trouble apporté dans toutes les branches de la production par une guerre d'une étendue sans précédents. Si, quand elle aura pris fin, le nouvel équilibre des prix tend à s'établir d'une manière durable à un niveau très supérieur à celui que l'on constatait il y a quinze ans, la cause en sera certainement d'origine monétaire. L'amélioration du sort de l'ouvrier restera, en tout cas, définitivement réglée par l'état du marché ; ce qu'elle avait eu d'artificiel au premier moment disparaîtra, soit par un recul du salaire nominal, soit par une diminution durable de son pouvoir d'achat. Loin de constituer un effet de l'action syndicale, contraire à tous les précédents historiques comme à la théorie, les derniers faits constatés dans un état normal étaient une simple application des lois du mouvement général des prix.

En réalité, toujours et partout, ce qui oblige les patrons à consentir des augmentations de salaires qui ne soient pas purement provisoires, c'est la nécessité de payer des prix répondant à l'état du marché, pour obtenir les concours dont ils ont besoin. Cette nécessité a engendré la hausse considérable des gages des domestiques, sans que ceux-ci aient été obligés de se syndiquer pour l'obtenir, - exactement comme le manque de candidats pour les postes de début dans les tribunaux obligera l'État à améliorer la situation matérielle et les conditions d'avancement des magistrats, s'il ne veut pas être réduit à les recruter uniquement parmi les fruits secs du barreau et de la politique.

Le fait que les grèves ne réussissent d'une manière durable que dans les cas où les sacrifices demandés aux patrons se seraient imposés à eux sans conflit, à brève échéance, par le simple jeu de l'offre et de la demande, montre le caractère illusoire des calculs produits si souvent sur la comparaison entre les avantages obtenus par les ouvriers, grâce aux grèves, et les pertes à eux imposées par le chômage volontaire qu'elles entraînent : dans cette comparaison, il n'y a qu'un des deux termes qui soit sûrement un effet de la grève, c'est le chiffre des pertes.

III
Les dommages causés par les grèves aux patrons, aux ouvriers
non grévistes et au public ;
la limitation du droit de grève.

Ce chiffre est souvent énorme ; mais, tant que les portes n'atteignent que ceux qui ont cru avoir intérêt à faire grève, c'est eux seuls que cela regarde. Le malheur, c'est que des dommages souvent aussi graves sont causés à trois autres catégories de personnes : les patrons, les ouvriers qui voudraient travailler, enfin les tiers dont la vie est troublée par l'arrêt d'une industrie. Le manque de protection légale, pour ces victimes des grèves, est certainement un des plus graves, parmi les désordres qui apparaissent dans les sociétés modernes.

En ce qui concerne les patrons, on peut dire qu'eux aussi chôment volontairement, dans une certaine mesure, puisqu'ils ont le choix entre subir la grève ou accéder aux demandes des grévistes. Il est d'ailleurs dans la nature des choses que quiconque entreprend une œuvre comportant le concours d'autrui subisse les conséquences du défaut d'accord sur les conditions dans lesquelles le contrat sera continué, ou renouvelé s'il a été légalement dénoncé. Le dommage causé aux patrons par l'arrêt du travail ne saurait donc motiver une restriction du droit de grève. Mais au moins faudrait-il garantir, pendant le conflit, leur sécurité et celle de leurs biens. On sait de quelle tolérance usent les autorités, en présence des menaces proférées par les grévistes contre les chefs d'industrie, des manifestations qui dégénèrent si facilement en violences atteignant leurs personnes et leurs biens, du sabotage qui ruine leur outillage, - et avec quelle sévérité, au contraire, sont envisagées les mesures préventives de défense trop rarement prises par quelques patrons, pour peu qu'un des misérables qui les menaçaient de mort ou de pillage se trouve atteint.

Ce qui est plus étonnant encore, c'est de voir des juristes sérieux considérer le tort causé aux employeurs, non comme une conséquence regrettable de l'usage fait par les ouvriers de leurs droits, mais comme un but légitimement visé par ceux-ci et même générateur pour eux de droits nouveaux. Il arrive fréquemment que le législateur ait à se demander si certaines actions, licites pour les particuliers malgré le tort causé à des tiers, deviennent ou non illicites quand elles prennent, par une entente, un caractère de généralité propre à aggraver singulièrement ces dommages ; la réponse affirmative était jadis appliquée à la cessation concertée du travail. On a très justement enlevé à celle-ci le caractère de délit ; mais aujourd'hui, par un singulier renversement des principes, des jurisconsultes enseignent que l'entente établie entre les grévistes suffit à les libérer de leurs obligations individuelles. Par exemple, un ouvrier isolé ne peut pas, en principe, quitter son patron sans observer le délai-congé ; on entend dire, pourtant, que la grève peut légitimement éclater sans préavis, parce qu'autrement le patron pourrait prendre ses précautions pour atténuer le dommage qui doit l'amener à capituler. Ainsi, *l'animus nocendi,* qui rend souvent illicites des actes permis en eux-mêmes (c'est là le fondement d'une des plus intéressantes théories juridiques modernes, celle de *l'abus du droit)* autoriserait ici la violation d'un contrat non régulièrement dénoncé.

De même, l'abandon d'un service, avec refus de le reprendre à moins que les conditions du contrat de travail antérieur ne soient modifiées, semblerait à première vue constituer le mode le plus énergique de dénonciation de ce contrat ; tout le monde l'interpréterait ainsi dans une espèce individuelle. Mais en cas de grève, dit-on souvent, il y a suspension et non rupture du contrat de travail, parce que le *but* de l'ouvrier n'est pas de quitter l'usine ; c'est d'y rester en obtenant une augmentation du salaire qu'il y gagne. Cette application de la *direction d'intention,* pour échapper aux responsabilités encourues, aurait sans doute frappé d'admiration les casuistes si justement flétris par Pascal,

En ce qui concerne les *ouvriers,* tous les partisans modérés des libertés syndicales déclarent le droit d'un seul homme qui veut travailler aussi sacré que le droit de grève de tous les autres. Mais, aux yeux des syndiqués, quiconque ne croit pas à l'efficacité du mouvement et ne veut pas s'y associer est considéré comme un traître, contre qui tout est permis. Pourvu que l'on prenne le prétexte d'une prétendue propagande pacifique, la police désarmée tolère toutes sortes de mesures d'intimidation et de menaces, d'autant plus efficaces qu'elles sont trop souvent suivies d'effet. La persuasion exercée par des centaines d'hommes ameutés, poursuivant de leurs huées ceux qui n'obéissent pas à leurs injonctions, conduit nécessairement aux sauvageries de la *chasse aux renards,* aux violences exercées sur les femmes et les enfants des récalcitrants, véritables retours à la barbarie dont nous avons été trop souvent témoins. Ce n'est même pas toujours la majorité qui malmène ainsi une minorité dissidente. Quelques bandes de grévistes, auxquelles se mêlent des apaches et des bandits, suffisent pour terroriser un nombre très supérieur d'ouvriers paisibles ; ceux-ci, en effet, occupés par leur travail, dépourvus d'armes, dispersés sur les chantiers, ne sont pas de force à tenir en respect des malfaiteurs organisés et outillés pour la bataille, plus conforme à leurs goûts que le travail, et toujours prêts à se porter en masse sur le point où ils savent la résistance impossible.

Une législation draconienne contre les fauteurs de désordre pourrait seule réprimer l'anarchie qu'ils organisent ; mais on n'applique même pas des lois déjà insuffisantes. Le respect pour les gréviculteurs est tel, qu'on a vu parfois des gouvernements laisser en liberté, afin de ne pas paraître entraver la propagande, des individus coupables de véritables délits de droit commun, -tandis que les gendarmes qui avaient usé de leurs armes pour défendre leur vie étaient envoyés devant un conseil de guerre. Peu de temps avant la guerre, le gouvernement anglais informait les patrons que, faire venir des ouvriers non syndiqués et manquant d'ouvrage, pour exécuter le travail refusé par les grévistes, constituerait vis-à-vis de ceux-ci une provocation en présence de laquelle il ne pourrait plus maintenir l'ordre 1

Les torts causés à *des tiers* par les grèves sont peut-être le point le plus difficile à régler. A notre avis, c'est là, et non dans une distinction de pure forme entre les services publics et les entreprises privées, qu'il faut chercher une base de distinction entre les grèves licites et les grèves illicites.

Les *droits* reconnus à chaque individu sont limités par le respect dû aux *droits d'autrui* ; souvent même, dans une société policée, l'atteinte qui serait portée indirectement à de simples *intérêts,* si elle est suffisamment grave, conduit à restreindre l'usage de certains droits. En dépit de l'adage : *qui jure suo utitur neminem ledit,* la liberté dont je dispose chez moi ne va pas jusqu'à y jouer du cor de chasse au milieu de la nuit ; le droit, reconnu à chacun, de marcher ou de s'arrêter dans la rue n'autorise pas des attroupements à y interrompre la circulation. Or, toute grève trouble nécessairement l'existence d'une foule d'individus parfaitement étrangers au conflit qui la motive, et peut aller jusqu'à la compromettre. La statistique des grèves indique chaque année le nombre des journées perdues par des travailleurs n'ayant nul désir de chômer, parce que le manque de matières premières, de combustibles ou de moyens de transport, résultant de l'arrêt du travail ailleurs, rendait impossible la marche des usines qui les employaient. Les clients de l'industrie en chômage pâtissent tous plus ou moins de ce chômage. À quel moment leur situation peut-elle devenir assez grave pour que l'arrêt collectif du travail prenne un caractère de calamité publique, justifiant l'interdiction légale de la grève ? Là est la question vraiment délicate.

En général, pour tous les services qui peuvent être organisés sous la forme d'entreprises privées en concurrence les unes avec les autres, pour tous les produits qui peuvent être achetés au loin si on ne les trouve plus sur place, la grève impose une certaine gêne et des dépenses aux consommateurs ; elle ne compromet pas leur existence. Le charbon que ne fournit plus un bassin houiller en proie à une grève locale peut être tiré d'un autre bassin ; même l'arrêt de la boulangerie dans une ville n'obligerait les habitants qu'à payer leur pain plus cher et à le manger moins frais, si les transports n'étaient pas interrompus. Mais il existe un nombre sans cesse croissant de services qui constituent des organisations d'ensemble et dont la transformation en services publics nationaux ou municipaux, administrés en régie ou concédés, est le résultat nécessaire de leur nature technique : tel est le cas des distributions d'eau, de gaz, d'énergie électrique, des transports par chemins de fer. Toute interruption de ces services, dans une localité, y implique un arrêt partiel de la vie de tous et peut, en se prolongeant, devenir un désastre. Déjà, dans beaucoup de pays, la loi interdit la grève à leur personnel ; il est prodigieux que l'interdiction ne soit pas universelle et absolue, non seulement pour ces services publics, mais aussi pour tous ceux qui intéressent la défense nationale ou la sécurité publique.

On dit, il est vrai, qu'une interdiction légale serait purement illusoire, parce qu'on ne peut pas appliquer des pénalités à des milliers d'hommes. Sans doute, on ne peut pas plus les poursuivre tous qu'on ne peut conduire au poste tous les passants qui constituent un attroupement. Mais la loi interdisant la grève, dans les services publics mentionnés plus haut, permettrait de sévir contre ses organisateurs et contre tout gréviste se dérobant à une injonction directe et personnelle de reprendre son poste. Au point de vue moral, d'autre part, l'interdiction ne serait pas sans effet : dans la dernière grève des chemins de fer avant la guerre, en France, on a vu de très braves gens suivre le mouvement, parce que des voix autorisées avaient proclamé sa légalité ; beaucoup d'entre eux n'eussent pas cédé à des excitations qu'au fond ils n'approuvaient pas, s'ils avaient pu se retrancher derrière une prohibition formellement inscrite dans les lois.

Même dans des industries privées, une grève peut, par son étendue, risquer d'affamer la population, d'arrêter la vie industrielle. Plus d'une fois, les grèves des mineurs ont failli devenir, pour l'Angleterre, de véritables calamités publiques. Souvent, l'excitation causée par une grève prolongée a fini par entraîner de véritables émeutes. Il faut donc qu'une autorité publique ait qualité pour interdire soit certaines manifestations, soit la grève elle-même, si elle devient un péril public. Aux États-Unis, les tribunaux peuvent, par une injonction, interdire des actes habituellement licites, lorsque des circonstances particulières les rendent dangereux pour la sécurité publique ; quiconque passe outre à cette prohibition encourt des pénalités graves pour mépris de l'autorité du juge, *contempt of court*. L'usage de ce pouvoir a permis souvent de couper court à des agitations très dangereuses, en arrêtant par la crainte de sanctions pénales, quand ils devenaient périlleux, des mouvements qu'on ne saurait interdire d'une manière générale et absolue. Un droit de ce genre, placé entre les mains d'une autorité judiciaire indépendante, est une sauvegarde indispensable, depuis que l'extension, des fédérations de métiers donne à certaines grèves tant de développement. Cependant, loin de l'étendre dans d'autres pays, une loi est intervenue, aux États-Unis, pour en restreindre les applications en cas de grève.

L'interdiction devrait même s'appliquer d'une manière générale et absolue aux grèves dites *de solida*rité, dans lesquelles les ouvriers d'une corporation chôment totalement ou refusent d'assurer certains services, non par suite de désaccord avec leurs patrons, mais pour rendre plus efficace la grève d'une autre corporation, en rendant la situation intolérable au public ; frapper Paul pour obliger Pierre à céder n'est jamais un usage légitime de la liberté. À plus forte raison, tout obstacle mis à la circulation des denrées ou des combustibles destinés à remplacer, dans la consommation, ceux que les grévistes ne produisent plus, devrait être sévèrement réprimé ; un acte qui n'atteint que les tiers ne peut être considéré Comme une forme légitime de la lutte des ouvriers contre leurs patrons. Le législateur qui impose aux chemins de fer, avec raison, l'obligation de transporter toutes les marchandises sans faire aucune distinction suivant leur provenance, ne saurait tolérer une grève, comme celle des chemins de, fer irlandais, motivée par ce fait que les compagnies ne consentaient pas à cesser de recevoir les expéditions d'un entrepreneur en conflit avec son Personnel.

Par contre, il est des services d'État dont la suspension ne peut entraîner aucun dommage public et où dès lors il n'y a nul motif d'interdire la grève. Quand les allumettiers, qui ont déjà extorqué aux contribuables des salaires invraisemblables et qui ne supportent aucune discipline, se mettent en grève, l'État trouve grand bénéfice à s'approvisionner à l'étranger pour la vente ; on ne pourrait que remercier le personnel de cette industrie ruineuse, s'il lui en rendait l'exercice définitivement impossible et s'il l'obligeait, par ce moyen, à percevoir l'impôt sous une forme moins coûteuse.

Clément Colson

Ainsi, ce qui nous paraît justifier vraiment la limitation du droit de grève, ce n'est pas la qualité publique ou privée du patron, c'est la gravité du préjudice causé aux tiers. Or, cette gravité provient presque toujours de l'impossibilité, pour la clientèle, de suppléer à l'arrêt d'un service, -impossibilité qui peut elle-même avoir deux causes : la nécessité d'une organisation d'ensemble, comme celle qu'exige le fonctionnement des chemins de fer ; l'étendue de la grève, si elle englobe un pays tout entier ou si elle tend même à prendre un caractère international, comme le cas s'est présenté pour les gens de mer.

IV
L'extension des syndicats, leurs responsabilités et leur régime légal.

À cet égard, la fédération de tous les syndicats d'une même profession donne aux conflits une extension qui, vraisemblablement, finira par les rendre intolérables. Les ententes généralisées d'un côté imposent. des ententes analogues de l'autre. Pour assurer le succès de leurs revendications, les ouvriers ont imaginé les grèves par échelons, dans lesquelles chaque usine était mise à son tour en chômage, tandis que son personnel était entretenu par les cotisations des camarades continuant à travailler ailleurs ; les patrons ont dû répondre, alors, au moyen d'organisations de défense et du lock-out, coupant la source des subventions aux grévistes par l'arrêt général du travail dans un métier. Les vexations imposées par le syndicat des matelots aux officiers de la marine marchande a obligé ceux-ci à se syndiquer à leur tour. Enfin, les bons ouvriers, las de se voir sans cesse obligés de chômer, ne trouvent d'autre moyen de se grouper contre les syndicats rouges-que de constituer des syndicats jaunes. Ainsi se dressent de tous côtés des groupements prêts à la lutte. Comme au temps du Moyen Age, regretté par beaucoup d'amis des corporations, l'absence de discipline centrale se traduit par une organisation tendue tout entière vers les guerres privées.

Nous ne saurions voir, quant à nous, ni un développement de solidarité dans les groupements ainsi créés, ni une manière d'assurer la direction aux meilleurs dans l'élection de leurs chefs.

Il faut qu'un groupe d'hommes soit singulièrement éclairé, peu nombreux et dégagé de passions, pour que l'élection appelle à sa tête les plus sages et les plus modérés. Pour obtenir les suffrages des membres d'un groupement professionnel, il faut établir des listes de revendications ; pour les conserver, il faut d'abord prouver qu'on a obtenu quelque chose, puis remplacer par des revendications nouvelles celles qui ont reçu satisfaction. Cette nécessité de formuler toujours des exigences plus grandes pèse sur les chefs d'une association d'industriels ou de vignerons, comme sur les élus d'un syndicat d'ingénieurs ou d'ouvriers. Un syndicat jaune ne se fait pardonner de ne pas insulter les patrons qu'à la condition de leur demander autant que les rouges, et d'obtenir davantage.

L'aspect des élections politiques ne nous autorise d'ailleurs guère à croire que les choix résultant d'un mode de suffrage quelconque iront en s'améliorant. Il semble au contraire que, plus un mode d'élection est ancien, plus l'organisation savante des comités et les exigences des électeurs obligent quiconque veut affronter la lutte à dépenser sans compter son temps et son argent, à subir des compromissions et à participer à des surenchères rendant impossible aux hommes indépendants, honorables et occupés, la lutte contre les candidats pour qui le mandat est une carrière. Il faut bien subir ces inconvénients en matière politique puisqu'aucun des procédés autres que l'élection, employés ou proposés pour désigner les chefs d'État, n'est ni rationnellement défendable, ni pratiquement préférable. Mais du moins ne faut-il pas étendre sans nécessité le champ d'action de l'État, ni celui des corporations qui souffrent des mêmes difficultés que lui et qui engendrent un effroyable gaspillage de forces, par les luttes constamment engagées, tantôt entre elles, tantôt à l'intérieur de l'une ou de l'autre.

Il faut reconnaître qu'il n'est pas aisé de tracer la ligne de conduite à suivre pour arrêter cette cause redoutable de désorganisation sociale. Pas plus vis-à-vis des syndicats que vis-à-vis des congrégations religieuses, la connaissance des dangers à attendre de leur multiplication excessive et de leur influence abusive n'autorise l'atteinte à la liberté que comporte une interdiction absolue. Ce qu'il faut, c'est organiser la responsabilité morale, civile et pénale de tous les groupements, non seulement quand ils se présentent sous une des formes prévues par la loi, mais aussi quand ils n'ont qu'une existence de fait et sont dirigés par des individus qui se sont désignés eux-mêmes. Ce dernier cas est fréquent, par exemple pour les comités de grève, constitués par les impatients qui refusent de se soumettre à l'autorité des chefs expérimentés des syndicats et qui sont plus écoutés qu'eux au moment de la crise. Or, ce n'est pas chose facile d'établir pratiquement des responsabilités pour les institutions régulières, et à plus forte raison pour les autres.

La première difficulté est de faire voter les mesures nécessaires, dans un pays où les membres des syndicats ont acquis une influence électorale suffisante. Tous les parlements contemporains montrent combien cette difficulté est grave, même pour les dispositions les plus justifiées. Par exemple, il semble élémentaire que, du moment où une association prétend parler au nom d'un certain nombre d'individus, quiconque a une difficulté avec elle puisse constater de qui elle se compose ; or, en France, personne jusqu'ici n'a osé présenter une loi exigeant que la liste des syndiqués fût tenue à jour et communiquée aux tiers ayant un intérêt légitime à la connaître. En Angleterre, par une de ces anomalies qui ne choquent point l'esprit anglo-saxon, on a pu dire longtemps que les trade-unions avaient la personnalité morale pour assigner en justice leurs débiteurs, mais non pour être assignées. Un arrêt de la Cour suprême ayant modifié la jurisprudence, en condamnant un syndicat ouvrier à payer certains dommages-intérêts à la suite d'une grève, une loi est intervenue, en 1906, pour interdire aux tribunaux de connaître d'aucune action en indemnité intentée contre une trade-union ou contre ses membres, à raison de dommages causés par l'association. Cette loi, érigeant en principe le déni de justice, a été votée par la Chambre des Communes à la presque unanimité ; les conservateurs, maîtres de la majorité à la Chambre des Lords, n'ont pas cru que l'intérêt de leur parti permit à cette Chambre de la rejeter, comme elle en avait encore le droit absolu à cette époque.

Chez nous, la même question ne se pose pas. Les associations ouvrières ne redoutent guère, en effet, les responsabilités civiles, car la plupart d'entre elles n'ont aucune ressource sur laquelle puisse être poursuivi le recouvrement des indemnités auxquelles elles seraient condamnées, et beaucoup tiennent systématiquement leur caisse vide. Puisqu'elles prétendent entrer en relations juridiques avec des tiers, au moins faudrait-il qu'elles fussent tenues d'avoir une comptabilité régulière ; cela permettrait à, leurs créanciers d'appliquer pratiquement la règle de droit commun en vertu de laquelle il leur appartient d'exercer les actions de leur débiteur, et de se faire-payer en recouvrant sur les membres inscrits les cotisations arriérées, toujours très nombreuses.

Il faudrait également, si l'on prétend inciter les patrons à conclure des accords collectifs avec les représentants des ouvriers, trouver un moyen d'établir une sanction pour le cas fréquent de violation de ces accords par les ouvriers. Il est inadmissible que des contrats soient passés, auxquels nul patron participant ne pourra jamais manquer sans être condamné à des dommages-intérêts, tandis que les ouvriers seront libres de violer individuellement ou de renier collectivement les engagements pris par leurs délégués, sans qu'aucun recours soit possible. Si l'on ne trouve pas de sanction civile, qu'on établisse une sanction pénale ; mais il faut en instituer une.

La difficulté d'arrêter par des mesures répressives des agitations grévistes mettant en mouvement des milliers d'hommes n'est pas, nous l'avons déjà dit, une raison suffisante pour justifier l'abdication du législateur et de la police. Il est facile d'interdire et ensuite de réprimer, dès qu'elles se produisent, les mesures tendant à organiser la grève dans les services qui, par leur nature, ne peuvent cesser de fonctionner saris que la sécurité publique soit compromise. Dans les autres entreprises, il -est possible aussi d'arrêter, par des injonctions judiciaires, l'organisation des grèves dont l'étendue compromettrait la vie nationale. En tout cas, il est inadmissible que l'on tolère en permanence la propagande révolutionnaire qui, sous prétexte de préparer l'émancipation des travailleurs, constitue une excitation quotidienne à des crimes et à, des délits de droit commun. Des interdictions légales ou judiciaires, même quand les sanctions pénales sont difficiles à appliquer, ont au moins pour effet de mettre en relief, aux yeux des ouvriers honnêtes et respectueux des lois, le caractère délictueux des actes auxquels on leur demande de s'associer.

V
La grève et le contrat de travail ;
le devoir professionnel.

En dehors de ces cas spéciaux, et même en vue de ces cas, ce qui importe surtout, c'est de rétablir dans les esprits une conception sensée des rapports entre employeurs et employés. En reconnaissant le droit de grève, c'est-à-dire en enlevant tout caractère délictueux, en droit commun, à la cessation concertée du travail, le législateur n'a nullement obligé les employeurs à conserver dans leur personnel les organisateurs d'une grève, ni à embaucher de nouveau, quand elle a pris fin, les agents qui y ont participé. La vraie défense sociale contre l'abus des grèves, aussi bien dans les services publics que dans les entreprises privées, c'est le droit de révocation ou de renvoi qui appartient toujours à l'employeur. Il est inadmissible que l'État, tenu d'assurer la régularité des services publics, n'use pas de ce droit en ce qui le concerne ; il est plus inadmissible encore qu'il intervienne, comme il le fait saris cesse, pour empêcher les industriels d'en user.

Peut-on concevoir un usage plus destructeur de toute discipline, de toute dignité, de toutes bonnes relations entre employeurs et employés, que celui de conserver dans le personnel d'une administration, d'une compagnie de chemin de fer ou d'une usine, des agents participant chaque jour à des réunions publiques où on injurie leurs chefs, où on les traite d'exploiteurs, voire même de menteurs et de voleurs ? 'fous les ministères ont soutenu, avec grande raison, qu'ils n'introduisaient pas la politique dans l'administration quand ils interdisaient à leurs agents de participer à des manifestations hostiles à la République ou de se répandre en attaques contre son Président et ses ministres : un honnête homme ne peut pas, à la fois, collaborer au fonctionnement d'une institution et travailler à sa destruction violente. Il est scandaleux que la même règle ne soit pas appliquée quand c'est la lutte des classes, au lieu de la lutte des partis, qui motive les manifestations hostiles aux chefs et les violences de langage contre eux. Personne ne peut espérer qu'un service public ou privé marchera d'une manière tolérable, si ses agents ne sont pas habitués à garder une attitude décente et respectueuse vis-à-vis de leurs chefs. Les injures et les menaces préparent les attentats et les pillages. Pour maintenir au fond la discipline indispensable au bon fonctionnement de toute entreprise, il faut l'exiger d'abord dans la forme.

Or, pour réprimer les infractions les plus graves, le renvoi est une arme infiniment plus efficace que toutes les sanctions pénales. Elle est efficace surtout dans les grandes administrations, comme les services publics et ceux des compagnies de chemins de fer, peuplées d'hommes qui y sont entrés parce qu'ils recherchaient avant tout la sécurité, l'avancement régulier, une retraite convenable. Puisque c'est dans ces administrations que la grève est le moins tolérable, à cause de l'impossibilité où est le public de recourir à l'industrie privée pour obtenir les services que les grévistes lui refusent, il faut y appliquer la seule vraie mesure répressive, la révocation. Les compagnies de chemins de fer ont rendu à la France, après la grève de 1910, un service dont on ne leur saura jamais assez gré, en se refusant, malgré les promesses et les menaces, à réintégrer les agents révoqués. Le gouvernement qui a fini par reconnaître leurs droits, à cet égard, a fait plus pour la paix publique que s'il eût présenté les lois les plus draconiennes contre le sabotage. Le réseau d'État et sa clientèle ont constaté ce que coûte l'adoption de la ligne de conduite opposée. L'expérience a montré aussi combien avaient raison ceux qui soutenaient que le syndicat des agents de chemins de fer s'effondrerait de lui-même, le jour où les pouvoirs publics cesseraient de lui donner l'appui d'où il tirait toute son autorité vis-à-vis des travailleurs consciencieux, qui constituent l'immense majorité du personnel des voies ferrées ; ceux-ci englobaient, en effet, dans un égal mépris les soi-disant réformateurs et les révolutionnaires qu'on a vus, au lendemain de la grève, laver leur linge sale en Congrès. Il a fallu, pendant la guerre, que te ministère des Travaux publics lui-même usât de tous les moyens de rendre quelque prestige au syndical, pour rétablir son influence sur les agents.

Clément Colson

La première chose à faire, pour arrêter l'œuvre de désorganisation sociale des syndicats, c'est de remettre en honneur le dévouement au service et le devoir professionnel. Pendant longtemps, l'une des notions essentielles de la morale a été l'obligation, pour chacun, de faire avec zèle et dévouement le métier qu'il a choisi. S'il y a un cas où le mot solidarité soit à sa place, c'est bien pour désigner le lien qui unit les collaborateurs de tout rang d'une même entreprise ou d'une même administration, et plus encore celui qui existe entre eux tous et le public fondé à compter sur leur concours. Il est douloureux de voir combien cette notion va en s'atténuant, combien se perd l'idée que la journée de travail ne doit pas être terminée brusquement, le congé pris sans rémission, la boutique fermée à l'heure juste, si une nécessité imprévue ne permet pas de partir sans laisser un besoin en souffrance. Il est révoltant de voir un ouvrier organiser la rainé et la destruction de l'entreprise où il travaille et passer la soirée à insulter publiquement les chefs avec qui il collaborait quelques heures plus tôt. Il est scandaleux que des actes de violence obligent à fermer sa boutique le pharmacien qui vend des médicaments indispensables à, l'heure où les autres ont libéré leur personnel. Il est démoralisant d'entendre louer comme des réformateurs modérés des hommes qui ne prêchent pas eux-mêmes le crime, mais qui renforcent par l'autorité de leur présence des associations et des congrès où l'on discute sérieusement le sabotage, c'est-à-dire le vol et la trahison aboutissant parfois à l'assassinat.

Les entreprises qui ne tolèrent pas cette attitude chez leurs agents ne sont pas seulement dans leur droit ; elles accomplissent un devoir social. Les pouvoirs publics accompliront le leur, en cessant de se montrer neutres ou sympathiques devant les groupements ayant pour objet de propager l'idée que le devoir professionnel consiste à ruiner les œuvres que l'on s'est engagé à servir. Sans doute, la guerre a amené dans la lutte des classes une trêve que nous voudrions voir se transformer en paix définitive ; mais, quand on entend les chefs les plus autorisés du socialisme annoncer leur ferme intention de rouvrir les conflits intérieurs sitôt l'ennemi extérieur vaincu, quand on voit des meneurs provoquer la grève en pleine bataille dans les usines fabriquant canons et munitions, prétendre soustraire les ouvriers mis en sursis d'appel pour ce travail au devoir de retourner au front dès qu'on n'a plus besoin d'eux à l'atelier, il faut bien rappeler les conditions essentielles de toute vie sociale régulière.

Chapitre VII
L'État et les producteurs

Sommaire :
I. Les syndicats patronaux.
II. Les cartels et les contingents.
III. L'organisation artificielle de la production sous le contrôle de l'État.

I
Les syndicats patronaux.

Dans la première édition du présent ouvrage, en 1911, nous n'avions eu à signaler, à côté des désordres nés du syndicalisme ouvrier, aucun obstacle apporté au fonctionnement de l'organisme économique par des associations d'entrepreneurs. Depuis lors, la prolongation de la guerre a développé des conceptions tendant à substituer à ce fonctionnement une prétendue organisation que l'État imposerait aux producteurs, en les contraignant à s'associer pour limiter, c'est-à-dire pour étouffer la concurrence. Nées en Allemagne, ces idées se sont répandues en France, en Angleterre et paraissent gagner les États-Unis. Elles constituent un danger dont on ne saurait exagérer la gravité. Puisse le chapitre que nous y consacrons avoir perdu tout intérêt une fois la paix rétablie !

Ce n'est point sous la forme syndicale que les associations en question seraient organisées. Les *syndicats patronaux* ont toujours existé, comme groupements d'études intéressant la profession et de propagande des idées favorables à ses progrès. Ils ont pris plus d'étendue et d'activité, pour résister aux menaces de la lutte des classes et pour satisfaire à certaines lois cherchant, dans des rapports entre les représentants des collectivités d'employeurs et d'employés, un instrument de paix, - malheureusement - voué à l'impuissance tant que les désordres signalés au précédent chapitre seront tolérés. Ils n'en ont pas moins gardé le caractère d'associations libres, ne restreignant en rien l'initiative de leurs membres.

Quelques-uns de ces syndicats ont, il est vrai, contribué à entraver sur un point le libre jeu des lois économiques, en sollicitant constamment des mesures de protection douanière ; ces mesures restreignent, en effet, la division naturelle du travail entre les nations et ralentissent le développement du bien-être général, en obligeant chaque pays à s'adonner aux productions auxquelles répugnent son climat, son sol, son sous-sol ou son génie, au lieu d'obtenir ce qu'il est incapable de produire avantageusement par voie d'échange avec les richesses qu'il est le plus apte à fournir. Il est à prévoir que les droits protecteurs se développeront après la paix, car l'opinion, frappée par les effets de la guerre sous-marine, tend partout à confondre l'idée très juste qu'un pays ne doit pas dépendre de l'étranger pour les produits indispensables à ses armées, avec l'idée absurde qu'il doit être organisé de manière à se suffire pendant une lutte de plusieurs années. Les protectionnistes invoquent, à l'appui de leur thèse, les difficultés alimentaires avec lesquelles l'Angleterre est aux prises, parce qu'elle ne s'était pas organisée de manière à nourrir à peu près complètement sa population avec les produits de son sol ; ils oublient que, si les Iles Britanniques avaient adopté cette politique, elles pourraient aujourd'hui avoir tout au plus 25 à 30 millions d'habitants misérables, et seraient dépourvues des ressources industrielles et maritimes qui leur ont permis de jouer un rôle si important dans la guerre actuelle.

Nous sommes donc convaincu que les syndicats patronaux, quand ils soutiennent les idées protectionnistes, sont en opposition avec les intérêts généraux des consommateurs et du pays. Cependant, tant que la libre propagande reste leur seul moyen d'action, on ne saurait voir en eux un instrument de trouble et une atteinte aux droits d'autrui.

II
Les cartels et les contingents.

C'est sous une forme toute différente que des groupements d'industriels se constituent pour atteindre des buts analogues à ceux que poursuivent les syndicats ouvriers : relever les prix et, souvent, restreindre la production dans ce but. Des coalitions de producteurs se sont constituées dans tous les pays à cet effet ; elles se sont surtout développées en Allemagne, sous la forme de cartels qui établissent des accords d'une durée limitée entre des entreprises gardant leur individualité propre, et aux États-Unis, sous celle de trusts assurant une direction commune à de nombreuses sociétés dont les actions sont en majorité dans les mains d'un même groupe financier. La législation américaine poursuit de ses rigueurs ces ententes, qu'elle considère comme dirigées contre les intérêts généraux du pays, par la restriction apportée à la concurrence. Le gouvernement allemand, au contraire, a favorisé des organisations qui lui paraissaient capables d'atténuer les crises industrielles et de développer l'exportation. À ces deux points de vue, on a singulièrement exagéré les dangers ou les avantages qu'elles présentent, tant que le législateur n'intervient pas pour constituer un véritable monopole à leur profit.

L'expérience montre, en effet, que jamais ces groupements n'arrivent à englober la totalité des producteurs entre qui la concurrence pourrait s'établir, sauf pour les produits naturels très rares, comme le platine, ou pour les services qui, à raison de leur nature même, ne peuvent être rendus que par une entreprise installée sur un certain emplacement, comme le transport par chemin de fer entre deux localités. Dans tous les autres cas, il subsiste toujours, en dehors des coalitions, des entreprises libres, qui peuvent leur faire concurrence ; n'y en eût-il plus, il pourrait s'en établir chaque jour. On dit bien qu'une coalition puissante est maîtresse de ruiner toute tentative de concurrence, en vendant à perte, au besoin, jusqu'à ce qu'elle lui ait enlevé tout ses débouchés. Mais, plus un groupement est important, plus les pertes qu'il doit s'infliger pour atteindre ainsi son but sont graves. En fait, il est toujours obligé de laisser subsister les entreprises indépendantes qui ne veulent pas s'entendre avec lui, et d'ouvrir ses portes à celles dont le désir est de prendre place dans ses rangs.

Clément Colson

Dans ces conditions, comme nous l'avons expliqué ci-dessus (page 84) les coalitions n'arrivent pas plus à fausser les prix et à rançonner la clientèle qu'un syndicat ouvrier ne peut relever les salaires, même par des grèves (voir page 258). Un cartel ne peut établir des prix de monopole que quand un droit de douane très élevé ferme aux étrangers un marché trop étroit pour laisser place à de nombreuses entreprises, - exactement comme un syndicat ne peut procurer des salaires anormaux aux ouvriers d'une profession que si la faiblesse des pouvoirs publics lui permet de fermer l'accès de cette profession à tous autres qu'à ses adhérents. Les coalitions de producteurs peuvent enrayer l'effondrement des cours amené par une crise, alors que nul concurrent nouveau n'est à craindre dans une industrie où tout le monde travaille à perte. Elles tendent, par contre, à modérer la hausse dans les périodes de grande activité, pour que l'exagération momentanée des bénéfices ne fasse pas surgir trop d'usines nouvelles. Le principal service qu'elles rendent à leurs membres est de stabiliser dans une certaine mesure la production de chacun, d'une part, de restreindre les frais généraux, les frais de publicité et de transport, d'autre part, en organisant des services communs ou en répartissant la -clientèle d'après l'importance et la situation géographique des divers établissements.

Souvent, un cartel organise un comptoir unique pour la vente des produits et attribue un *contingent,* dans la production totale, à chaque établissement ; ceux dont la production dépasserait leur part sont frappés d'une sorte d'amende. Mais cela n'empêche pas chacun d'eux de s'efforcer d'améliorer et même d'étendre un peu sa fabrication, pour obtenir un contingent plus élevé dans la prochaine répartition, en menaçant de faire sécession si on ne lui accorde pas la part à laquelle il croit avoir droit. Tant que la participation n'est pas obligatoire, il subsiste, à côté du cartel et même dans son sein, une concurrence très suffisante pour constituer le stimulant indispensable à toute activité humaine.

Cependant, les admirateurs des méthodes germaniques attribuaient à cette organisation des avantages singulièrement exagérés. On considérait notamment le dumping, institué par elle, comme un élément essentiel dans l'essor de l'exportation allemande :

certains publicistes prétendaient que les cartels consacraient à exporter à perte une notable partie des bénéfices réalisés grâce à la hausse artificielle des prix intérieurs. Il est certain que les ventes faites au loin, grevées de frais de transport plus élevés et souvent de droits de douane, ne peuvent pas donner autant de bénéfices que les ventes faites sur place ; les cartels, comme les entreprises privées, font supporter aux premières une part des frais généraux proportionnellement moindre que celle dont il faut grever les dernières pour n'être pas en perte, cela est certain ; parfois même, les uns et les autres vendent à perte à l'étranger, en temps de crise, pour continuer à fabriquer sans gâter le marché intérieur. Mais, que des industriels consacrent systématiquement à vendre à perte au dehors une partie des bénéfices qu'ils pourraient conserver, c'est là une conception absurde, démentie d'ailleurs par tous les faits observés.

En réalité, les cartels ou les trusts constituent, en temps normal, des moyens avantageux de concentrer certaines opérations, susceptibles de procurer à leurs adhérents quelques avantages. Ils ne peuvent entraîner des abus graves, si la liberté de leur faire concurrence n'est pas entravée artificiellement ; dès que les entreprises qui y participent cessent de fournir au public des produits satisfaisants, à un prix raisonnable, de nouvelles entreprises surgissent et les obligent soit à améliorer leur production, soit à baisser leurs prix.

Cependant, la législation française les a toujours vus d'un oeil peu favorable. L'article 419 du Code pénal punit les coalitions qui ont te opéré la hausse ou la baisse des marchandises au-dessus ou au-dessous des prix qu'aurait déterminés la concurrence naturelle et libre du commerce ». Une pareille disposition est d'une application singulièrement difficile et arbitraire ; elle peut servir à entraver des ententes parfaitement légitimes. La grande industrie demandait avec raison que la loi se bornât à punir les manœuvres frauduleuses, sans d'ailleurs rien réclamer de plus, quand des conceptions nouvelles, toutes différentes et singulièrement dangereuses, se sont manifestées récemment dans divers pays. Sous prétexte d'organiser la reprise de, la vie économique après la guerre actuelle, elles tendent à l'entraver de la manière la plus grave.

Clément Colson

III
L'organisation artificielle de la production
sous le contrôle de l'État.

Leur origine se trouve dans les difficultés de transport nées de cette guerre. L'Allemagne, soumise à un blocus de plus en plus rigoureux, a bientôt manqué des aliments et des matières premières les plus essentiels ; l'arrêt du commerce libre a obligé le gouvernement à régler lui-même, en se concertant avec les cartels constitués dans la plupart des industries, la répartition des ressources réquisitionnées à l'intérieur du pays ou dues au pillage méthodique des régions envahies. Les pays alliés, sans être à beaucoup près dans une situation aussi grave, ont bientôt eu peine à pourvoir au transport par mer des énormes importations nécessaires pour subvenir aux besoins civils et militaires, ainsi que du matériel et du personnel des armées anglaises, puis des armée américaines, alors que la marine marchande était sensiblement réduite par la guerre sous-marine et ralentie dans ses opérations par la nécessité des escortes. En présence du développement des besoins de toute nature et de la diminution de la production, résultant de la durée et de l'étendue de la guerre, les gouvernements alliés ont dû se concerter, afin de se réserver les denrées, les matières premières et les moyens de transport indispensables à leur population ; quand des industriels cherchaient à obtenir soit une part des matières approvisionnées ou certaines facilités de transport, soit encore l'exemption des réquisitions pour leur outillage ou leurs navires, on leur demandait la justification des besoins invoqués par eux. Les États en guerre ont été amenés ainsi à se faire eux-mêmes entrepreneurs de transports, acheteurs et vendeurs d'une foule de produits et à s'entendre avec les groupements industriels pour en régler l'emploi.

Nous ne doutons guère que l'application de mesures de ce genre et l'abus des taxations dès le début des hostilités, en entravant les opérations du commerce libre bien avant qu'elles fussent devenues impossibles, en décourageant certaines productions et en augmentant certaines consommations (celles du blé par exemple), aient sensiblement diminué les stocks disponibles au moment où les véritables difficultés ont commencé et les aient aussi rendues plus graves. Par contre, on ne saurait contester qu'un moment soit veau où le gouvernement a dû prendre la direction d'opérations qui n'étaient plus possibles sans son aide ou son autorisation. L'appel au concours des industriels, groupés à cet effet, était le seul moyen de remplir cette tâche, et il fallait bien attribuer à chacun d'eux un contingent dans la répartition des moyens de production, qui ne pouvaient plus suffire à tous les besoins. Le moment n'est pas venu de discuter le détail des mesures prises et de rechercher si le but n'aurait pas été atteint plus sûrement et à moindres frais par une organisation laissant une plus grande place au commerce libre, s'il n'eût pas été possible de simplifier par là les rouages administratifs dont le développement retient loin du front tant d'hommes désireux sans doute de prendre leur part du péril commun. Ce qu'il faut, par contre, combattre dès à présent avec la dernière énergie, c'est la tendance manifestée de divers côtés à perpétuer, quand les hostilités auront pris fin, le fonctionnement de services dont elles sont la seule justification.

Il s'est créé, pour préparer la reprise de la vie économique, une foule de Comités et de Commissions dont la seule raison d'être est d'imaginer des systèmes différents de ceux d'avant-guerre, d'organiser quelque chose. Or, il semble bien que ce soit surtout à détruire l'organisme économique que tous travaillent à l'envie.

L'Allemagne se flatte d'exceller dans l'organisation. Il n'est pas douteux qu'en tout ce qui rentre dans les attributions de l'État, la suite avec, laquelle elle prépare l'exécution de ses desseins secrets lui assure de grands avantages : elle n'eût certes pas pu envahir dès le début des opérations les vastes et riches territoires qu'elle exploite depuis des années, tenir si longtemps contre des peuples dotés de ressources bien supérieures aux siennes, mais insuffisamment préparés à la guerre, si son gouvernement n'avait pas tout combiné, de longue date, pour l'agression qu'il méditait et organisé d'une manière complète sa mobilisation militaire et civile. Rien n'autorise à conclure, des succès ainsi obtenus, que l'intervention de l'État, soumettant à une organisation artificielle en temps de paix toutes les branches d'activité qui sont du ressort de la libre initiative des particuliers, soit un moyen aussi efficace de triompher dans la concurrence commerciale que dans la guerre. Les socialistes de la chaire, qui ont répandu dans le monde entier les doctrines interventionnistes allemandes, préconisent aujourd'hui une sorte de mainmise de l'État sur toute l'activité économique, par l'intermédiaire de groupements professionnels. Même en Allemagne, bien des gens pensent que substituer des corporations obligatoires aux cartels librement constitués serait un moyen sûr de ruiner l'industrie et le commerce ; tous les enseignements tirés de la vie économique portent à penser qu'en effet nous ne pouvons rien souhaiter de mieux à nos pires ennemis, pour n'avoir plus à craindre leur concurrence.

Pourtant, c'est une organisation de ce genre qui semble se préparer en France. Puisque les difficultés d'approvisionnement et de transports dureront certainement quelques semaines, peut-être quelques mois ou même un an ou deux après la guerre, il faut, dit-on, organiser des *consortiums* aptes à exercer le plus longtemps possible un monopole, pour l'acquisition et la répartition des matières premières. Des contingents seraient attribués à tous les participants, dans les approvisionnements communs, de telle sorte qu'aucun d'eux n'eût les moyens d'accroître sa production et d'étendre sa clientèle au détriment des autres. Des conditions uniformes de réception des produits demi-fabriqués mettraient fin aux complications qu'entraînent des divergences parfois peu justifiées, il faut le reconnaître, dans les qualités demandées par les industries de transformation. Les conditions de l'achat étant uniformes, on ne voit pas pourquoi celles de la vente ne le seraient pas aussi ; puis un comptoir commun en épargnerait les frais et le souci à chacun des associés. La participation ne serait d'ailleurs pas obligatoire ; mais, après avoir menacé de la réquisition de leurs établissements les industriels qui ne veulent pas aujourd'hui entrer dans ces groupements, on annonce que quiconque en sortirait, dans les années qui suivront la guerre, n'aurait aucun moyen d'acheter ou de faire transporter les matières premières ou les combustibles réservés aux associations contrôlées par le gouvernement.

Le contrôle de l'État serait en effet nécessaire, pour limiter les abus qu'entraîneraient inévitablement de tels monopoles. Tout être tend à persévérer dans l'être : les services de guerre, mués ainsi en contrôle, échapperaient à la triste nécessité de disparaître à la paix et pourraient sauver de la destruction les montagnes de paperasses et les innombrables formalités qu'impliquent les répartitions et les contingents. Quelques industriels, plus soucieux de sécurité que de chances de fortune, ne répugnent pas aux perspectives d'une douce quiétude, avec une clientèle limitée, mais assurée. Le souci de la discipline, tant que la guerre durera, en fait taire beaucoup d'autres.

Ainsi s'élabore une organisation qui serait la mort de tout progrès. Certes, nous croyons des ententes utiles pour l'achat ou la vente en commun au loin, ainsi que pour l'unification des types d'aciers, de métaux, de fils ou des pièces de machine voisins les uns des autres, quand ils ne présentent que des différences sans intérêt, et pour bien d'autres objets. Mais ces ententes seraient infiniment plus nuisibles qu'utiles, le jour où elles cesseraient d'être libres. Tout groupement a une tendance naturelle à maintenir l'égalité entre ses membres, à repousser les innovations qui changeraient leurs habitudes, à prendre pour chefs les hommes qui attaquent ses adversaires et réclament pour lui des privilèges, plutôt que ceux qui lui conseillent de se réformer lui-même. Tant que les esprits novateurs, les industriels énergiques et indépendants peuvent réaliser isolément les améliorations repoussées par la masse, les ententes de toute nature n'ont pour ainsi dire que des avantages. Le jour où nul ne pourrait diriger une entreprise en dehors des groupements patronnés par l'État, ceux-ci deviendraient un instrument d'oppression routinière qui n'aurait presque plus que des inconvénients.

La reconstitution des anciennes corporations ne nous tente pas plus sous la forme patronale que sous la forme ouvrière. Quelques optimistes espèrent qu'après avoir formé deux armées ennemies, les syndicats ouvriers et les consortiums patronaux s'uniront dans une entente fraternelle. Peut-être en effet cette entente finira-t-elle par s'établir, contre la clientèle, pour vendre le plus cher possible des produits obtenus au moyen du moindre effort. Nous ne doutons pas que ce soit à cet arrêt de tout progrès, par la suppression de la concurrence, que doive aboutir un pareil système. Le prestige des Allemands vainqueurs a fait croire à beaucoup de Français, après 1871, que mal écrire était une condition pour bien penser. Espérons que le prestige des Allemands vaincus ne nous fera pas croire, après la guerre actuelle, qu'une organisation restreignant inévitablement l'initiative et l'effort individuel soit une condition de la prospérité économique.

Livre quatrième

Livre cinquième
La morale, la justice et les sanctions

Chapitre I
Le droit et la morale

Sommaire :
I. La morale et les sanctions religieuses ou légales.
II. Les bases de la morale et la science des mœurs.

I
La morale et les sanctions religieuses ou légales.

Dans les deux Livres précédents, nous avons vu comment, sous prétexte d'établir une, solidarité plus étroite entre tous les hommes, les doctrines des prétendus réformateurs de la société tendent à relâcher au contraire les liens et les devoirs qui unissent les hommes entre eux, et cela de deux manières : d'abord elles affaiblissent peu à peu les premiers et les plus étroits des liens naturels qui rattachent chaque individu à ses semblables, le *lien de famille* et *le lien national* ; en second lieu, elles méconnaissent le plus précis des devoirs résultant des relations complexes grâce auxquelles chaque famille vit de produits de toute origine, acquis pour la plupart avec le gain réalisé dans certaines entreprises par son travail spécialisé, *le devoir professionnel.* Mais ce relâchement n'atteint pas seulement les, obligations positives de chacun vis-à-vis de ses proches et de sa patrie ou vis-à-vis des producteurs avec qui il collabore et des clients pour qui il travaille. Tantôt au nom du progrès des idées, substituant une justice plus large aux antiques règles de la morale et du droit, tantôt au nom d'une sympathie universelle répugnant à toute sanction un peu rigoureuse en cas de faute, beaucoup d'âmes généreuses apportent l'appui de leurs illusions aux démagogues dont l'unique but est de flatter les passions des masses et de les débarrasser de toute contrainte gênante, précisément au moment où cette faiblesse offre les dangers les plus sérieux.

Nous ne ferons pas à nos lecteurs l'injure de démontrer ici l'impossibilité de subsister pour une société où ne seraient pas remplies ces deux conditions essentielles : 1° que la plupart des individus, sinon tous, possèdent le minimum vulgaire de sentiment du devoir nécessaire pour conserver l'habitude d'accomplir sa tâche quotidienne, de tenir ses engagements, de dire la vérité quand aucune passion trop violente ou aucun intérêt trop sérieux ne s'y oppose ; 2° que ceux que la morale ne déterminerait pas à respecter les droits d'autrui y soient obligés par la crainte d'un châtiment. Or, il ne faut pas se dissimuler qu'à l'un et à l'autre point de vue, l'affaiblissement certain des convictions religieuses et leur disparition possible, sinon probable, rend la situation de jour en jour plus difficile.

Nous sommes tout prêt à reconnaître que les convictions religieuses ne sont pas à elles seules une garantie de moralité, qu'aucune religion n'a pu étendre son empire sans accommoder l'application pratique de ses préceptes avec les faiblesses humaines, que parfois même les religions ont absous, couvert ou encouragé l'immoralité et le crime. Il n'en est pas moins vrai que, pour les croyants sincères (et presque tous les fidèles d'une religion le sont, dans une mesure plus ou moins grande), la loi morale trouve une base, autrement solide que tous les raisonnements et tous les sentiments, dans la foi au dogme de sa promulgation par un Dieu tout-puissant. En même temps, l'espoir ou la crainte des sanctions appliquées par un juge infaillible accroît singulièrement la puissance de ses injonctions. Les âmes délicates peuvent dire que la certitude du châtiment ou de la récompense enlève à la vertu le désintéressement qui est sa condition essentielle. Cela n'empêche pas que, dans un pays où les idées religieuses sont généralement répandues, même parmi les masses qui n'y songent que de loin en loin, la morale enseignée dans l'enfance et rappelée périodiquement à l'église, avec son fondement divin et ses sanctions formidables, crée des habitudes mentales très favorables au respect des règles indispensables dans toute société. Peut-être même le pli ainsi donné à la pensée de nombreuses générations est-il encore le facteur principal de la notion du devoir, chez beaucoup d'esprits qui se croient affranchis de toute croyance surnaturelle, mais qui sont incapables de reconstruire leurs convictions morales sur de nouvelles bases.

Nous ne voulons pas dire par là qu'il leur soit permis de continuer à enseigner la morale à leurs enfants comme une conséquence d'une religion à laquelle ils ne croient plus. La première règle de la morale, - nous dirions peut-être la seule, si on nous poussait un peu, - c'est le respect de la vérité. Nous sommes profondément convaincu que l'une des causes qui aggravent aujourd'hui la crise morale de l'adolescence, pour beaucoup de jeunes gens, c'est le déplorable état d'esprit résultant de ce que le devoir (notamment en matière de mœurs) ne leur a jamais été sérieusement exposé que comme une partie des prescriptions d'une religion à laquelle leurs parents ont cessé de croire ; le jour où ils s'en aperçoivent, leur confiance dans la valeur des règles posées et dans la sincérité de ceux qui les leur ont enseignées reçoit un choc souvent désastreux. Les considérations philosophiques sur la puissance et la généralité du sentiment religieux, sur les traits communs qui se retrouvent au fond de toutes les religions, sont des excuses absolument insuffisantes pour autoriser un honnête homme à présenter comme vrai un dogme particulier qu'il croit faux. Dire, avec certains conservateurs, qu'il faut une religion pour le peuple, ou, avec les pragmatistes, que la vérité d'une doctrine doit se juger sur ses avantages pratiques et moraux, c'est ériger en principes le mensonge et le scepticisme absolu. Le légitime dégoût qu'inspire la bassesse d'un certain anticléricalisme ne saurait justifier une attitude qui est la négation de toute sincérité morale ou scientifique.

Tous les hommes convaincus, comme nous, qu'aucune religion révélée ne nous apporte la vérité, doivent donc renoncer à appuyer la morale sur les prescriptions divines. Ils n'en sont que plus obligés de remplacer par des sanctions efficaces, en ce monde, les sanctions d'outre-tombe. Quelque lointaines que fussent ces dernières, leur gravité leur donnait une réelle action sur la plupart des croyants ; Napoléon, avec sa vision courte et nette des réalités pratiques, ne se trompait pas quand il voyait dans les évêques et les curés concordataires des auxiliaires efficaces de ses préfets et de ses gendarmes. Organiser la société en vue des âmes d'élite pour qui une sanction gâterait la joie du devoir accompli, ce serait courir au-devant des déceptions les plus graves. Puisque la plupart des bonnes actions et beaucoup de mauvaises échappent nécessairement à toute sanction légale, il est d'autant plus nécessaire de maintenir une association d'idées étroite entre la faute et le châtiment, par une répression exemplaire en cas d'infraction constatée aux règles établies pour assurer le maintien de l'ordre social. Ce maintien constitue la tâche essentielle et la première fonction de l'État ; il doit s'attacher avec plus de soin encore à s'en acquitter quand, vis-à-vis de la plupart des citoyens, il ne peut plus compter sur les espérances et les craintes religieuses pour assurer la résignation et pour calmer les impatiences terrestres.

Seulement, pour être acceptée, il ne suffit pas que la répression des crimes et des délits réponde à une nécessité sociale ; il faut encore qu'elle donne satisfaction à la conscience des citoyens. Certes, l'État n'a pas mission de faire prévaloir, dans chaque pays, la conception du bien moral qui prévaut parmi les gouvernants ; sa tâche se borne à défendre l'ordre et la sécurité publique. Cependant, nous devons ajouter, à l'honneur de l'esprit humain, que dans aucun pays libre l'opinion n'admettrait l'application d'un châtiment sévère, sa nécessité fût-elle démontrée, si sa justice ne l'était pas également. Pour pouvoir faire l'objet d'une répression, il ne suffit pas qu'un acte soit nuisible, il faut encore qu'il apparaisse comme une violation de la morale. l'État ne peut donc considérer la notion de moralité comme lui étant étrangère.

II
Les bases de la morale et la science des mœurs.

Là encore, la difficulté de la tâche du législateur se trouve singulièrement accrue aux époques, comme la nôtre, où toutes les règles de la morale sont mises en question, non seulement dans les débats entre les diverses écoles philosophiques, mais aussi dans la conscience de chaque citoyen, parce qu'il n'y a plus de principe généralement admis auquel la plupart des hommes les rattachent.

Il est certain que les anciennes morales spiritualistes, basées sur la conception d'un bien absolu qui serait le but et la raison d'être de l'homme, ont perdu toute autorité. Sans doute, des idées s'en rapprochant reprennent faveur, devant l'impuissance du matérialisme pur et simple à expliquer les phénomènes d'ordre intellectuel et moral par les conditions physiologiques auxquelles ils sont liés. Mais presque tous les penseurs qui n'écartent plus *a priori* les conceptions métaphysiques destinées à fournir une explication des difficultés que le matérialisme se borne à nier, envisagent ces conceptions comme de simples hypothèses, nous permettant de mieux nous représenter certains faits et propres à nous guider dans leur étude, sans que jamais la conformité d'aucune d'entre elles avec la réalité, si probable soit-elle, puisse faire l'objet d'une démonstration scientifique. Elles jouent le même rôle que les hypothèses des physiciens sur la constitution de Id matière, qui les aident à mieux concevoir et parfois à découvrir les lois de la nature, c'est-à-dire les relations invariables existant entre les phénomènes, seul objet de la connaissance scientifique. Il est trop évident qu'une hypothèse ainsi comprise ne saurait être érigée en une règle à laquelle doivent se soumettre nos intérêts et nos passions.

D'un autre côté, la morale utilitaire a été discréditée par les subtilités et les sophismes indispensables pour faire rentrer tous les devoirs dans l'intérêt individuel bien entendu. Il eût été facile, d'ailleurs, de prévoir qu'on ne résoudrait pas un problème en niant a priori la réalité de ses données expérimentales or c'est nier le devoir que l'expliquer par l'intérêt, puisqu'il apparaît précisément quand l'intérêt doit lui être sacrifié. L'explication de l'idée de moralité par l'intérêt social ou par la solidarité n'est pas plus satisfaisante, puisque la difficulté est précisément de savoir s'il existe, pour l'homme, une obligation de subordonner son intérêt propre à celui des autres hommes et quel est le fondement de cette obligation. Quant aux théories allemandes qui cherchent la base de la Morale dans le Droit positif et dans les prescriptions édictées par l'État, outre qu'elles laissent en dehors de leur explication toutes les règles morales avec lesquelles le Droit positif n'a aucun rapport (par exemple les devoirs envers soi-même), elles ne peuvent rien répondre à l'objection capitale tirée du fait que la Morale juge le Droit et n'est point jugée par lui ; la connaissance la plus élémentaire de l'histoire montre que les lois iniques à nos yeux, et déjà jugées telles par l'élite ou même par la majorité des contemporains, n'ont

Clément Colson

été ni des exceptions rares, ni des anomalies accidentelles et de courte durée.

Une tentative des plus intéressantes a été faite par un des esprits les plus pénétrants de l'école sociologique contemporaine, M. Lévy-Bruhl, pour remplacer la recherche des fondements de la morale par une science expérimentale *des mœurs*. Pour lui, les habitudes établies dans telle ou telle société sont les seules réalités ; le bien et le mal sont simplement ce que l'opinion commune, résultant de ces habitudes, juge bon ou mauvais. La science des mœurs n'a d'autre objet que d'établir, au moyen de l'observation et des documents historiques, les lois suivant lesquelles les mœurs se modifient, comme là physique et la chimie étudient les lois de la succession des phénomènes naturels. De même que la connaissance de ces dernières nous permet de créer les arts industriels, qui les utilisent pour la satisfaction de nos besoins, il naîtra un art moral rationnel, qui emploiera la connaissance des lois sociologiques à l'amélioration des mœurs et des institutions existantes. M. Lévy-Bruhl espère qu'un jour cet art introduira plus de justice et d'équité dans les relations entre les hommes.

Il ne s'aperçoit pas que, dans son système tout comme dans la morale utilitaire, les mots justice et équité n'ont plus de sens, au moins en ce qui concerne la comparaison entre les morales admises à diverses époques. Comme il le dit lui-même, telle qu'il la conçoit, « la morale est, à un moment donné précisément aussi bonne et aussi mauvaise qu'elle peut être [1] ». Prétendre introduire plus de justice dans la société est une idée contradictoire, si ce qui est juste, à chaque époque, c'est ce que la société trouve tel. En effet, dans ce système, on ne peut plus juger la morale d'une époque : quand nous apprécions la morale de telle ou telle société, c'est que nous lui appliquons à tort des conceptions nées de nos mœurs actuelles ; quand nous critiquons les mœurs contemporaines, c'est en vertu de sentiments collectifs qui sont tantôt des survivances d'un passé parfois très lointain, tantôt l'effet de besoins nouveaux-nés de l'évolution sociale ; nous commettons simplement un ana-chronisme. C'est bien l'idée qu'exprime le passage suivant : « Nous ne prenons guère connaissance des faits, - du moins de la plupart

1 *La Morale et la Science des mœurs, p. 198.*

d'entre eux, - sans porter en même temps sur eux un jugement de valeur accompagné de sentiments que nous ne voudrions pas ne pas éprouver. Cette façon de rapporter les faits à nos concepts moraux est très préjudiciable à la connaissance scientifique, puisqu'elle les range, non selon leurs relations objectives et réelles, mais selon des schèmes dont l'origine, au regard de la réalité, peut être considérée comme arbitraire [1] ».

Cela n'empêche pas, dit M. Lévy-Bruhl, qu'il puisse y avoir progrès moral, c'est-à-dire adaptation meilleure des idées morales aux conditions sociales d'une époque, disparition par exemple de croyances ou d'institutions surannées, hors d'usage, qui sont devenues de véritables *impedimenta. Mais,* si c'est là un progrès au point de vue utilitaire, il n'est nullement prouvé que c'en soit un au point de vue moral. Le jour où les idées et les sentiments de charité seraient assez affaiblis pour faire envisager comme légitime la suppression des vieillards, des infirmes, des enfants abandonnés, dont l'entretien est certainement un *impedimentum* pour la partie saine et vigoureuse de l'humanité, dirait-on que ce progrès social est un progrès moral, par la seule raison qu'il répondrait à l'état des mœurs de l'époque ?

La comparaison même, que fait M. Lévy-Bruhl, de la science des mœurs et de l'art à en déduire avec les sciences physiques et les arts industriels, montre bien que sa conception est aussi exclusive de l'idée de progrès moral que la science l'est de toute idée de progrès physique. Aucun ingénieur ne s'imagine qu'il fait progresser les lois de la nature ; il les emploie pour la satisfaction de nos besoins, ce qui est une conception toute différente. Le sociologue rêvé par les nouvelles écoles n'améliorera pas davantage les mœurs, quand il connaîtra les lois de leur modification, sans porter d'ailleurs sur elles des jugements *de* valeur purement arbitraires à ses yeux ; il tâchera seulement de provoquer les modifications répondant à ses besoins personnels, qu'il n'aura nulle raison de subordonner à ceux d'autrui, et c'est tout autre chose.

On a parfois assimilé l'impression morale que font éprouver à notre conscience certains actes ne différant pas, par leur nature, de

1 *La Morale et la Science des mœurs, p. 188.*

Clément Colson

beaucoup d'autres actes jugés par nous indifférents, à l'impression lumineuse que nous produisent les rayons compris dans la zone du spectre allant du rouge au violet, rayons de même nature et soumis aux mêmes lois que les rayons infra-rouges et ultra-violets invisibles pour nos yeux. Certains sociologues paraissent considérer toutes ces impressions purement subjectives comme des épiphénomènes, dont il faut faire abstraction dans l'étude objective de la nature ou de la société. Nous admettrons volontiers qu'en effet il n'y a ni sentiment moral là où il n'existe pas de conscience, ni impression lumineuse en l'absence de tout œil et de tout nerf optique. Mais l'homme eût-il jamais soupçonné les lois de transmission des rayons divers du spectre, s'il n'eût pris comme point de départ de toute leur étude l'impression lumineuse qu'il recevait de quelques-uns d'entre eux ? Se ferait-il une idée exacte de leur rôle ,dans la nature, en négligeant cette impression, qui a exercé une influence capitale sur l'évolution des êtres vivants, puis sur celle des sociétés humaines ? Marcherait-il droit dans la rue, s'il prétendait se guider indifféremment sur tous les rayons du spectre scientifiquement connus, en faisant abstraction de cette circonstance, purement subjective, que seuls ceux qui sont compris dans une certaine zone de ce spectre éclairent pour lui le chemin à suivre ?

L'existence, chez tous les hommes, de l'idée du bien et du mal, du sentiment de l'obligation morale, est un fait ; la première règle de toute méthode scientifique est de ne jamais faire abstraction d'un fait constaté avec certitude. Si nous n'avons pas encore réussi à donner de ce fait une explication satisfaisante, cela ne nous autorise nullement à le nier ; les divergences relevées dans les applications particulières de l'idée d'obligation morale, partout identique dans ses traits essentiels, ne nous autorisent pas davantage à considérer cette idée comme une illusion, tant qu'une preuve décisive n'aura pas été donnée de son caractère illusoire. Toutes les théories formulées jusqu'ici pour expliquer la beauté ont lamentablement échoué, elles aussi, et l'idée que les hommes se font du beau varie, sous l'influence des habitudes et des modes, dans une mesure bien plus large que leur conception du bien moral. Sommes-nous en droit d'en conclure que la beauté n'est qu'une illusion ? Que resterait-il de toutes nos idées, de tous nos sentiments, de toutes nos volontés, de toute notre conception du monde et de nous-mêmes, si nous considérions comme des illusions tout ce que nous ne comprenons et n'expliquons pas d'une manière complètement satisfaisante pour l'esprit ?

Il faut donc que le droit positif s'inspire des idées morales. En leur donnant une expression précise et une sanction, il renforce singulièrement leur puissance sur la masse des esprits confus et flottants. Il peut suppléer ainsi, dans une certaine mesure, à l'absence d'une foi morale commune, aux époques où l'esprit critique a pénétré le peuple tout entier, au moins par ses conclusions. Mais son influence ne peut, s'exercer que dans une région très limitée du vaste domaine de la morale. Il ne saurait, sans une tyrannie intolérable, prétendre s'immiscer dans tout ce qui concerne exclusivement la dignité et la noblesse de la vie intérieure. Même dans les rapports des citoyens entre eux, la puissance publique, chargée d'assurer le bon ordre, ne peut attacher une sanction qu'aux obligations nettement définies, aux infractions juridiquement établies ; on tomberait dans le pur arbitraire, le jour où l'on autoriserait des juges à rendre des décisions exécutoires 'dans des matières où les débats n'établiraient pas, d'une manière *certaine* et précise, soit le bien-fondé des demandes portées devant eux, soit la réalité des fautes poursuivies.

Les juristes cherchaient jadis un fondement rationnel aux règles à édicter par le législateur, pour les cas où ces conditions sont remplies, dans ce que l'on appelait le *droit naturel.* Au fond, ce droit naturel n'a jamais été autre chose que la partie de la morale relative aux questions du ressort du droit positif ; son autorité ne saurait donc rien ajouter à celle de la morale, et il n'est pas plus facile de trouver un fondement inébranlable à l'un qu'à l'autre.

Si, d'ailleurs, le droit positif ne peut exiger le respect et l'observation de ses règles qu'à la condition d'être en accord complet avec la morale, ce n'est pas elle seule qui peut l'inspirer tout entier. En dehors des questions dont la morale dicte la solution, le droit doit trancher beaucoup de difficultés nées du conflit d'intérêts divers, tous également légitimes ; quand il en est ainsi, les considérations économiques seules permettent de décider dans quels cas et dans quelle mesure l'un ou l'autre d'entre eux doit prévaloir.

Le Droit donne ainsi, à chaque époque et dans chaque pays, la consécration de la puissance publique aux règles morales et aux considérations économiques répondant aux principes généralement admis et aux intérêts considérés comme respectables. Il progresse donc ou il recule avec les idées régnantes en morale et en économie politique, dont il n'est que l'application.

Chapitre II
La justice et la charité

Sommaire :
I. Distinction absolue établie autrefois entre les devoirs de justice et ceux de charité.
II. Tendance actuelle à les confondre.
III. Dangers sociaux de cette confusion dans les lois.
IV. Dangers moraux de la charité pratiquée sans souci de la justice.

I
Distinction absolue établie autrefois entre les devoirs de justice et ceux de charité.

Pendant longtemps, le domaine du droit positif, tel que nous avons essayé de le définir, a été nettement délimité, grâce à la distinction établie en morale entre le devoir strict et le devoir large, entre la justice et la charité. Il n'était guère contesté, en effet, que les devoirs incombant à chaque homme envers les autres hommes dussent être divisés en deux groupes, offrant des caractères bien différents.

Le premier comprenait toutes les obligations ayant pour contre-partie un droit subjectif appartenant à autrui, comportant l'acquittement d'une dette, l'exécution d'un engagement, l'abstention de tout acte qui porterait atteinte à la personne ou aux biens de tiers, tout ce que les juristes romains résumaient dans la formule *suum cuique tribuere*. Ces obligations ont des limites nettement tracées, dans chaque société, par l'organisation de la famille et de la propriété. Aucun homme ne peut se considérer comme quitte envers ses semblables tant qu'il ne les a pas complètement remplies et, à défaut de sa conscience, la puissance publique peut le contraindre à s'en acquit ter ; mais, cela fait, nul ne peut plus rien exiger de lui. À ces devoirs stricts de justice s'opposaient les devoirs de charité, comprenant tous les actes de dévouement, tous les sacrifices que l'homme s'impose pour d'autres hommes, envers qui il n'a aucune dette personnelle, mais qui ont besoin du secours d'autrui. L'étendue de ces devoirs-là est illimitée, comme les besoins humains ; mais il était reconnu jadis que chacun était seul juge de la mesure dans laquelle il s'acquitterait de ces devoirs, communs à tous et dans lesquels il est impossible de déterminer la part incombant à l'un plutôt qu'à l'autre. On admettait que le législateur n'avait pas à intervenir pour déterminer jusqu'à quel point tel ou tel individu devrait céder des biens lui appartenant légitimement, renoncer à des avantages régulièrement acquis, au profit de malheureux n'ayant vis-à-vis de lui aucun titre de créance. L'obligation morale de faire la charité ne pouvait être transformée en une obligation légale, dont la puissance publique pût contraindre chacun à s'acquitter et dût dès lors fixer l'étendue.

Cette conception n'empêchait pas les devoirs de charité de tenir une large place dans la morale. Peut-être parce que l'État les considérait comme n'étant pas de son ressort, presque toutes les religions dont l'empire a été durable et étendu y ont attaché une importance capitale. L'appel aux sentiments de sympathie et de pitié est un des plus puissants moyens de conquérir les cœurs des hommes, tandis que la justice, par sa rigoureuse exactitude, heurte parfois les âmes dominées par la sensibilité et plait surtout à la raison, dont les religions se méfient à juste titre. Dans la morale évangélique, la charité l'emporte salis cesse sur la justice, singulièrement sacrifiée dans plus d'une parabole, parmi les plus touchantes. Néanmoins l'Église, même pendant les siècles où elle dominait et inspirait le législateur, n'a point cherché à faire entrer la charité dans le Droit, ni à donner à ses prescriptions, sur ce point, d'autres sanctions que les sanctions d'outre-tombe, - résultant des arrêts d'un juge assez clairvoyant pour appliquer des règles impossibles à formuler avec la précision nécessaire dans un code.

L'aumône et les   fondations charitables faites sans aucune précaution, en vue du salut de l'âme du donateur bien plus que de l'extinction de la misère, ne pouvaient manquer de développer la paresse, l'imprévoyance et la mendicité professionnelle et héréditaire. Quand la Réforme donna à beaucoup de princes un excellent prétexte pour mettre la main sur les immenses biens de l'Église, dont les revenus étaient en grande partie employés en aumônes, il était impossible d'enlever brusquement ces ressources à ceux qui en vivaient et qui, même valides, ne pouvaient que peu à peu retrouver une place dans les cadres de la vie économique. C'est de là qu'est née, dans les pays protestants, l'organisation d'une assistance publique alimentée par les ressources du fisc. Il a d'ailleurs fallu une longue expérience et beaucoup de tâtonnements pour soumettre le droit à l'assistance à un contrôle et à des conditions assez rigoureuses pour qu'il cesse d'être ce qu'il a été si longtemps en Angleterre, une cause permanente de développement du paupérisme. En tout cas, en matière d'assistance, l'intervention de la puissance publique, agissant d'ordinaire par l'organe des autorités locales ou des établissements ayant une personnalité propre, gardait un caractère spécial et en quelque sorte exceptionnel parmi ses attributions ; l'objet principal du pouvoir souverain restait le maintien de l'ordre, reposant sur le respect des droits de chacun, et l'exécution des services d'intérêt général.

II
Tendance actuelle à les confondre.

C'est de nos jours seulement que les doutes exprimés de tout temps par certains penseurs, sur le bien fondé des droits sanctionnés par les lois, se sont propagés suffisamment pour engendrer le mouvement puissant qui pousse le législateur moderne à intervenir, non plus afin de consacrer la répartition traditionnelle des richesses, mais en vue de la modifier. On l'a fait observer avec raison : si les juristes ont été presque toujours d'accord pour considérer comme l'objet propre de la législation l'attribution du *suum cuique,* la définition de ce *suum cuique* a singulièrement varié, à mesure que les mœurs se sont modifiées. Que d'étapes franchies, depuis les temps anciens, où l'on jugeait le maître bien fondé à voir dans l'esclave une propriété, jusqu'au moment actuel, où beaucoup d'écrivains qui ne se croient pas socialistes contestent le droit de l'entrepreneur sur les bénéfices réalisés avec le concours de travailleurs payés au taux courant des salaires, si ce taux, déterminé par l'état du marché, est trop bas pour faire vivre convenablement les familles ouvrières. Depuis quelques années, l'idée d'une véritable créance des pauvres vis-à-vis des riches, telle que nous l'avons exposée en parlant de la solidarité (page 149), est venue transformer la notion ancienne du Droit : on parle couramment d'introduire plus d'équité dans les lois, en y confondant avec l'antique idée de justice une idée de réparation des inégalités sociales, classée jusqu'ici dans l'ordre de la charité.

Que, dans tous les cas où la limite positive du droit est douteuse, la situation plus ou moins intéressante des individus doive être prise en considération par le législateur, cela est évident. Mais, quand l'État tranche les litiges entre particuliers, tout ce qu'il attribue à l'une des parties en cause, il l'enlève à l'autre partie. Même quand il dispose des ressources du fisc, tout ce qu'il donne à un particulier, il faut qu'il le prenne à d'autres par l'impôt. Du moment où l'on admet la légitimité de la propriété individuelle, ayant son origine dans la liberté du travail et dans la libre disposition par chacun des produits dus à son effort personnel, on doit reconnaître que le législateur viole la justice, toutes les fois qu'il prend ainsi à un particulier ce qui lui appartient légitimement et incontestablement, pour le donner à un autre qui- ne peut prétendre à aucune créance vis-à-vis du premier.

Restent, il est vrai, les cas douteux, ceux où la limite exacte des droits de chacun n'apparaît pas nettement. Limitée à ces cas, la part faite aux sentiments de sympathie pour les faibles ou les malheureux dans les lois est encore très grande ; il se présente de nombreuses circonstances où l'État, pour accomplir équitablement sa mission d'intérêt général, doit faire acte de charité. Les exemples surabondent, et l'examen de quelques-uns d'entre eux nous permettra de voir jusqu'où il est possible d'aller dans cette voie.

En premier lieu, dans sa fonction de juge des litiges auxquels donnent lieu les conventions, l'État doit rechercher l'intention des parties. Sur les points, toujours très nombreux, qu'un contrat de travail, par exemple, ne règle pas nettement, il est légitime, que la loi ou les juges obligés de suppléer à son silence et à son obscurité tiennent compte du fait que l'ouvrier a moins d'instruction et d'expérience que le patron, moins de loisir pour examiner à l'avance toutes les éventualités possibles ; ils doivent donc interpréter en sa faveur les points douteux. Même, pour les questions formellement réglées, s'il est établi que le patron, abusant de l'ignorance, de la faiblesse ou du besoin d'un malheureux, lui a fait accepter un salaire nettement inférieur au prix courant de la besogne exécutée, ou encore des conditions exceptionnellement rigoureuses sans contre-partie suffisante, la loi doit déclarer qu'il y a un vice du consentement et que le contrat est ignorant. Mais, quand le travail est payé au taux normal d'après sa qualité et ses difficultés, quand les clauses exceptionnelles répondent à des situations spéciales, refuser de donner à une convention une sanction légale ou en favoriser l'inobservation, parce qu'un juge estime insuffisante la rémunération généralement attribuée aux travailleurs dans une industrie, c'est tout simplement rendre impossibles tous rapports réguliers entre les entrepreneurs et les ouvriers. C'est, en effet, mettre à néant la seule base solide que, l'on ait découverte et la seule que l'expérience ait consacrée pour les conventions entre particuliers, la loi de l'offre et de la demande combinée avec les habitudes qu'elle a fait naître.

En ce qui concerne l'impôt, nous l'avons déjà dit, le *dû ut des* ne peut pas être appliqué. Il s'agit de répartir par voie d'autorité des dépenses faites dans l'intérêt de tous les citoyens, sans qu'on puisse savoir dans quelle mesure chacun en profite ; on ne saurait formuler une règle exacte de justice en des matières où le principe du *suum cuique* n'a plus de sens, parce qu'une solidarité de fait, réelle dans ce cas et résultant de la nature spéciale des services en question, ne permet pas de satisfaire aux besoins des uns sans procurer aux autres les mêmes avantages. Chacun doit contribuer aux charges communes suivant ses facultés, et il est évident que la faculté d'y contribuer croît plus vite que la richesse, qu'elle est proportionnellement plus grande sur le superflu que sur le nécessaire ; c'est pourquoi l'impôt progressif nous parait parfaitement légitime, clans les matières où il peut être appliqué sans trop de difficultés et d'arbitraire, comme les successions. Mais, si on le considère comme une manière de niveler les fortunes, si on prélève systématiquement sur les riches des taxes équivalant à une confiscation partielle des héritages, pour exempter les pauvres de toute contribution aux dépenses dont ils profitent au même pour leur distribuer une partie du produit des impôts, on porte à la propriété individuelle l'atteinte la plus grave, en même temps qu'on décourage l'esprit d'entreprise et d'épargne.

Pour remplir la tâche, qui lui incombe, d'assurer l'ordre public et de sauvegarder les éléments de prospérité générale que les particuliers ne peuvent mettre en valeur, l'État est amené à faire des dépenses considérables au profit des malheureux. Il doit, par exemple, parer aux dangers que présentent, pour la santé et la sécurité publiques, les foyers d'infection physique et morale créés par la misère, réprimer les désordres qu'engendrent la mendicité et l'étalage sur la voie publique des infirmités et des plaies. La justice ne lui permet évidemment pas de détruire les taudis où l'on peut se loger pour presque rien, d'entraver l'appel des malheureux à la charité publique, sans procurer un asile et des secours temporaires à tous les individus dont il modifie la situation, sans assurer, en outre, même pour l'avenir, une existence tolérable à ceux d'entre eux qui sont incapables de gagner leur vie, malgré leur bonne volonté. De même, pour transformer en travailleurs et en citoyens utiles les enfants que leurs parents sont incapables d'élever et d'instruire, l'État doit pourvoir à leurs besoins physiques et leur assurer gratuitement un minimum d'instruction. Mais, admettre que tous les malheureux ont le droit de réclamer de larges secours, sans qu'il y ait lieu de distinguer les cas où les causes de leur misère leur sont imputables de ceux où ils n'y sont pour rien, reconnaître à tous les enfants un droit à la même instruction, que leurs parents contribuent ou non aux frais qu'elle exige, c'est nier à la fois la responsabilité personnelle de chacun et la solidarité la plus naturelle et la plus étroite, celle de la famille.

Pour justifier, sur tous ces points, la conception moderne du rôle de l'État dans ce qu'elle a de raisonnable, il n'est besoin ni d'imaginer un prétendu droit de créance des pauvres sur les riches, auquel on n'a jamais trouvé de fondement sérieux, - ni d'invoquer des idées nuageuses de solidarité, dont on n'arrive pas à préciser le sens et les limites, - ni de faire passer dans le domaine des obligations légales les devoirs de charité, restés jusqu'ici dans celui de la morale. En cherchant à fonder l'intervention de la puissance publique soit sur des obligations imaginaires, soit sur des sentiments que la raison ne contrôle pas et ne doit pas contrôler, on ne l'explique pas mieux dans les cas où elle est justifiée, et on lui ouvre, en dehors de ces cas, un champ terriblement dangereux.

III
Dangers sociaux de cette confusion dans les lois.

Rien, en effet, n'est plus propre à détruire le sentiment du devoir et de la responsabilité, le goût du travail et de la prévoyance, que les doctrines qui permettent à chacun de se poser en victime et de s'imaginer qu'il a plus à gagner en exerçant ses revendications contre la société qu'en s'appliquant à améliorer sa situation par son effort personnel. Chaque homme est naturellement porté à voir en noir son propre sort et à s'exagérer le bonheur des autres. Bien des travailleurs dont le gain annuel est certainement supérieur au revenu moyen de l'ensemble de leurs concitoyens s'imaginent, cependant, qu'ils auraient beaucoup à gagner à un partage plus égal. La statistique démontre, il est vrai, que le nombre des riches est partout très faible et que, dans tous les pays, le total de leurs revenus est notablement inférieur à celui des revenus des travailleurs manuels, des paysans, des petits boutiquiers et employés, etc. Mais ceux-ci, qui sont le nombre et la puissance dans une démocratie, ne comprennent pas que la destruction de l'esprit d'entreprise, l'arrêt de la production et de l'accumulation des capitaux leur causerait un préjudice infiniment supérieur aux avantages qu'ils pourraient tirer de mesures de confiscation. La tentation est grande, pour eux, de réclamer des mesures de ce genre à leurs élus, dès qu'on leur laisse entrevoir qu'ils peuvent donner quelque apparence de justice à leurs revendications.

Or, il ne faut pas se dissimuler qu'une fois entré dans la voie des répartitions sentimentales, c'est jusqu'à la confiscation complète et à l'égalité absolue qu'il faut aller. Nous l'avons déjà dit à propos des traitements des employés de l'État : dès qu'on cesse de considérer comme le juste salaire du travail de chacun le prix qu'il vaut, d'après l'état du marché, il n'y a plus aucune raison pour limiter sa rémunération. On a dit, à propos des grèves des chemins de fer, qu'il fallait cinq francs par jour à un ménage ouvrier pour vivre convenablement à Paris : il est certain qu'il vivra mieux avec cinq francs qu'avec quatre ; mais il vivrait mieux encore avec six ou sept, et on ne saurait certes dire que dix ou vingt francs par jour constituent un luxe auquel il soit abusif pour lui de prétendre. D'après les exposés des motifs de certains projets, un malheureux doit recevoir au moins un franc par jour pour ne pas mourir de faim ; il peut se trouver tel pays où il se nourrirait à moindres frais, mais il n'en est aucun où le double ou le triple lui assure une existence exagérément confortable. Du jour où l'on cesse d'admettre que toute allocation dépassant la valeur des prestations fournies par celui qui la reçoit, d'après les conditions résultant de l'offre et de la demande, constitue un don purement gracieux, il n'y a plus aucune base solide pour fixer les droits de chacun, si ce n'est la répartition la plus brutalement égalitaire.

Cette répartition ne peut résulter que d'un régime purement socialiste et, si les sociologues qui veulent faire régner dans les lois plus d'équité, par une justice moins rigoureuse, ne s'y rallient pas tous directement, ceux que le mot effraie arriveraient bien vite à la chose, par le développement prodigieux de la législation interventionniste. Déjà nous voyons pulluler, à chaque législature, les propositions de loi tendant à interdire telle clause dans les contrats ou telles conditions de travail, à imposer telle prestation, à proscrire tel mode de production ou de vente, etc. Tantôt l'un, tantôt l'autre de ces projets aboutit ; il vient alors jeter le trouble dans certaines industries, puis provoquer des conflits entre les patrons et les ouvriers, quand ceux-ci constatent avec stupéfaction les gênes et les pertes résultant pour eux de la législation prétendue protectrice sur la durée du travail, le repos hebdomadaire, les retraites obligatoires, etc.

Nous ne croyons nullement, quant à nous, que l'inégalité économique entre les entrepreneurs et les ouvriers ou la détention des instruments de production par les premiers rendent impossible la conclusion entre eux de contrats équitables. La théorie, comme l'expérience, montre que, le jeu de l'offre et de la demande oblige les patrons à traiter avec les ouvriers dans les conditions qui résultent de la productivité du travail, à améliorer ces conditions dès que l'état du marché le comporte. Mais, pour un esprit logique qui ne partage pas cette conviction, aucun des palliatifs mis en oeuvre ne fera disparaître ce qu'il considère comme une iniquité ; seule, la mainmise de l'État sur tous les instruments de production, c'est-à-dire le régime collectiviste, peut y remédier.

Pour soumettre progressivement à l'action du législateur toutes les manifestations de l'activité humaine et toutes les relations économiques, les sociologues interventionnistes soutiennent que la Morale ne diffère pas au fond du Droit, - que celui-ci comprend, à un moment et dans un pays donnés, tous les impératifs qui apparaissent à la masse des hommes comme une condition essentielle du développement de la Solidarité, - qu'avec les progrès de la civilisation, le domaine de la morale pure doit diminuer chaque jour, au profit du domaine juridique. En effet, nous voyons chaque jour beaucoup d'apôtres du progrès se montrer de moins en moins enclins à s'imposer à eux-mêmes des règles morales, que la loi ne sanctionnerait pas, et de plus en plus résolus à imposer aux autres, par la puissance du bulletin du vote, les entraves on les sacrifices dont ils espèrent profiter. Mais cette mainmise des plus forts sur les biens qui appartiennent légitimement à d'autres, loin d'être un progrès du Droit, en est la négation ; cette prétendue équité est en réalité profondément inique, parce qu'elle viole la justice. Certes, la charité est une vertu merveilleuse, quand les renonciations qu'elle implique sont volontaires. La solidarité, qui prétend la remplacer, n'est que le manteau qui cache la violence et l'injustice, quand elle sert de prétexte pour dépouiller de leurs droits des individus qui entendent les conserver.

IV
Dangers moraux de la charité pratiquée
sans souci de la justice.

Et nous irons plus loin : même dans le don volontaire, la charité est mauvaise, si elle va contre la justice. Chacun n'est sans doute pas tenu, quand il donne, d'accomplir la tâche impossible de dresser une échelle rigoureuse des mérites, afin de régler ses dons en conséquence ; mais chacun doit, s'il ne veut par semer le vice et décourager la vertu, s'appliquer à ne jamais faire sciemment une situation meilleure au moins méritant. Le patron qui paye à l'ouvrier de la onzième heure, quand son retard est volontaire, le même salaire qu'à celui qui a supporté tout le poids du jour de travail, fait une mauvaise action en encourageant la paresse. Le père qui fait plus fête à l'enfant prodigue, ramené au foyer familial par la misère et non par les remords, qu'au fils resté depuis des années le seul soutien de sa vieillesse, est un ingrat, un mauvais père et un propagateur du vice.

Sans doute, au point de vue du droit strict, chaque homme est maître de faire ce qu'il veut de ses biens, à la condition de s'acquitter de ses dettes, - y compris celle qu'il a contractée envers ses enfants par les besoins qu'il a fait naître et qu'il a développés en eux. Mais celui qui fait de sa fortune un usage propre à encourager la paresse et l'inconduite commet un acte immoral. Qu'il soit fondé sur la charité volontaire, sur la solidarité imposée par les syndicats ou par le législateur, sur l'humanité plus grande qu'on veut, dit-on, introduire dans les lois, tout régime qui tend à ne pas tenir compte de la différence des mérites, dans la rémunération du travail ou dans la répartition des faveurs, est une école de démoralisation.

C'est pourquoi nous repoussons avant toute autre, comme purement malfaisante, cette forme spéciale de la pitié, si en honneur de nos jours, qui prêche le pardon envers les coupables, la réduction des peines, la multiplication des grâces, l'organisation aussi confortable que possible des prisons, la suppression de toutes les déchéances et de toutes les flétrissures qui continuaient à marquer le coupable ayant achevé sa peine. Certes, les cruautés inutiles ne sauraient être trop sévèrement condamnées et le repentir sincère trop encouragé ; mais encore faut-il maintenir la distinction nécessaire entre les honnêtes gens et les gredins, tant que les preuves du retour de ceux-ci au bien ne sont pas faites, et ne pas s'apitoyer sur leurs souffrances plus que sur celles de beaucoup de malheureux innocents. Nous insisterons, dans les paragraphes suivants, sur les dangers sociaux de cette indulgence ; nous ne voulons ici que la flétrir au nom de la justice.

Certes, toutes les lois, écrites sont imparfaites et leur application sujette à l'erreur ; mais, dans la mesure où les crimes et les délits ont pu être constatés, ce n'est pas Seulement un droit qu'a l'État de les punir, c'est un *devoir* pour lui de ne pas infliger à l'honnête homme l'égalité de traitement avec les coupables et de lui conserver les moyens de se distinguer de ceux-ci, tant qu'ils n'auront pas reconquis, par de longs efforts, leur rang dans la société. À cet égard, la législation doit maintenir rigoureusement les distinctions que la justice la plus élémentaire impose. Les *bons juges* qui, au lieu de se borner à user largement des adoucissements de peines prévus par le législateur dans tant de cas, refusent d'appliquer le Code pénal quand il est trop sévère à leur gré, sont simplement des juges prévaricateurs, violant eux-mêmes les lois qu'ils ont mission de faire respecter. Les citoyens qui se gardent de dénoncer les coupables ou de témoigner contre eux, le plus souvent en colorant d'un prétexte d'humanité le simple désir de ne pas se créer d'ennuis, commettent une lâcheté et se rendent moralement complices des méfaits futurs des hommes à qui ils permettent ainsi de poursuivre librement leur carrière criminelle.

Malheureusement, pour appliquer la justice, chacun dans sa sphère doit se servir de sa raison, peser ses actes, se gouverner et parfois subir les angoisses de cas de conscience douloureux. Il est plus facile dé se laisser aller tantôt aux sympathies plus ou moins justifiées, tantôt à l'égoïsme, suivant les impulsions de l'instinct. La raison n'est pas fort à la mode pour le moment ; la critique de l'intellectualisme, la préférence donnée au sentiment, à l'instinct, à l'intuition, pour guider la vie humaine, sont bien plus en faveur. Sans doute, il ne faut pas s'exagérer la puissance de la raison humaine. Nous avons laissé voir plus haut que nous ne nous faisons pas d'illusions sur ce point : nous n'avons pas hésité, par exemple, à reconnaître que la raison n'a pas réussi encore à trouver les fondements de la loi morale, et que cependant cette loi est un fait qui s'impose à nous. Mais, si l'intelligence de l'homme est bien loin de porter partout la lumière, s'il lui faut admettre bien des faits qu'elle n'explique pas, elle éclaire du moins pour lui quelques coins du monde où il vit ; elle seule permet à chacun de coordonner tant bien que mal les impressions reçues de ce monde, ce qui est la condition première pour y concilier le souci de ses besoins propres avec la justice envers les autres.

Nul homme, si ennemi soit-il de la conception anthropocentrique de l'univers, ne peut vivre sans affirmer chaque jour qu'il se juge infiniment supérieur à tous les autres êtres vivants, puisqu'il se croit en droit de les domestiquer et de les tuer pour la satisfaction de ses besoins. Or, c'est par la raison surtout que l'homme se distingue des autres animaux. Puisqu'elle est le seul titre de sa domination sur la nature, dont le développement est un élément essentiel du progrès scientifique et social, il doit lui soumettre les impulsions de ses sentiments, comme celles de ses sensations. C'est pourquoi il ne doit jamais sacrifier, même à la charité, la justice qui s'efforce de régler les rapports sociaux d'après la raison.

Et nous répéterons, en terminant, que la charité n'est jamais trop large envers les malheurs immérités, mais qu'elle méconnaît à, la fois la justice et l'intérêt social quand elle ne fait aucune distinction entre eux et les malheurs mérités par la paresse ou par l'imprévoyance, qu'enfin elle est une cause de raine générale et un encouragement à de véritables escroqueries, quand elle s'étend aux misères simulées et à celles qui résultent d'une volonté systématique de ne pas travailler.

Chapitre III
Les sanctions civiles et pénales

Clément Colson

Sommaire :
I. Nécessité des sanctions légales.
II. Insuffisance actuelle des sanctions civiles.
III. Les sanctions du contrat individuel ou collectif de travail.
IV. L'adoucissement des pénalités.
V. La libération conditionnelle, les grâces et les amnisties.
VI. La propagation du vice et la prophylaxie.

I
Nécessité des sanctions légales.

Si, dans tous les pays, l'État a mission de formuler les règles du droit positif, ce n'est pas parce que ses représentants offrent des garanties de sagesse et de vertu qui leur confèrent une autorité doctrinale particulière pour dégager les principes de la justice sociale ; c'est uniquement parce que lui seul peut donner une sanction pratique à ces principes. La tâche primordiale et essentielle de l'État, c'est de mettre fin à la guerre perpétuelle de tous contre tous, en instituant des juges pour trancher les litiges entre les particuliers et pour réprimer les atteintes portées par les uns aux droits des autres, puis en organisant une force suffisante pour imposer à tous l'exécution des décisions de ces juges, en même temps que pour protéger les citoyens contre les attaques extérieures. Il est indispensable que des lois fixent les règles essentielles à suivre dans les jugements, d'abord parce que chaque juge ne peut pas posséder l'expérience et les connaissances nécessaires pour trouver en lui-même tous les éléments d'une décision dans les espèces infiniment variées dont il sera saisi, ensuite, et surtout parce qu'il importe que les particuliers soient avertis des effets juridiques de telle ou telle action et règlent leur conduite en conséquence. C'est donc la sanction pratique, résultant du caractère exécutoire des décisions de justice, qui constitue la raison d'être de toute la législation ; celle-ci n'a une utilité réelle que dans la mesure où cette sanction est sérieuse et efficace.

Sans doute, on peut formuler, contre toutes les mesures tendant à renforcer en elle ce double caractère, une objection tirée des erreurs ou de la partialité des juges. Si un pays croit que ces défauts, inhérents à toute organisation humaine, ont pris chez lui un développement excessif, la conclusion à en tirer, est qu'il faut réformer son organisation judiciaire, non qu'il faut renoncer à l'utiliser. Cette réforme ne présente pas les difficultés insurmontables de celles qu'exigerait, dans les administrations publiques, l'extension des attributions industrielles de l'État, si prônée aujourd'hui : il est plus facile de trouver des magistrats probes et instruits et d'assurer leur indépendance, que de concilier l'initiative nécessaire à la gestion d'une entreprise industrielle avec les contrôles et les formalités indispensables dans un service public. En tout cas, si les difficultés organiques sont une raison préremptoire pour combattre les empiétements de l'autorité souveraine sur le domaine de l'initiative privée, elles ne sauraient motiver l'abandon de la fonction propre et essentielle de l'État, de celle dans laquelle personne ne peut les remplacer, de celle dont l'inaccomplissement ferait retomber une société dans la barbarie : le maintien de l'ordre public. Or, c'est précisément à compromettre gravement l'ordre public que tend le relâchement moderne de toutes les sanctions civiles et pénales, matérielles et morales, nécessaires pour assurer l'observation des lois et la protection des droits individuels.

II
Insuffisance actuelle des sanctions civiles.

Au point de vue civil, d'abord, il ne sert à rien d'instituer des tribunaux pour constater l'étendue des obligations contestées et en ordonner l'exécution, si pratiquement tout individu de mauvaise foi peut se soustraire aux condamnations prononcées contre lui. En droit, toute obligation de faire se résout en dommages-intérêts et tout préjudice causé à autrui oblige son auteur à le réparer ; mais, en fait, les dettes constatées dans un acte ou une décision exécutoires ne sont recouvrables que par la saisie des biens du débiteur. Or, toutes les précautions semblent prises en vue de permettre aux débiteurs avisés de mettre leur fortune à l'abri de leurs créanciers et de réduire au minimum les inconvénients résultant pour eux du non-paiement de leurs dettes exigibles.

Sans doute, il faut se féliciter de voir abolies à jamais, par les

Clément Colson

progrès de la civilisation, les règles barbares qui faisaient jadis du débiteur lui-même le gage de ses créanciers, en permettant de le réduire en esclavage. Sans doute aussi, il serait inique d'aggraver par des pénalités les malheurs du débiteur de bonne foi, rainé et insolvable. Mais il est scandaleux de voir tant de gens mener grand train, après avoir semé la ruine autour d'eux, sans que le montant de leurs dettes impayées soit pour eux un fardeau ni une gêne. Avec le développement des valeurs mobilières au porteur, il est facile d'avoir une fortune que nul ne sait où saisir ; en la plaçant en rentes sur l'État, on peut même la constituer en titres nominatifs sans qu'elle soit saisissable. Il suffit alors de loger en garni pour braver impudemment fournisseurs et créanciers. Jadis, la contrainte par corps permettait à ceux-ci, en assumant les frais de l'entretien de leur débiteur détenu pour dettes, de l'obliger à opter entre la prison et le paiement de son passif au moyen des ressources échappant à la saisie qui alimentaient son luxe. Certes, il était nécessaire d'entourer de garanties l'usage d'un droit aussi étendu et de n'en autoriser en aucun cas l'exercice vis-à-vis du débiteur malheureux et de bonne foi. Il n'en est pas moins vrai que, quand le législateur a supprimé purement et simplement la contrainte par corps en matière civile, en 1867, il a rendu le paiement de toutes les dettes facultatif pour les gens qui ont pris à temps leurs précautions. En Angleterre, le particulier qui, volontairement, n'effectue pas les paiements auxquels il a été condamné par arrêt de justice, est frappé de pénalités pour mépris de la cour, *contempt of court* ; en France, il n'a rien à craindre.

Dans les relations commerciales, du moins, la faillite, dessaisissant immédiatement de la direction de ses affaires le négociant qui ne faisait pas face à ses échéances, impliquant des déchéances ou des flétrissures dont il ne pouvait être relevé que par l'acquittement de ses dettes ou l'accord avec ses créanciers, maintenait jadis cette religion de la signature qui est l'honneur de l'homme d'affaires, la seule garantie efficace dans des relations impossibles sans confiance réciproque. La liquidation judiciaire, instituée en 1889 pour adoucir les rigueurs de la loi seulement en cas de malheurs immérités, avait déjà reçu une application étendue bien au delà des circonstances qui la justifiaient. Aujourd'hui, en vertu de la loi du 23 Mars 1908, même quand la faillite a été prononcée, la réhabilitation est accordée, après dix années, de plein droit et sans aucun effort, à ceux qu'elle avait atteints ; la Chambre, s'est hâtée de discuter cette loi avant même qui le rapport fût distribué, aux approches d'élections municipales, pour éviter un retard qui risquait de laisser l'administration des Communes, pour quatre années nouvelles, à des Conseils élus sans le concours des anciens faillis. Il serait bien étonnant, dans ces conditions, de voir subsister ce sentiment d'honneur commercial et de vraie solidarité, qui déterminait si souvent tous les membres d'une famille, à faire les derniers sacrifices pour éviter de compter un failli parmi eux.

En ce qui concerne les ouvriers, la saisie n'est guère applicable, car la loi y soustrait à juste titre les effets, meubles et outils indispensables, qui constituent en général leurs seuls biens visibles. La loi du 12 Janvier 1895 réduit en outre au dixième la portion saisissable de leurs salaires, ce qui est parfaitement justifié si ce salaire est la seule ressource d'une famille nombreuse, mais ce qui est excessif pour un célibataire n'ayant aucune charge. On propose aujourd'hui d'interdire complètement la saisie-arrêt qui, restreinte comme elle l'est déjà, est plutôt une vexation qu'une garantie pour les créanciers. On comprend la pitié qu'inspire l'ouvrier frappé d'un prélèvement sur son maigre salaire, pour des dettes dont parfois l'origine est le chômage involontaire ou la maladie. Il ne faut pas oublier, cependant, que tout ce qui augmente la difficulté du recouvrement des créances renchérit par cela même tous les objets vendus par les fournisseurs habituels de la population ouvrière. Les pertes causées par les mauvais débiteurs s'ajoutent aux frais généraux des vendeurs, qui constituent un élément considérable des prix de vente au détail. Les ouvriers réguliers, laborieux, qui se créent une petite épargne dans les moments où ils le peuvent, qui usent peu du crédit et n'ont plus de repos dès qu'ils se sentent un peu d'arriéré, paient pour les imprévoyants qui vivent au jour le jour,, s'endettent sans scrupule et vont acheter ailleurs quand ils ont épuisé leur crédit dans une maison.

Le vrai remède serait une législation très sévère vis-à-vis des débiteurs, avec un large pouvoir d'appréciation laissé au juge

Clément Colson

pour ne point l'appliquer aux cas vraiment dignes d'intérêt. Malheureusement, la faiblesse générale, gagnant les magistrats, transforme trop souvent un pouvoir de ce genre en une suppression pure et simple des mesures de rigueur, même les mieux justifiées. On en trouve un exemple frappant dans l'usage que font les juges de paix du droit d'accorder un sursis pour l'expulsion d'un locataire qui ne paie pas son terme. Dans beaucoup d'arrondissements de Paris, il est à peu près impossible d'obtenir cette expulsion quand il s'agit d'un ouvrier, même s'il est évident qu'il pourrait aisément s'acquitter ; aussi voit-on certains propriétaires, las d'héberger un locataire sachant exploiter tous les prétextes d'ajournement, réduits à obtenir son départ volontaire en lui payant son déménagement et en lui remettant la somme nécessaire pour verser d'avance le premier terme de son nouveau loyer (comme il est d'usage pour les petites locations), le tout grossi d'un certain pourboire. Que l'on s'étonne, après cela, de voir le prix moyen des logements ouvriers répondre à un taux de placement tout à fait excessif, eu égard an capital absorbé par les constructions ! Ici encore, les bons paient pour les mauvais.

Les mesures prises à l'occasion de la guerre ont mis en un singulier relief ces tendances. Au moment du brusque appel de tous les hommes valides sous les drapeaux, de l'arrêt subit d'une foule d'affaires, il était indispensable de suspendre provisoirement les saisies pour le paiement des dettes commerciales ou des loyers et les expulsions de locataires. Il fallait ensuite organiser une procédure très rapide, permettant à des juges de prolonger les sursis au profit des débiteurs qui justifieraient que les ressources sur lesquelles ils comptaient pour payer leur faisaient défaut, - admettre même une présomption d'impossibilité de payer en faveur des mobilisés dont le commerce était arrêté ou le traitement suspendu et qui n'étaient représentés, à leur domicile, par aucune personne capable de fournir pour eux des justifications. Au lieu d'agir ainsi, on a prolongé indéfiniment le moratorium, pour presque toutes les dettes et tous les loyers, accumulant ainsi des milliards d'arriérés qui sont devenus irrécouvrables, parce que les ressources avec lesquelles les débiteurs auraient pu s'acquitter ont été dépensées par eux, souvent en vivant plus largement qu'en temps de paix. Le discrédit jeté ainsi dans le monde entier sur la signature des négociants français pèsera longtemps sur notre commerce international. La cherté déjà excessive des petits loyers sera aggravée par cette raison nouvelle justifiant la crainte des difficultés de recouvrement, qui déjà, détourne beaucoup de capitalistes de consacrer leurs fonds à construire des immeubles destinés au logement des ouvriers. Enfin un coup grave a été porté au respect des engagements et à la paix sociale, par des mesures dégageant souvent les débiteurs et les locataires de leurs obligations envers des créanciers ou des propriétaires plus gênés qu'eux.

III
Les sanctions du contrat individuel
ou collectif de travail.

L'absence de toute garantie pour le recouvrement des créances sur les ouvriers transforme en simple hypocrisie la prétendue réciprocité imposée par beaucoup de lois, récentes ou en préparation, dans les rapports entre patrons et ouvriers. On critique la précision insuffisante du contrat de travail dans la plupart des cas, l'introduction de clauses prétendues léonines dans les règlements d'ateliers ; on demande que telle ou telle disposition, par exemple l'observation du délai-congé, soit déclarée d'ordre public, que toute stipulation tendant à en exonérer les parties contractantes suit déclarée nulle. Or, les auteurs de ces propositions savent parfaitement qu'en. pareil cas, si le patron se voit obligé de débarrasser d'urgence ses ateliers d'un ouvrier dont la présence lui paraît dangereuse, s'il n'a plus de travail pour tout son personnel, il paiera toujours l'indemnité due à la suite d'un licenciement précipité ; mais, si un ouvrier

part après la paie sans préavis, comme c'est le cas habituel, quel moyen aura le patron de recouvrer sur lui l'indemnité qui lui est due, par réciprocité ?

La difficulté d'appliquer aux engagements des ouvriers une sanction pécuniaire sérieuse tient à la nature des choses. Elle n'existe pas, quand il s'agit des fautes légères et fréquentes, entraînant nu dommage minime. Les patrons ont un procédé pour se couvrir clos pertes que leur cause l'inobservation des règles habituelles de la profession, au point de vue de la régularité du travail, de sa bonne exécution, des soins donnés au matériel : c'est d'établir, par un règlement d'atelier, des *amendes* retenues sur chaque paye, en cas d'infraction. Or, ou vent interdire aujourd'hui les amendes, de sorte que le seul moyen de réprimer les fautes de l'ouvrier serait le renvoi ; il faudrait alors laisser impunies les infractions trop minimes pour le justifier, jusqu'au jour où leur multiciplité obligerait à recourir à cette peine excessive. Un règlement d'atelier ressemblerait à un Code pénal n'appliquant pas d'autre châtiment que la mort. Qu'on prenne quelques garanties contre les abus auxquels peuvent donner lieu les amendes, rien de mieux ; les interdire, comme ou le fera peut-être bientôt, serait supprimer le seul moyen juste et raisonnable de donner une sanction pratique aux obligations assumées par l'ouvrier qui entre dans un atelier.

Même les sanctions morales paraissent aujourd'hui trop sévères. L'ouvrier était jadis obligé d'avoir un livret Constatant ses engagements successifs. La loi du 2 juillet 1890 a sagement aboli cette prescription de police, qui plaçait l'ouvrier en dehors du droit commun. Aujourd'hui, le patron est tenu de délivrer à l'employé qui le quitte, si celui-ci le requiert, un certificat constatant simplement la nature et la durée du travail accompli. Il n'y aurait rien d'excessif à autoriser le patron à mentionner en outre, sur ce certificat, que l'ouvrier est parti saris s'être acquitté de ses obligations, toutes les fois que le manquement résulte d'un fait précis, par exemple quand il n'a ni observé le délai-congé, ni payé l'indemnité due en pareil cas. Eh bien, même parmi des jurisconsultes, une pareille sanction, pourtant bien légère, trouve très peu d'appui, parce qu'elle pourrait nuire dans la recherche d'un emploi, à l'ouvrier placé dans l'alternative de montrer ce certificat, constatant sa faute, ou de n'en produire aucun. Il est certain, en fait, qu'une mention de ce genre ne nuirait à l'ouvrier que dans les moments de chômage exceptionnel, où les patrons peuvent faire un choix parmi les bras offerts en surnombre. N'est-il pas juste que, dans ces moments difficiles, l'ouvrier habitué à tenir ses engagements soit embauché de préférence à celui qui viole les siens ? N'est-ce pas la condition nécessaire pour imprimer dans les esprits l'habitude de respecter les contrats, base de toutes les relations sociales ?

Cette répugnance pour toute sanction sérieuse est un des obstacles les plus graves à l'extension de ce que l'on appelle le *contrat collectif* de travail et à celle de *l'arbitrage* dans les différends collectifs entre patrons et ouvriers. Les partisans d'un nouvel ordre social, nécessaire suivant eux pour répondre aux besoins du personnel de la grande industrie, reprochent sans cesse aux patrons de ne pas se prêter à l'application de ces procédés qui, disent-ils, préviendraient ou termineraient promptement les conflits entre le capital et le travail. Mais les patrons savent bien que les engagements qui en résulteront seront véritablement obligatoires pour eux ; la jurisprudence leur en impose déjà le respect, sans attendre les lois en préparation sur ces matières nouvelles. Au contraire, du côté des ouvriers, tant qu'on n'aura pas découvert une sanction pratique pour les engagements pris, ceux-ci seront vraiment illusoires. Dans ces conditions, on ne peut pas demander à des industriels sérieux de prendre des engagements, d'accepter d'avance la décision d'un arbitre, quand ils savent que toutes les charges en résultant pour leurs entreprises seront réelles et définitives, taudis que les avantages obtenus par eux en compensation seront sans cesse remis en discussion, -peut-être même annihilés par un refus pur et simple d'exécuter le contrat ou la sentence, sans qu'ils aient aucun moyen efficace d'en poursuivre l'application. Il ne leur reste que la garantie morale résultant de l'influence des signataires sur leurs camarades, et l'on peut en mesurer la valeur quand on voit, même dans la terre classique des organisations ouvrières, les chefs des *trade-unions* désavoués à chaque instant par leurs commettants.

C'est donc la sanction qui est, en ces matières, la grande difficulté. Or, la sanction pénale est la seule sanction efficace, d'une manière générale, pour les engagements pris soit par les gens d'affaires véreux ayant fait fortune aux dépens de leurs associés, soit par les ouvriers et les syndicats qui vivent au jour le jour et se gardent bien de devenir solvables. Sans doute, une dette contractée de bonne foi, avec un espoir sérieux de s'en acquitter à l'échéance, un dommage causé à autrui par inadvertance ne doivent donner ouverture qu'à des actions civiles. Mais quiconque contracte des dettes en faisant croire qu'il pourra les payer, sachant parfaitement le contraire, quiconque cause volontairement à autrui un dommage qu'il se sait hors d'état de réparer, commet une action ne différant pas au fond d'un vol véritable et comportant la même répression. Dès aujourd'hui, en vertu de l'article 401 du Code pénal, l'individu qui se fait servir un bon dîner dans un restaurant et déclare ensuite n'avoir pas de quoi régler l'addition, n'est pas poursuivi au civil seulement ; il est mis en prison. La même pénalité doit s'appliquer à celui qui, volontairement, porte atteinte aux droits d'autrui ou se dérobe à ses engagements, sachant qu'on ne pourra pas l'obliger à payer les dommages-intérêts encourus, souvent même ayant pris ses mesures pour qu'on ne le puisse pas.

Cette sanction pénale est appliquée dans nos lois à l'inexécution du contrat de travail, quand il s'agit des gens de mer dont la désertion peut empêcher ou rendre périlleux le départ d'un navire trop démuni de personnel. Mais on laisse aujourd'hui tomber en désuétude cette sévérité tutélaire, compensée cependant par tant d'avantages exceptionnels accordés aux inscrits maritimes. On a même entendu un Ministre de la Marine déclarer formellement qu'il ne l'appliquerait pas en cas de grève, considérant le refus de tenir les engagements pris comme licite, du moment Où il est collectif.

Bien loin d'abroger ou de laisser inappliquée la sanction pénale donnée, à certaines obligations civiles, là où elles existent, il faudrait l'étendre et la généraliser. La facilité des déplacements, le développement des entreprises et l'ampleur des marchés multiplient, de nos jours, les rapports individuels ou collectifs entre personnes n'ayant eu aucunes relations antérieures et ne pouvant se faire confiance en connaissance de cause ; cette situation exige une sanction de plus eu plus sévère pour les engagements réciproques. Les modifications réalisées déjà dans les lois, celles qui se préparent de tous côtés, la faiblesse croissante dans l'application des mesures de rigueur subsistant encore nominalement, tendent au contraire à diminuer chaque jour l'efficacité réelle des prescriptions légales, et par suite le respect général pour les idées de droit et de justice qu'elles consacrent. C'est là une des causes les plus dangereuses d'affaiblissement dans la moralité publique et de trouble dans l'organisme économique.

IV
L'adoucissement des pénalités.

Nous avons insisté sur l'insuffisance des sanctions civiles, parce qu'elle a été signalée plus rarement de nos jours que celle des sanctions *pénales*. Cela tient à ce que cette dernière est infiniment plus criante, plus dangereuse et, en outre, plus souvent intentionnelle. La première, en effet, résulte surtout des modifications survenues dans la vie économique ; les modes d'exécution forcée prévus jadis pour un monde stable, où la principale richesse était la richesse immobilière et où les relations étaient individuelles, sont devenus inefficaces depuis que ce monde a été remplacé par une société extrêmement mobile, où les capitaux et les ouvriers se concentrent dans des entreprises sans cesse croissantes et où les personnes se connaissent plus difficilement. Au contraire, l'affaiblissement progressif de la répression des crimes et délits résulte d'un courant de sentimentalité de plus en plus attendrie sur les malheurs des criminels ; de ce courant sont sortis, d'un côté l'adoucissement des peines, de l'autre les lois votées pour les mieux adapter aux diverses situations individuelles, en autorisant dans certains cas des atténuations exceptionnelles que le relâchement des sévérités judiciaires a promptement généralisées. Un commencement de réaction tendait à se manifester quand a paru la première édition de cet ouvrage ; il était déjà presque oublié quand la guerre a éclaté, sans qu'aucun des abus qui l'avaient provoqué ait été atténué.

L'adoucissement progressif des peines est trop connu pour qu'il soit besoin de s'y arrêter. Le bagne a été remplacé par la déportation. Pendant assez longtemps, sous l'excellent climat de la Nouvelle-Calédonie, celle-ci constituait une sorte d'émigration Orant sur l'émigration volontaire cet avantage que le condamné avait la certitude d'être nourri, même s'il ne jugeait pas à propos de travailler ; aussi a-t-on vu des prisonniers assassiner leurs gardiens uniquement pour s'y faire envoyer, et a-t-il fallu une loi spéciale (25 décembre 1880) pour leur refuser en ce cas la pénalité ambitionnée. A la Guyane, la villégiature est moins séduisante, quoique les facilités d'évasion en compensent en partie la rigueur. Dans les prisons métropolitaines, des transformations profondes, reconnues nécessaires depuis longtemps, n'ont été exécutées qu'exceptionnellement ; mais, là où elles l'ont été, l'excellente installation assurée aux condamnés a été glorifiée de manière à exciter l'envie de bien des malheureux.

Quelle que soit d'ailleurs la peine encourue, les sentiments humanitaires ont conduit à poser en principe que la puissance publique doit assurer au criminel une nourriture suffisante et un logement salubre, mais qu'en aucun cas elle ne peut lui appliquer un châtiment corporel pour l'obliger à payer par son travail l'abri et les aliments reçus ; si, d'ailleurs, il cousent à ne pas rester oisif, on n'attend pas qu'il ait couvert les frais imposés par lui à la nation pour affecter une partie du produit de son travail à lui constituer un pécule dont il disposera à sa sortie. Il est tout naturel, dans ces conditions, que certaines prisons, loin d'être un objet d'épouvante pour ceux qui ont fait connaissance avec elles, soient recherchées par quelques-uns d'entre eux comme un asile d'hiver, où l'on est sûr d'être admis pour le temps désiré, en calculant bien la gravité du délit qu'il faut se donner la peine de commettre à cet effet.

Heureusement, l'amour de la liberté et les traditions remontant aux époques de sévérité plus grande entretiennent encore une certaine crainte du châtiment, chez la plupart des individus que leur moralité ne suffit pas à maintenir dans le droit chemin. Mais l'efficacité de cette crainte est singulièrement atténuée par la multiplicité des échappatoires qui permettent de ne subir qu'une fraction infime des peines prévues dans les Codes.

Jadis, la nature de ces peines était fixée invariablement d'après la définition du crime ou du délit commis ; les limites dans lesquelles leur durée pouvait varier, d'après l'appréciation du juge, étaient assez étroites. Le législateur s'est efforcé, avec raison, de mieux adapter la pénalité appliquée, dans chaque cas, au degré de culpabilité réelle de l'accusé, et de donner aux juges, à cet effet, une latitude bien plus grande ; c'est ce que l'on a appelé l'individualisation de la peine. Malheureusement, l'affaiblissement général du sens de la répression, la prédominance de la pitié sur la justice, la popularité des bons juges, parfois même les invitations à la mansuétude émanant de la Chancellerie ont peu à peu transformé en règles générales, toujours appliquées sauf circonstances exceptionnelles, les adoucissements qui auraient dû garder le caractère d'exception.

La première disposition dans ce sens a été l'admission, déjà ancienne et très justifiée, des circonstances atténuantes, permettant à l'origine d'abaisser d'un degré la peine encourue. Peu à peu, on a augmenté l'importance des adoucissements autorisés, puis l'habitude s'est établie de les accorder à presque tous les accusés, à tous même sans exception pour certaines catégories de crimes. D'autre part, le caractère de plus en plus fantaisiste des décisions du jury a conduit des parquets à *correctionnaliser* le plus souvent possible les crimes, en laissant de côté les circonstances aggravantes. Il est heureux qu'ils le fassent, car si, en droit, la gravité du crime rend plus dure la pénalité encourue, en fait, elle accroît énormément les chances d'impunité en donnant compétence à la Cour d'assises pour statuer. Ainsi, les châtiments appliqués sont devenus de plus en plus inférieurs à ceux qui avaient jadis paru nécessaires au législateur pour punir les criminels et pour effrayer leurs imitateurs.

Une mesure infiniment plus grave a été prise par la loi du 26 mars 1891, dite loi Bérenger. Cette loi autorise les tribunaux, en cas de première condamnation, à décider qu'il sera sursis à l'application de la peine : celle-ci sera subie seulement si, dans les cinq années qui suivent, le délinquant a été l'objet d'une nouvelle condamnation ; dans le cas contraire, il est définitivement libéré. La loi était motivée par l'idée, humaine et judicieuse, de ne pas jeter définitivement dans le crime, par la flétrissure et les promiscuités de la prison, des coupables qui ont cédé à un entraînement momentané et qu'un avertissement suffira sans doute à ramener au bien. Malheureusement, l'habitude s'est établie peu à peu de ne pas accorder le sursis seulement quand il est bien prouvé que l'auteur de la faute n'est pas encore corrompu, d'en faire au contraire

Clément Colson

profiter une, grande partie des délinquants n'ayant pas encore subi de condamnation. Or, il est rare qu'un premier délit ne soit pas le, signe d'une longue démoralisation ; souvent même, il a été précédé de plusieurs autres méfaits qui n'ont pas été poursuivis. En pratique., l'effet le plus clair de la manière dont la loi a été appliquée a été de répandre dans certains milieux l'idée que, tant qu'on n'a pas été pris une fois, on ne risque pas grand'chose à s'approprier le bien d'autrui. Quand arrive la première condamnation, l'habitude est prise, et comme, grâce au sursis, la prison ne vient pas l'interrompre, elle a toutes chances de se consolider.

V
La libération conditionnelle,
les grâces et les amnisties.

L'indulgence croissante des tribunaux diminue notablement le nombre des condamnations. Lorsqu'il en a été prononcé, les grâces, la libération conditionnelle et les amnisties en abrègent souvent la durée ou même les effacent entièrement.

L'exercice du droit de grâce, dans une République, constitue un de ces anachronismes dont l'habitude seule empêche de voir le caractère irrationnel, en même temps que l'iniquité profonde. Nous venons de montrer dans quelle mesure, déjà très large, les juges sont autorisés à atténuer les condamnations. Qu'une juridiction plus élevée puisse être saisie pour atténuer encore ou pour ajourner, après instruction régulière, les peines prononcées par un tribunal inférieur, cela se conçoit. Mais que le Président de la République ait qualité pour dispenser un condamné de cette peine, sans en donner aucun motif, sans être nullement tenu d'appliquer le même traitement aux cas analogues, c'est ce qu'il nous est impossible de comprendre. Quand le délit était considéré comme une sorte de lèse-majesté, une offense personnelle envers le souverain, on comprenait que celui-ci pût renoncer, si tel était son bon plaisir, à exercer les représailles autorisées par la loi ; dans une société qui n'incarne plus en un homme l'autorité suprême et où les seules pénalités admises sont celles qu'exige le soin de la sécurité publique, il est inconcevable qu'il soit statué sur l'exécution des condamnations autrement que dans les formes judiciaires.

Or, loin de restreindre ces applications du pouvoir personnel, le gouvernement républicain leur a donné un développement inconnu auparavant. Leur nombre, joint à la mollesse avec laquelle sont appliquées les condamnations même non effacées, réduisent le montant des amendes recouvrées chaque année au tiers environ de celles qui sont prononcées, laissent en liberté nombre de condamnés à la prison et ont même rendu purement nominal, pendant plusieurs années, le maintien dans nos Codes de la peine la plus propre à effrayer les criminels, la peine de mort. Malgré la puissance des phrases humanitaires, ce relâchement a fini par provoquer un sursaut de révolte et d'inquiétude. Le mouvement d'opinion qui a suivi la grâce de Soleilland a du moins enrayé un peu cet abus en montrant, au grand étonnement de bien des gens, que la pitié publique pouvait parfois se porter sur les victimes, et non sur les assassins.

La remise d'une fraction d'une longue peine se comprend, quand la conduite du condamné, pendant qu'il en subissait la première partie, permet de croire à sa régénération définitive. Mais la grâce n'est nullement nécessaire pour cela ; la loi du 14 à août 1895, qui a autorisé la libération conditionnelle, répond à cette idée de justice. Elle y répondrait même parfaitement, à deux conditions. La première, c'est que la remise partielle soit prononcée par des juges, avec les formes judiciaires, et qu'elle ne constitue pas une décision administrative ; le passage du service pénitentiaire du Ministre de l'intérieur à celui de la Justice, enfin effectué, pourra faciliter la réalisation de ce progrès. La seconde condition, c'est qu'une surveillance soit organisée pour constater que l'amélioration apparente n'était pas simple hypocrisie et pour réintégrer en prison le condamné qui mésuserait de sa liberté ; le règlement prévit pour y pourvoir, parla loi de 1885, a été soumis au Conseil d'État Seulement en 1912 ; il a été d'ailleurs retiré avant d'avoir été discuté.

Encore les grâces, comme la libération conditionnelle, sont-elles accordées après un certain examen des mérites individuels et en

Clément Colson

laissant subsister quelques conséquences des peines encourues. Les amnisties effacent au contraire légalement jusqu'au souvenir même de ces peines, pour des catégories entières de coupables. On conçoit que les conséquences d'une loi pénale pour les faits passés soient abolies, quand cette loi, reconnue inique, est elle-même abrogée. On conçoit aussi qu'après de violentes discordes civiles, qui avaient jeté le trouble dans tous les esprits, le souvenir en soit effacé par le pardon des fautes qu'elles ont entraînées. Mais, en dehors de ces cas très spéciaux, la mise à néant des effets déjà produits par une loi, maintenue d'ailleurs en vigueur, constitue un de ces actes de pur arbitraire que seuls les mystères du droit divin dispenseraient d'expliquer. Cependant, dans la France républicaine, pendant les vingt années précédant la guerre, il a été promulgué tous les ans ou tous les dix-huit mois une loi d'amnistie annulant les condamnations prononcées pour une foule de délits de droit commun, notamment pour les infractions aux lois fiscales, aux règlements de voirie, de chasse, de pêche, - enfin et surtout pour les faits de grève et les faits connexes, c'est-à-dire pour les atteintes à la liberté dit travail, la rébellion envers les magistrats, parfois le pillage des usines, les coups et blessures infligés aux ouvriers qui veulent travailler, aux agents de police et aux soldats requis pour maintenir l'ordre.

Que ces amnisties répétées enlèvent toute efficacité aux lois pénales dont elles annihilent les effets, cela est évident. Nous n'en citerons qu'un exemple : les études qui ont précédé la loi de 1906 sur la Marine marchande ont montré avec évidence qu'une des causes principales mettant obstacle à ce que l'armement français subsiste sans des subventions énormes est l'impossibilité de maintenir la discipline à bord et d'obtenir un travail sérieux des marins, assurés de voir annihiler bientôt par une amnistie les condamnations encourues pour refus de service, désertion, etc.

L'amnistie raye définitivement du passé de ceux qui en bénéficient toutes les condamnations antérieures. Mais le législateur charitable a pris soin d'atténuer singulièrement, même pour les vulgaires voleurs auxquels elle ne s'étend guère, l'inique distinction établie autrefois entre eux et les honnêtes gens par l'importance, excessive suivant lui, attachée aux pénalités encourues. Jadis, il était possible au candidat à un poste de confiance de prouver, en produisant un extrait de son casier judiciaire, qu'il n'avait jamais eu à subir la sévérité des tribunaux ; le refus de fournir cette pièce équivalait à l'aveu d'un passé coupable. Les lois du 5 août 1899 et du 11 juillet 1900 ont retranché du bulletin délivré certaines condamnations, répondant pourtant à des actes graves au point de vue de la probité, notamment toutes celles dont la non-exécution est devenu définitive en vertu de la loi Bérenger ; pour soustraire les coupables à une juste flétrissure, on a enlevé à l'innocent le moyen de prouver son honorabilité.

Le coupable lui-même a toujours pu obtenir sa réhabilitation. Seulement, autrefois, il fallait d'abord une enquête approfondie, établissant qu'il l'avait méritée. La loi du 11 juillet 1900 a décidé que la réhabilitation serait acquise de plein droit au bout d'un certain délai ; il suffit d'avoir échappé pendant ce temps à toute condamnation à la prison pour rentrer en jouissance de tous ses droits civils et politiques, voire même pour devenir membre du jury, sans avoir subi les ennuis d'une procédure indiscrète. Aussi voit-on de bons juges ne condamner un accusé qu'à une amende, pour des fautes qu'eux-mêmes punissent souvent d'emprisonnement, afin de ne pas priver un récidiviste de la réhabilitation automatique [1].

VI
La propagation du vice et la prophylaxie.

On dirait, à lire force publications dont trop souvent les idées ont passé dans les lois, que la première préoccupation des âmes généreuses doive être de réintégrer les condamnés dans la société des honnêtes gens et d'y faire oublier leurs fautes. Sans doute, l'an des devoirs du législateur est d'organiser les peines dé manière à corriger et à améliorer le coupable, si c'est possible-, ait lieu de compléter sa dégradation. Mais, enfin, il ne faut pas oublier que, dans la jeunesse surtout, le contact des gredins avec les innocents a beaucoup plus souvent pour effet de corrompre ces derniers que d'améliorer les premiers. L'homme généreux qui, pour essayer de

1 Voir, sur tous ces points, les remarquables articles de M. Loubat, procureur général à Lyon, dans la *Revue politique et parlementaire* (juin et juillet 1911).

Clément Colson

ramener un voleur à la probité :, sans grande chance de succès d'ailleurs, s'expose à contaminer tout un groupe de jeunes gens, commet un, véritable crime social.

Depuis les découvertes de Pasteur, on multiplie les lois et les règlements en vue d'arrêter la propagation des maladies contagieuses ; on oblige les médecins à déclarer celles qu'ils soignent ; on crée des pavillons d'isolement dans les hôpitaux pour les malades qui en sont atteints. Mais ce légitime souci de la santé physique des citoyens ne s'étend pas à leur santé morale. Tous les jours, des campagnes sont engagées contre la concentration des condamnés, des enfants vicieux, des soldats indisciplinables dans des établissements spéciaux. Il est bien évident que les prisons, les colonies pénitentiaires, les compagnies de discipline ne sont pas do bonnes écoles de moralité et que, pour y maintenir l'ordre, ou est amené à déployer une fermeté dégénérant parfois en dureté excessive. Il ne faut pas oublier, pourtant, que ceux qu'on y réunit y sont envoyés par leur faute et que bien peu d'entre eux sont susceptibles de correction réelle. En laissant le voleur en liberté sans le soumettre à aucune surveillance, eu plaçant l'enfant vicieux dans une école ou dans une famille où il y a d'autres enfants, en envoyant le repris de justice à la chambrée, on propage le vice et le crime aussi sûrement qu'on propagerait la scarlatine en dispersant les malades qu'elle atteint dans les familles, les écoles ou les casernes. Encore, en présence d'un malade, doit-on avant tout songer à lui donner les soins nécessaires. Mais en présence des coupables, qui eux ont mérité les condamnations subies, avant de songer à leur amendement moral, il faut s'occuper de préserver les innocents de la propagande du vice et de défendre l'ordre, social contre les attaques du crime. Tel est cependant l'oubli où tombent ces idées élémentaires, qu'une disposition de la loi de 1905 confondant au régiment les conscrits condamnés pour vol avec les autres, avait été votée sans difficultés. Son application a rendu ses dangers si évidents que l'opinion a exigé la modification de cette loi ; encore a-t-il fallu s'y reprendre à deux fois pour réaliser une correction suffisante. Combien d'autres mesures d'une indulgence criminelle produisent des effets analogues, sans que le public s'en émeuve !

La pitié pour le criminel qui a subi sa peine et auquel sa situation ferme l'accès de la plupart des maisons honorables doit, elle aussi, être contenue dans de justes limites. Sans doute, on ne saurait trop admirer les hommes généreux qui se dévouent aux oeuvres de, patronage fondées en vue de procurer un gagne-pain aux libérés et de poursuivre leur régénération. Mais, pour être bienfaisantes, il faut que ces œuvres ne dissimulent jamais le passé de leurs clients, qu'elles n'exposent pas les familles honorables à laisser pratiquer, faute d'être averties, une détestable propagande parmi leurs enfants et leurs serviteurs, qu'elles ne donnent jamais l'impression qu'avoir subi une condamnation est un titre nécessaire pour obtenir certains secours.

On ne saurait trop le répéter, le seul fondement solide de la moralité, Comme de l'ordre social, c'est la justice et la vérité. Le libéré qui revient à la vie honnête, malgré les difficultés de sa situation, mérite plus que l'estime, l'admiration ; seulement, pour mériter l'une et l'autre, il faut qu'il ne les vole pas par le mensonge et qu'il fasse loyalement les preuves de son retour au bien. Quand la charité permet et encourage la dissimulation d'un passé coupable, elle facilite plus souvent de nouveaux délits qu'une amélioration profonde et sérieuse. En tout cas, elle propage cette forme du scepticisme M'oral qui consiste à croire que tous les hommes se valent, à les soupçonner tous des pires vilenies, faute de savoir qui en a réellement commis, et à envelopper dans une même bienveillance méprisante les bons et les mauvais, pour s'éviter la peine de les distinguer.

À cet égard, notre législation sur la diffamation, qui expose à la même condamnation quiconque traite de voleur un repris de justice ou un honnête homme, est profondément immorale. En refusant à la victime d'une calomnie les moyens de mettre ses accusateurs en demeure de faire la preuve de leurs dires, elle protège la réputation des malhonnêtes gens et elle enlève aux autres tout moyen de se laver d'une imputation déshonorante [1]. La loi permet de même à un ancien employé de faire condamner le patron qui donne sur

1 La preuve est admise, s'il s'agit des actes de la vie publique, mais, comme c'est le jury qui apprécie si cette preuve a été faite le recours ouvert par la loi est plus hasardeux qu'efficace.

Clément Colson

lui de mauvais renseignements, aussi bien s'ils sont exacts que s'ils sont faux ; elle oblige ainsi à mettre à peu près sur le même pied le serviteur actif et dévoué et l'agent incapable et paresseux.

Sans doute, les appréciations de l'ancien patron peuvent être injustes, de même que les preuves apportées pour justifier ou réfuter une diffamation peuvent être fausses. Mais les doutes auxquels laisse place toute appréciation humaine ne sont pas une raison suffisante pour que nous renoncions à distinguer de notre mieux le vrai du faux et le bien du mal. Or, s'il est beau de la part de chacun de nous de pratiquer l'indulgence et le pardon des offenses personnelles, il ne faut pas oublier que l'association intime entre l'idée de faute et celle de punition, le mépris pesant sur le coupable tant qu'il ne s'est pas réhabilité par de longs efforts, sont une des bases principales de la distinction du bien et du mal pour le commun des hommes. La grâce, le sursis, la réhabilitation automatique du failli ou du voleur peuvent, dans quelques cas exceptionnels, constituer la vraie justice, tout comme Une fille-mère est parfois plus estimable que certaines mères de famille régulièrement mariées. Nulle distinction tranchée n'est absolument juste, car toutes les nuances se succèdent et s'enchaînent d'une manière continue dans la série des valeurs morales ; mais il faut bien cependant établir catégories, pour ne pas tout confondre. L'idée que l'homme qui a volé, comme la fille qui a failli, sont déchus, qu'ils n'ont plus leur place parmi les gens de bien et ne pourront la reconquérir qu'à la suite de longues épreuves est un élément essentiel de la moralité publique, - exactement comme l'idée que, si on ne paie pas ses dettes de bon gré, on y sera contraint par des mesures coercitives, est un élément essentiel du respect des engagements contractés.

Une législation et des mœurs qui, sous prétexte de pitié ou d'humanité, méconnaissent ces règles essentielles de justice, tendent à détruire tout l'ordre social basé sur la famille, sur le respect du bien d'autrui et des contrats. Peut-être n'est-il pas impossible d'en imaginer un autre. Mais le jour où cet ordre nouveau serait établi, lui aussi ne pourrait subsister qu'en appliquant avec fermeté les prescriptions légales consacrant les principes sur lesquels il serait fondé. On ne peut pas concevoir une société où les règles établies pour déterminer les rapports entre les citoyens resteraient dépourvues de toute sanction efficace, si ce n'est comme un effroyable théâtre de désordres, de violences et de misères.

Chapitre IV
La sécurité publique

Sommaire :
I. L'insuffisance de la police et des tribunaux.
II. La répression du vagabondage.
III. Nécessité d'un lien étroit entre la police et les œuvres d'assistance.
IV. Les irresponsables ; l'alcoolisme et les dégénérés.
V. L'augmentation de la criminalité, notamment dans la jeunesse.
VI. L'action directe et les violences collectives.

I
L'insuffisance de la police et des tribunaux.

Pour que les crimes et délits ne fussent pas de plus en plus nombreux, en présence de la diminution que nous venons de signaler dans la sévérité de la répression, il faudrait au moins que leurs auteurs eussent la quasi-certitude d'être arrêtés et traduits devant les tribunaux. Or, la statistique montre que c'est le contraire qui se produit. La proportion des affaires classées, parmi celles dont les parquets ont été saisis, s'est élevée de 51 p. 100, dans la période 1881-85, à près de 60 p. 100 avant la guerre. Leur nombre atteignait environ 320.000 par an, sur lesquelles 100.000 abandonnées parce que les auteurs des infractions étaient restés absolument inconnus et 53.000 faute de charges suffisantes contre les prévenus. Le nombre des délits plus ou moins importants qui ne sont même pas signalés à la police croît sans doute aussi, à mesure que l'expérience montre aux victimes l'inutilité de déposer une plainte. Cette inutilité s'explique par l'insuffisance du personnel chargé d'assurer la sécurité publique et par l'inapplication des lois destinées à débarrasser la société des délinquants professionnels.

L'insuffisance absolue de l'organisation de la police est un fait

Clément Colson

incontestable. Les parquets, à qui il appartient de poursuivre les crimes et délits, ne disposent directement d'aucun personnel pour en rechercher les auteurs. La direction de la Sûreté générale qui, par une anomalie tenant uniquement à des raisons politiques, relève du Ministère de l'Intérieur et non de celui de la Justice, n'a sous ses ordres qu'un nombre infime d'agents. C'est seulement depuis 1907 que la création des brigades mobiles a mis à sa disposition des hommes exercés, pour faire en province les recherches nécessaires ; malgré leur petit nombre, ceux-ci ont déjà rendu des services signalés. Les commissaires de polices cantonaux, qui relevaient directement du pouvoir central, ont été supprimés en 1870 comme agents politiques de l'Empire : la Sûreté générale n'a plus d'autres agents locaux choisis par elle, en dehors des cinq brigades mobiles, que les commissaires spéciaux de police établis dans les grandes gares de chemins de fer, dont l'effectif ne dépasse pas le chiffre insignifiant de 300 à 350. La seule force de police réelle que le gouvernement ait en main est la gendarmerie, dont l'effectif n'atteint pas 22.000 hommes pour un territoire de 550.000 kilomètres carrés ; elle est d'ailleurs souvent absorbée par des occupations d'ordre militaire, notamment par le service du recrutement et de la mobilisation de l'armée.

En dehors de ce personnel, l'ordre public doit être assuré en principe par les municipalités. L'État participe aux dépenses de la police, qui, est placée sous son autorité directe et garde quelque énergie, à Paris et dans sa banlieue, à Lyon et, depuis 1908, à Marseille, où le débordement des crimes a imposé l'introduction du régime déjà en vigueur dans les deux autres grandes agglomérations. Partout ailleurs, ce service relève des Maires ; sortis de l'élection et rééligibles tous les quatre ans, ceux-ci ne peuvent apporter à sa direction ni la fermeté, ni la suite dans les idées indispensables à son efficacité. Dans les villes, le pouvoir central exerce un contrôle plus ou moins étendu, suivant leur importance, sur le personnel de la police ; malgré cela, celui-ci n'a ni la compétence nécessaire pour découvrir les auteurs des crimes et délits, ni l'indépendance vis-à-vis des électeurs indispensable pour maintenir l'ordre et réprimer les contraventions. Dans les campagnes, la seule force publique se compose des gardes champêtres, qui ne s'occupent pour ainsi dire plus de la police rurale et seraient d'ailleurs parfaitement incapables d'y pourvoir : le nombre moyen des procès-verbaux que dresse chacun d'eux varie entre *un cinquième et un quart par an.*

Dans les études remarquables sur l'administration de la France où il signalait cette situation, M. Henri Chardon évaluait à 100 millions les dépenses supplémentaires indispensables pour doter la France d'une police capable d'assurer l'ordre et de rechercher efficacement les auteurs des infractions ; les pertes matérielles que cause la multiplication des crimes et des délits résultant de l'impunité probable et de l'insuffisance de la répression dépassent certainement beaucoup cette somme, sans parler des conséquences morales, qu'on ne peut chiffrer. Le président du Conseil et le Directeur de la Sûreté générale avaient été si frappés de la justesse des vues exprimées par l'auteur de ces ouvrages, qu'ils lui avaient demandé son concours pour l'étude d'un projet d'organisation d'une police sérieuse. Mais le temps et les ressources qu'eût exigés cette oeuvre de réorganisation ont été absorbés par les lois dites sociales.

Il a fallu qu'une bande de voleurs commettant en plein jour des attentats dans des quartiers populeux eût échappé maintes fois à la police, pour que celle-ci s'aperçût qu'il ne lui servirait à rien d'avoir des agents, s'ils n'employaient pas les moyens nécessaires pour arrêter les criminels ou les simples délinquants. Les bandits n'hésitent pas à user de leurs armes pour frapper les agents de la force publique et des moyens modernes de transport pour s'échapper aussitôt : la seule manière d'y mettre bon ordre est d'avertir le public que les représentants de la loi feront usage de leurs armes au premier geste menaçant et que quiconque cherchera à leur échapper par la fuite risquera d'être arrêté par une balle. Il en résultera peut-être quelques erreurs déplorables ; mais la sécurité publique exige impérieusement que des mesures soient prises pour qu'une audace suffisante et l'usage d'inventions comme l'automobile n'assurent pas l'impunité aux criminels.

La nécessité apparaît aussi d'interdire à la presse de tenir les malfaiteurs au courant des mesures préparées pour les arrêter et de

Clément Colson

signaler à leur vengeance les noms et les adresses des personnes qui ont donné à la police des indications utiles. Des pénalités sévères peuvent seules réprimer ces indiscrétions, analogues à celles des journaux qui révélaient en 1870 les mouvements de nos armées à l'état-major allemand, comme le constate sa relation officielle de la guerre.

Il ne servirait à rien d'organiser une bonne police, si les infractions qu'elle constate n'étaient pas réprimées, - les petites comme les grandes, car c'est l'habitude de violer les lois et les règlements qu'il faut déraciner. Or, dans les grands centres, les seuls où la police ne soit pas absolument inexistante, une partie des contraventions et même des délits qu'elle constate ne peuvent pas être poursuivis, par suite de la mauvaise répartition du personnel judiciaire : tandis que tant de magistrats restent oisifs dans les petits tribunaux, ceux de la Seine et des grandes villes doivent abandonner la plupart des affaires sans importance, pour pouvoir expédier les autres. Beaucoup de délits n'y sont jamais poursuivis d'office par les parquets surchargés, de sorte qu'ils échappent à toute répression quand aucun particulier ne prend la responsabilité de déposer une plainte,

L'insuffisance du nombre des magistrats a été rendue encore plus sensible par la loi du 8 décembre 1897, qui a prévu l'intervention des avocats, non seulement dans les débats publics sur les affaires criminelles, mais encore dans l'instruction qui les précède. Cette loi est d'ailleurs une des manifestations remarquables de la tendresse actuelle pour les coupables, qui seuls ont intérêt à l'invoquer. Autant le concours d'un avocat est indispensable à tout accusé, pour exposer avec méthode et clarté les faits et pour discuter les questions de droit à l'audience, autant on conçoit mal son utilité dans les interrogatoires et les confrontations où l'innocent n'a pas autre chose à faire, pour se défendre, que dire la vérité ; à ce moment, le seul fait de refuser de répondre aux questions du juge d'instruction avant de s'être concerté avec un avocat, comme la loi en donne le droit à tout prévenu, constitue l'aveu implicite d'une culpabilité que des mensonges savamment combinés peuvent seuls dissimuler.

Les complications résultant de l'instruction contradictoire rendraient sans doute l'expédition des affaires impossible, si heureusement les avocats ne se désintéressaient de cette phase de la procédure, toutes les fois qu'il ne s'agit pas d'un procès un peu retentissant. Néanmoins, la loi de 1897 donne aux criminels assez riches pour, offrir des honoraires en rapport avec le temps pris à leur défenseur les moyens de faire traîner indéfiniment les affaires, de dérouter les juges d'instruction et d'obtenir ainsi des ordonnances de non-lieu, plus fréquemment qu'il ne faudrait.

Cependant, l'opinion publique continue à se montrer favorable à tous les projets augmentant les garanties qui manqueraient, dit-on, aux accusés. La crainte, jadis légitime, de les voir mal défendus, subsiste à une époque où c'est la sécurité des gens paisibles qui n'est plus suffisamment protégée. Le théâtre, flagellant des vices disparus, peint encore des magistrats poussés Par la soif de l'avancement à trouver partout des coupables, quand en réalité on en voit beaucoup plus fermer les yeux devant une culpabilité presque certaine, soit par crainte de se compromettre, soit par contagion de la sensiblerie régnante.

II
La répression du vagabondage.

Tandis que l'armée de la répression reste insuffisante en nombre et entravée dans son action, les dispositions légales destinées à réduire celle des vagabonds et des gens sans aveu restent inappliquées. Or. il ne faut pas oublier que c'est à ceux-ci que doivent être attribués la plupart des crimes, de plus en plus nombreux, dont les auteurs demeurent inconnus. En présence d'un crime domestique, un peu de sagacité suffit pour découvrir le coupable : il faut que celui-ci soit bien. habile pour avoir fait disparaître toutes les preuves propres à confirmer les soupçons, aiguillés par l'axiome *is fecit cui prodest*. Mais, quand l'apache qui a dévalisé un passant ou cambriolé un appartement dans une maison inconnue n'a pas été pris en flagrant délit, il n'y a aucun moyen de retrouver sa trace. Les larcins et même les crimes commis par les vagabonds qui rôdent le jour sur les routes et à qui on n'ose pas refuser le soir un asile dans

Clément Colson

les fermes, de peur de trouver le lendemain les bestiaux lâchés, une meule brûlée, etc., restent nécessairement impunis quand ils sont découverts seulement après le départ de ces misérables, dont l'identité et l'itinéraire sont ignorés. On se souvient de l'horreur et de l'effroi ressentis partout, quand il fut constaté que Vacher, arrêté pour avoir violé et tué une enfant, s'était reconnu l'auteur de dix autres crimes analogues, qu'il avait pu commettre sans être inquiété dans son existence errante. On ne parlait alors que des mesures à prendre pour prévenir ce péril public ; puis, cette fois encore, les lois politiques ou sociales qui passionnent seules les électeurs ont vite fait oublier les besoins les plus urgents.

Il est certain, cependant, que les crimes commis dans un lieu désert par un passant, dans une maison isolée par un malfaiteur étranger au pays, resteront presque toujours impunis ; la seule manière de les prévenir, c'est de rendre impossibles les conditions d'existence qui les engendrent. L'habitude de vivre sans gagne-pain régulier, sans travail professionnel, accule nécessairement au vol, un jour ou l'autre, quiconque n'a pas des rentes assurées. L'adoption volontaire d'un pareil genre de vie ne doit pas être tolérée dans une nation policée.

Or, il suffirait d'appliquer les lois existantes, en les renforçant seulement sur quelques points de détail, pour extirper dans sa racine un des maux les plus graves qui portent atteinte à la sécurité publique. Le Code pénal punit d'un emprisonnement de trois à six mois les vagabonds ou gens sans aveu, c'est-à-dire « ceux qui n'ont ni domicile certain, ni moyen de subsistance et qui n'exercent habituellement ni métier ni profession ». Les lois du 27 mai 1885 et du 3 avril 1903 étendent ces pénalités aux souteneurs et aux individus pratiquant les jeux sur la voie publique, même s'ils ont un domicile. Celle de 1885 donne le, moyen de débarrasser la métropole des délinquants d'habitude, en reléguant dans une colonie pénitentiaire les récidivistes qui, n'eussent-ils été convaincus d'aucun crime, se sont montrés, par le nombre des condamnations encourues pour des délits d'une certaine gravité, incapables de mener une vie normale, en se conformant aux règles indispensables dans une société policée. Seulement, pour appliquer ces lois, il faudrait en avoir les moyens matériels et la volonté. Pour réprimer le vagabondage dans les campagnes, il faut une police nombreuse qui mette la main sur les individus sans asile, les interroge, vérifie. l'exactitude des indications données par eux sur leurs moyens d'existence et qui, s'ils déclarent n'avoir pas trouvé de travail, s'assure qu'ils eu. ont réellement cherché. Pour arrêter les apaches et les souteneurs des grandes villes, il faut pratiquer, dans les cabarets qu'ils fréquentent, dans leurs rassemblements tumultueux, les rages suivies d'un triage qui donne l'occasion de soumettre à une enquête la situation des individus suspects. Pour cela, il faut d'abord que les agents chargés de cette besogne ne courent pas le risque d'être révoqués, chaque fois qu'un travailleur régulier se sera exposé à être un instant confondu avec le gibier normal de la police, en se fourvoyant dans quelque endroit mal famé. Il faut ensuite que les magistrats appliquent rigoureusement les pénalités légales, qu'ils ne considèrent pas le fait d'avoir encore en poche quelque argent, - peut-être le reste du produit du dernier vol, - comme une justification de moyens d'existence dispensant d'exercer un métier. Il faut enfin que la chancellerie n'intervienne pas elle-même, comme elle l'a fait à certains moments, pour inviter les parquets à user d'indulgence en-vers les nomades dont la ferme volonté de vivre en marge des lois et de la société n'est pas absolument démontrée.

Mais la mesure la plus efficace serait de ne pas laisser tomber en désuétude la pratique tutélaire de la relégation. Cependant, le nombre de ceux à qui elle est appliquée décroît chaque année ; il est tombé de près de 2.000 à moins de 500 en 1911, à 317 en 1913, quoique le nombre des récidivistes soit loin de diminuer. Les magistrats la prononcent le moins souvent possible ; parfois même, ils adoucissent une sentence dans le seul but de ne pas faire atteindre à Un voleur le nombre légal de condamnations assez graves pour entrer en compte dans l'application de la loi de 1885.

III
Nécessité d'un lien étroit entre la police
et les œuvres d'assistance.

Clément Colson

Il va de soi, d'ailleurs, que la loi ne, saurait sans iniquité punir les vagabonds qui vivent moitié de larcins, moitié de dons obtenus de la charité on extorqués à la crainte, si l'État n'assure pas, d'autre part, les moyens de vivre aux malheureux vraiment dénués de toute ressource. Le Code pénal assimile la mendicité an vagabondage, dans tous les départements où il existe un dépôt de mendicité ; encore faut-il que la certitude d'être reçu dans ce dépôt soit donnée à quiconque ne peut pas gagner sa vie et n'a de créance alimentaire sur personne. Le droit à l'assistance est la condition de la répression de la mendicité, qui est trop souvent le voile d'une vie criminelle.

Seulement, pour n'être pas un encouragement à la paresse et la source de charges écrasantes, il faut que le droit à l'assistance soit lié à une répression très sévère de l'exploitation abusive de la charité. La misère et le vice s'engendrent l'un l'autre et, par suite, sont trop souvent Unis pour que l'assistance et la police puissent être séparées.

Pour le vieillard et pour l'invalide sans famille, l'hospitalisation est la seule ressource ; elle n'est pas assez tentante pour donner lieu à des abus. Pour le pauvre valide, le secours peut être donné sous des formes variées ; dans tous les cas, il doit avoir pour contre-partie l'obligation d'exécuter un certain travail. C'est à cette condition seulement que la certitude d'être secouru, en cas de besoin, ne sera pas une cause de démoralisation pour les classes ouvrières et de ruine pour l'État : l'assistance obligatoire a développé en Angleterre un paupérisme effroyable, jusqu'au jour où les sévérités du *workhouse* ont détourné d'y recourir ceux qui pouvaient s'en passer. En Allemagne, le droit au secours a son correctif dans un article du Code pénal qui punit de l'emprisonnement quiconque s'adonne à la paresse, au jeu ou à la boisson de manière à -tomber ou à faire tomber sa famille à la charge de la charité publique. En France, et en Belgique, le dépôt 'de mendicité était jadis conçu, avec raison, comme un lieu de secours pour les uns, de *châtiment* pour les autres : l'impossibilité de gagner sa vie par son travail est trop souvent, chez l'homme valide, la conséquence volontaire ou involontaire de la paresse, de l'ivrognerie, voire même de l'improbité, pour qu'il soit possible de séparer ces deux caractères dans l'établissement où il entre. C'est seulement après une enquête et un certain temps d'épreuve que la séparation pourra être faite entre les malheureux, qui ont besoin d'un secours temporaire, et les vicieux, qui méritent un châtiment.

L'union étroite que nous croyons indispensable entre la répression et la charité soulèvera l'indignation de beaucoup de Cœurs généreux. Pourtant, il est impossible de traquer sans remords les individus dépourvus de toute ressource avouable, parmi lesquels se recrutent les criminels, si on ne leur offre pas en même temps, par l'assistance, les moyens de rentrer dans la vie régulière ; il n'est pas moins impossible d'ouvrir largement l'assistance sans propager la paresse, l'imprévoyance et la ruine, si on ne réprime pas sévèrement l'appel injustifié et frauduleux aux secours. Pour assurer la sécurité dans une société, il faut en éliminer cette masse flottante de gens Sans moyens d'existence propres, qui ne peuvent tirer leur subsistance que du vol ou de la mendicité. Ces deux manières de vivre aux dépens d'autrui, trop souvent associées, doivent disparaître à la fois, et ce résultat ne peut être atteint que par la collaboration étroite des autorités judiciaires et des œuvres charitables.

Leur entente est nécessaire pour faire, entre les prisons, les hospices et les maisons de travail, une répartition dans laquelle il sera, hélas ! impossible d'éviter quelques erreurs. Cette répartition exigera d'ailleurs des établissements mixtes, puisqu'il faudra caser des individus aussi qualifiés pour figurer dans une catégorie que dans l'autre.

C'est pourquoi nous croyons devoir insister ici pour la répression de l'exploitation de la charité, autant que nous avons insisté plus haut pour celle des crimes et délits. Il faut reconnaître que cette répression est inconciliable avec le mystère dont les bienfaiteurs, délicats voudraient entourer leurs dons. La main droite doit ignorer, dit-on, ce que donne la main gauche ; pourtant, il est essentiel que chaque oeuvre d'assistance sache ce que donnent toutes les autres œuvres, pour que le cumul des secours ne soit pas un moyen de vivre plus confortablement dans l'oisiveté que par le travail. Malheureusement, en France, la tension des rapports entre les autorités politiques et l'Église catholique rend très difficile l'entente de l'assistance publique avec les oeuvres privées les plus puissantes et les plus riches, dans l'organisation et le développement desquelles le sentiment religieux tient une grande place.

La plupart des établissements charitables, publics et privés, ont en outre une disposition déplorable à disperser beaucoup trop leur action. Ils mettent leur honneur à étendre le nombre de leurs dons ; dans ce but, ils en réduisent l'importance et la durée de, telle sorte que les misères réelles, pour être suffisamment secourues, doivent frapper à de nombreuses portes. La Confrontation des listes d'assistés et des résultats des enquêtes, la concentration des dons de chaque oeuvre sur un petit nombre de familles, qu'elle secourrait seule et qu'elle pourrait suivre de près, seraient indispensables pour permettre à la charité d'effectuer une œuvre de relèvement. Elles seules permettraient d'éviter que la pauvreté devienne une profession véritable, absorbant tout le temps de ceux qui l'embrassent et leur rendant tout travail impossible ; or, c'est ce qui arrive, quand ils vont recueillir de tous côtés des aumônes minimes, formant souvent par leur total un revenu très respectable. L'énorme extension donnée aux secours par la guerre, l'union sacrée qu'elle a réalisée entre tous les partis eussent été une occasion de faire accepter la communication des listes ; faute d'avoir osé exiger, ou a laissé s'établir des abus aussi ruineux que scandaleux.

Nous ne saurions pas plus admettre le droit des pauvres au secret sur les secours qu'ils reçoivent que celui des contribuables au secret sur le montant de leurs biens vis-à-vis du fisc ou que le droit des accusés au mensonge ; les uns comme les autres n'ont droit qu'à la justice, dont la seule garantie est la vérité comme et proclamée. Il n'y a aucune honte à recevoir un secours, pour celui qui en a réellement besoin ; il n'y a nul intérêt légitime à le dissimuler, pour celui qui ne prétend induire personne en erreur sur sa situation. Ouvrir, par exemple, des asiles de nuit où l'on admet des inconnus sans leur demander aucune justification, c'est en réalité assurer un refuge aux criminels, qui seuls ont intérêt à se cacher, aussi souvent qu'aux honnêtes gens malheureux.

La connaissance exacte de tous les secours recueillis est indispensable pour réprimer cette sorte d'escroquerie, très répandue, qui consiste à se procurer par une pauvreté simulée une vie oisive et confortable. La tolérance de fraudes pareilles prend une gravité croissante, lorsque l'assistance publique se développe, de telle sorte que les misères feintes sont entretenues au moyen de l'impôt, atteignant toujours directement ou indirectement le nécessaire du travailleur en même temps que le superflu du riche. Les charges que la dette de guerre fera peser dans l'avenir sur toute la population française seront singulièrement accrues par les indemnités de toute nature qui sont allouées à des chômeurs volontaires, à des filles publiques, à des ouvrières gagnant de gros salaires ou à des gens ne subissant aucune perte réelle. On eût sans aucun doute pu réduire dans une très forte proportion les dépenses dites de solidarité sociale, dont le montant total dépassait déjà 9 milliards à la fin de 1917 et approchait, au début de 1918, de 300 millions par mois.

Les fraudes deviennent particulièrement faciles, quand la loi charge les municipalités d'établir, comme en France, la liste des ayants droit à des secours de maladie ou de vieillesse, dont la majeure partie provient, dans les communes pauvres, des subventions de l'État ou du département. Les rapports annuels de l'Inspection générale des services administratifs montrent comment certaines communes, dont la part contributive, descend à 10 p. 100 du montant des allocations, ont intérêt à grossir le plus possible la liste des assistés, puisque chacun d'eux attire dans le pays neuf fois autant d'argent qu'il en prélève sur le budget municipal, et quels abus résultent de cette situation ; parfois même, la condition de l'inscription sur les listes est la restitution, à quelque caisse noire, d'une somme égale ou supérieure à la contribution communale. Une pareille conception de l'intérêt local, jointe aux complaisances électorales, rend fréquent le scandale de l'allocation de secours à des vieillards ayant une petite fortune ou des enfants dans l'aisance [1]. Ce scandale, comme celui des fraudes commises

1 En Allemagne, l'assisté est privé de ses droits électoraux ; on n'aperçoit guère d'autre moyen efficace pour éviter que les allocations de secours par les municipalités

Clément Colson

pour obtenir les pensions dues par les patrons en vertu de la loi sur les accidents du travail, est une cause de démoralisation profonde. C'est aussi l'obstacle le plus sérieux au développement, si désirable, des lois et des œuvres ayant pour objet de secourir les véritables malheureux.

C'est pourquoi une répression assez sévère pour y mettre fin est indispensable. Les fraudes doivent être poursuivies avec une extrême rigueur. Leur découverte ne doit pas avoir pour unique conséquence la privation des secours ou des pensions indûment obtenus ; elle doit entraîner des sanctions pénales, contre les bénéficiaires et contre tous leurs complices : signataires de faux certificats, médecins prolongeant sans utilité les traitements et attestant la réalité d'une feinte invalidité ou enseignant la simulation, maires payant les suffrages obtenus et les concours politiques au moyen des deniers publics.

Une rigueur extrême contre toutes ces formes du vol et de la concussion ne s'impose pas seulement au nom de la moralité ; elle est la condition nécessaire pour rendre possible et efficace la lutte contre le paupérisme. Ceux qui la réclament sont les meilleurs auxiliaires, et non les adversaires, du mouvement généreux qui tend aujourd'hui à assurer des secours à toutes les misères. Si leurs avis ne sont pas entendus, ce mouvement n'aura d'autre effet que de développer une mendicité identique au fond, sous une forme différente, à celle qu'engendraient jadis autour d'eux les centres religieux où les aumônes surabondaient ; seulement cette mendicité, étant alimentée par l'impôt et non par des dons volontaires, n'aurait plus d'autre limite que la ruine universelle.

Nous avons cru devoir insister sur ce point, en parlant de la sécurité publique, parce que, nous le répétons, pour garantir cette sécurité, il faut attaquer dans sa source cette cause continuelle de danger social : l'existence de toute une population sans ressources régulières, souvent sans domicile et sans état civil connu, vivant en partie de la charité, en partie du vol. La justice, l'humanité et l'intérêt social imposent entre l'assistance et la répression une alliance étroite qui seule peut restreindre l'étendue de cette plaie,
élues ne dégénèrent en achat de suffrages.

sinon la faire disparaître complètement.

IV
Les irresponsables ;
l'alcoolisme et les dégénérés.

Un danger très sérieux aussi résulte de la tendance de plus en plus grande à laisser en liberté, sous prétexte qu'ils sont irresponsables, les auteurs des crimes les plus graves. Pour discuter cette question, il n'est heureusement pas nécessaire de résoudre le problème si ardu de la liberté humaine, pierre d'achoppement de tant de doctrines, aussi bien jadis quand les théologiens disputaient sur la grâce qu'aujourd'hui quand les philosophes étudient le déterminisme. Pour établir en toute sûreté de conscience un Code pénal, il suffit d'admettre : 1° que l'intérêt social oblige à renforcer par la crainte du châtiment les autres motifs, parfois insuffisants, qui détournent l'homme du crime ; 2° que la justice autorise à châtier quiconque commet sciemment une action reconnue criminelle. Seulement, pour que l'effet préventif des menaces du Code s'exerce, il faut que ses menaces soient comprises ; pour que le châtiment soit mérité, il faut que l'acte puni ait été conscient. Ni l'intérêt social, ni la justice n'autorisent à punir le fou ; sur ce point, tout le monde est d'accord. Tout le monde est d'accord aussi sur la nécessité de l'enfermer, afin de prévenir des actes qui, pour être inconscients, n'en feraient pas moins des victimes.

Où la difficulté commence, c'est pour l'homme atteint d'une demi-folie, d'une folie partielle ou temporaire, pour celui dont l'ivresse ou la passion a obscurci la conscience. Ici comme partout, *natura non facit saltus* : il y a une chaîne continue d'états intermédiaires entre la raison parfaitement saine et la pure folie. Les progrès de la pathologie psychologique lui permettent de découvrir des traces de folie chez tous les hommes, un peu d'hypnotisme on de, suggestion irrésistible dans toutes les influences qu'ils subissent, une part d'inconscience ou de subconscience dans toutes leurs actions. Et comme les criminels ne se recrutent généralement pas parmi les esprits parfaitement sages et équilibrés, il se trouve des médecins légistes pour découvrir, chez chacun d'eux, des causes

Clément Colson

d'irresponsabilité, comme il se trouve des jurys sentimentaux pour acquitter tout crime passionnel, fût-il inspiré par la passion la moins avouable.

Ici, la science et la sentimentalité sont d'accord pour compromettre la sécurité publique. À chaque instant, on voit des alcooliques qui tuent ou essayent de tuer leur femme, leurs enfants, un passant. Non poursuivis ou acquittés, ils sont soignés dans un hôpital où on les empêche de boire, guéris, remis en liberté, et ils recommencent aussitôt à absorber de l'alcool jusqu'à ce qu'ils commettent un crime nouveau. Quand on veut réformer les lois sur les aliénés, ou parle toujours des mesures à prendre pour éviter qu'un homme sain d'esprit soit enfermé comme fou ; on ne parle jamais du danger, bien plus réel, de laisser en liberté un esprit dérangé. En cas de doute, le médecin ou le procureur de la République qui conclut à l'internement engage sa responsabilité ; celui qui conclut à la mise en liberté ne risque rien. Qui n'a connu des maniaques dangereux, à des degrés ou à des points de vue divers, qu'il était impossible de mettre légalement hors d'état de nuire ?

Les soins donnés aux dégénérés, aux enfants anormaux accroissent singulièrement ce danger. Comme nulle précaution n'est prise pour empêcher de se marier et d'avoir des enfants les individus atteints de tores héréditaires, puis rendus à la société après qu'elles ont été atténuées par de coûteux efforts, la propagation de ces tares est encouragée et facilitée dans une mesure singulièrement inquiétante. Les justes Préoccupations qu'inspire cette situation ont été jusqu'à faire naître, en Amérique, l'idée d'empêcher du moins, par la castration, les dégénérés, guéris en apparence par les progrès de la science, de perpétuer et de propager leurs misères.

Les effets des deux principales causes de dégénérescence, la syphilis et l'alcoolisme, pourraient d'ailleurs être très atténués par une action de la puissance publique rentrant dans ses attributions normales. La propagation de la syphilis serait très diminuée, si la police entravait sérieusement le racolage public par les prostituées. L'alcool exercerait bien moins de ravages, si les impôts qui le frappent étaient suffisamment accrus et régulièrement perçus.

Livre cinquième

Le développement de l'alcoolisme est un des plus grands dangers qui menacent la France. La consommation d'alcool pur taxé par tête, qui était d'un litre sous la Restauration et de 2 litres et demi à la fin du second Empire, dépassait 4 litres et demi à la fin du XIXe siècle. Légèrement enrayée par l'augmentation des droits, et peut-être par la propagande antialcoolique, elle était encore de 4 litres de 1911 à 1913. La réduction était d'ailleurs plus apparente que réelle, car la majoration de l'impôt avait surexcité la fraude et développé notamment la production des bouilleurs de cru, en partie légalement exempte et, en fait, soustraite à peu près à toute surveillance fiscale ; leur nombre avait passé de 91.000, en 1869, à 440.000 en 1880 et à 1.070.000 en 1913 ; celui des cabarets, de 375-000 en 1875 à 483.000 en 1913.

La consommation réelle par tête ne devait pas être éloignée de cinq litres d'alcool pur avant la guerre. Cinq litres d'alcool pur représentent environ 450 petits verres d'eau-de-vie à 45 ou 50 degrés. Une moyenne aussi élevée, pour l'ensemble de la population, suppose une consommation moyenne, par homme adulte, d'au moins 1.200 petits verres. La quantité absorbée chaque année dépasse 3.000 petits verres en moyenne par homme adulte dans certaines villes. La dépense totale faite en alcool, calculée à deux sous seulement par petit verre, dépasse un milliard et demi. Infiniment plus onéreux sont les chômages, les maladies, les crimes engendrés par l'alcoolisme. On sait quelle place il tient dans le développement de la tuberculose, de la folie, des infirmités des enfants de ceux qui en sont atteints. On peut dire qu'il est de nos jours, la principale cause de la misère.

Personne ne conteste la nécessité de combattre avec la dernière vigueur un pareil fléau ; mais la puissance électorale des cabaretiers ne permet de, prendre aucune mesure énergique et celle des bouilleurs de cru a toujours fait abroger promptement les dispositions tendant à les soumettre à l'impôt. Le développement de la syphilis par la prostitution non surveillée aux arrières des armées, la fréquentation des cabarets par les femmes employées dans les usines rendent ces deux dangers plus graves que jamais. Devant la nécessité de grossir les recettes du Trésor, quelques

Clément Colson

mesures ont été prises pour accroître et pour mieux percevoir l'impôt sur l'alcool. Donner à la police une action sérieuse sur la prostitution, réduire le nombre des cabarets soit en grossissant énormément le droit de licence, soit en créant un monopole de la vente qui ne serait pas exploité dans un but fiscal, sont des mesures de salut public.

Nous n'avons pas à insister davantage ici sur les moyens de prévenir l'augmentation du nombre des dégénérés ou des alcooliques. Mais nous tenons à signaler le péril social issu de la cause nouvelle d'affaiblissement de la répression qu'a engendrée l'étude de plus en plus approfondie des cas d'irresponsabilité partielle. Qu'on ne confonde pas un alcoolique ou un fou avec un criminel, rien de mieux ; mais il faut débarrasser la société de l'un comme de l'autre, si l'on veut y trouver quelque sécurité. La peine de mort, dont la seule raison d'être est sa puissance d'intimidation, ne peut être appliquée au fou, ni même au demi-fou ; mais -l'internement est aussi indispensable pour eux que pour le criminel. Il est aussi dangereux d'admettre sans preuves suffisantes la guérison physique des uns que la guérison morale de l'autre. Pour l'homme plus ou moins irresponsable dont l'état ne s'est manifesté par nul attentat, on peut avoir des doutes ; pour celui qui a commis un crime, les mesures préventives s'imposent. La distinction à faire entre lui et le criminel normal doit porter sur le lieu où il sera enfermé et sur le régime auquel il sera soumis ; elle ne doit pas abréger la détention. Dans ces conditions l'habileté des simulateurs, les erreurs des experts et la sentimentalité des juges seront sans péril, car elles n'auront plus ce résultat, aussi dangereux par l'exemple donné que, par ses effets directs, de laisser en liberté des meurtriers, sous prétexte qu'ils n'étaient pas parfaitement sages et maîtres d'eux-mêmes au moment où ils ont tué.

V
L'augmentation de la criminalité, notamment dans la jeunesse.

L'expérience, montre que les causes variées qui ont si considérablement atténué la répression des crimes et des délits, depuis un certain temps, ont amené les effets qu'il était facile de prévoir. Le flot montant de la criminalité et de la récidive est partout un légitime sujet d'inquiétude. En France, les lois sur la relégation (1885) et sur le sursis (1891) avaient parti au début amener une certaine diminution du nombre des crimes et des cas de récidive ; mais, bientôt, la mollesse apportée dans l'application des rigueurs de l'une, l'abus des mesures d'indulgence instituées par l'autre, entraînaient un résultat tout opposé. Quant à l'aggravation des peines, qui constituait dans la loi Bérenger la contre-partie du sursis, elle n'a pour ainsi dire jamais été appliquée. Il est d'ailleurs très difficile de trouver dans les statistiques des renseignements probants sur la marche de la criminalité : indépendamment des changements de législation, qui donnent ou enlèvent à certains actes un caractère criminel ou délictueux, et des amnisties, qui font disparaître toute trace de nombreuses infractions, la vigilance plus ou moins grande de la police, l'inégale sévérité des parquets et des juges, exercent une influence considérable sur l'élévation des chiffres enregistrés à des époques diverses. Il faut donc chercher des renseignements plus précis dans les commentaires qui accompagnent les statistiques, ou les puiser auprès des magistrats. La lecture des rapports annuels sur la justice criminelle met bien en relief les vues optimistes qui régnaient il y a quelques années, puis les inquiétudes qui leur ont succédé et qui ont amené, pendant un moment, un léger retour de sévérité. Il n'est guère de magistrat qui ne reconnaisse les déplorables effets d'un relâchement abusif de la répression, contre lequel on cherchait à réagir, avant la guerre, dans une mesure encore insuffisante.

Ce qui est particulièrement grave, c'est l'accroissement rapide de la criminalité juvénile, qui tient une place de plus en plus grande dans la criminalité totale. La mentalité des hommes arrivés aujourd'hui à la maturité s'est formée à une époque où l'affaiblissement de la répression était moins accentué et surtout moins connu. C'est dans les jeunes esprits surtout que l'atténuation progressive des peines, la tolérance universelle, l'effacement des distinctions entre les honnêtes gens et les criminels, tendent à effacer aussi la distinction entre le bien et le mal, précisément à une époque où la disparition des idées religieuses rendrait plus nécessaire une forte morale

Clément Colson

laïque, appuyée par la crainte de sanctions légales substituées aux sanctions d'outre-tombe. Or, en même temps que les sanctions s'atténuent, l'éducation morale est loin de se renforcer. Les lois rendant obligatoire la fréquentation de l'école, qui doit à cet égard remplacer l'enseignement religieux, n'ont jamais été sérieusement appliquées. Ce que les congrès des instituteurs nous révélaient, avant la guerre, sur l'état d'esprit de quelques-uns d'entre eux, montrait combien une surveillance active du Gouvernement était nécessaire pour donner la certitude que la morale serait enseignée a tous leurs élèves dans un esprit de discipline sociale, de respect des lois et de la propriété. D'autre part, il s'écoule souvent, entre la fin de l'âge scolaire et l'entrée à l'atelier, un temps assez long, pendant lequel l'adolescent des villes est abandonné à lui-même et aux mauvaises influences, dans une dangereuse oisiveté. Cette oisiveté a été rendue plus fréquente par la loi de 1900 qui, en réduisant la durée du travail des adultes dans les établissements où sont employés des mineurs de 18 ans, a conduit quelques patrons à ne plus embaucher les jeunes gens avant cet âge.

C'est naturellement sur la jeunesse que la propagande des coupables laissés en liberté a le plus d'influence, surtout quand cette propagande est faite par des jeunes gens. Son action pernicieuse a été sensiblement accrue par la loi du 12 avril 1906, qui a porté de 16 à 18 ans l'âge jusqu'auquel le tribunal peut décider qu'un mineur coupable a agi sans discernement et le rendre à sa famille. L'usage très large fait par les tribunaux de cette faculté a remis en liberté une foule de jeunes délinquants qui ne peuvent ou ne veulent pas trouver place à l'atelier et qui forment au crime de nombreux élèves. Des circulaires des Gardes des Sceaux ont signalé les dangers de cet abus. Une réforme législative seule pourrait le faire disparaître définitivement.

Le prestige dont les journaux entourent les criminels, en décrivant leurs hauts faits, en célébrant leur audace, en publiant leurs mots et leurs portraits, tend aussi à multiplier leurs imitateurs. De tout temps, les Mandrin, les Cartouche, les Fra Diavolo ont excité les jeunes imaginations. Les exploits dont la jeunesse lit aujourd'hui le récit sont ceux de bandits qui se sont illustrés dans la société moderne et dont l'exemple peut être plus aisément imité. La publicité qui leur est donnée, notamment par les cinématographes, constitue une forme de propagande du crime aussi digne de l'attention des moralistes et du législateur que la pornographie.

L'accroissement du nombre des jeunes gens vivant en dehors des cadres de la société régulière est mis en évidence par celui du nombre des insoumis au point de vue du recrutement. Ce nombre, qui oscillait entre 3.000 et 5.000 de 1898 à 1904, était monté avant la guerre à environ 10.000 par an [1].

L'augmentation des crimes commis par les jeunes gens s'explique par ces diverses causes ; elle ouvre des perspectives singulièrement inquiétantes pour l'avenir, quand on songe qu'aucune mesure n'est prise, en fait, pour éliminer plus tard définitivement de la société ceux d'entre eux qui auront prouvé leur endurcissement par de nombreuses récidives. Or, les chiffres établissent l'importance de la progression de la façon la plus évidente. Le nombre des mineurs traduits devant les cours d'assises et les tribunaux a passé de 13.500 en 1841 à 21.000 en 1851, à 28.000 en 1872, à 36.000 en 1896 ; redescendu un moment aux environs de 33.000, il était bien vite remonté à son ancien chiffre. D'autre part, parmi les affaires sans grande importance qui étaient classées pour éviter l'encombrement des parquets, 4.500 environ concernaient des mineurs ; dans un nombre de cas que les hommes compétents croient au moins égal, les magistrats des parquets se bornaient à adresser des admonestations aux adolescents coupables, pour éviter que des fautes de jeunesse ne laissent des traces judiciaires. Il n'est donc pas douteux que l'augmentation de la criminalité juvénile se soit maintenue, tandis que. la répression seule diminuait. Comme, d'autre part, l'affaiblissement de la natalité entraîne une réduction progressive de l'effectif des jeunes gens en France, il est impossible de contester que la proportion des délinquants parmi eux s'accroisse constamment. La proportion des poursuites représentait, avant la guerre,

---

1 La statistique indique, depuis 1908, des chiffres voisins de 20.000 ; mais l'écart entre ces chiffres et ceux que nous donnons résulte de ce que l'on a compté, avec les cas nouveaux d'insoumission, les cas d'insuccès de convocations nouvelles envoyées aux insoumis anciens dans le but d'arrêter la prescription ; nous avons eu soin de déduire ces derniers, pour avoir le véritable chiffre annuel donné ci-dessus.

Clément Colson

1,4 p. 1.000 dans la population de 18 à 21 ans, en face de moins de 0,7 p. 1.000 dans la population majeure. Une situation analogue se constate d'ailleurs dans la plupart des pays.

VI
L'action directe et les violences collectives.

En même temps que les crimes et délits individuels se multipliaient, surtout dans la jeunesse, on a vu apparaître une forme nouvelle de crimes collectifs, plus mal réprimée encore et plus inquiétante. Depuis longtemps, l'habitude s'est établie de tolérer, de la part des ouvriers en grève, des manifestations tumultueuses, dégénérant en violences ou en pillages qui constituent des crimes de droit commun. Le succès de l'action *directe,* dans ce cas, a peu à peu répandu dans le public l'idée que l'insurrection est un procédé normal pour arracher aux pouvoirs publics les dispositions législatives réclamées par des préjugés aveugles, et même pour faire fléchir les lois économiques. On a vu, il y a quelques années les vignerons du Midi ou de la Champagne se soulever, parce que la mauvaise qualité d'une récolte ou sa surabondance avait fait tomber trop bas le prix de leurs produits et parce que le gouvernement ne trouvait pas le moyen d'empêcher le public de préférer des boissons moins chères aux vins de telle ou telle provenance prétendus naturels, - comme si l'on trouvait du vin dans la nature, sans avoir à le fabriquer. Après les vignerons insurgés à cause de l'insuffisance d'un prix de vente, les ménagères du Nord se sont soulevées, parce qu'elles trouvaient trop élevé le prix d'achat des denrées qu'elles consommaient. Les mêmes meneurs, qui avaient organisé l'agitation pour accélérer la hausse des salaires, l'organisaient ensuite pour empêcher que cette hausse produisît sa conséquence naturelle, le renchérissement des produits de toute nature, dont le prix de revient augmente avec le coût de la main-d'œuvre, en même temps que la demande s'accroît avec l'aisance de la population ouvrière.

Il eût été possible de prévenir ou d'arrêter ces émeutes en appliquant les lois pénales à ceux qui les organisent. Mais on n'osait pas porter la main sur des puissances syndicales ou des influences -électorales. On n'osait pas davantage réprimer les violences, quand elles se produisaient, en dispersant par la force les manifestants. Le public apprenait ainsi à ne tenir aucun compte des sommations des autorités et à considérer comme négligeable l'intervention de la force publique, en voyant injurier, frapper, blesser les soldats et leurs chefs sans qu'aucun d'eux ripostât. Espérons que la guerre aura remis en honneur le principe que le premier devoir du commandant de toute troupe armée est de sauvegarder à la fois la sécurité des jeunes gens placés sous ses ordres et le prestige de l'armée qu'ils représentent ; la meilleure manière d'enseigner au peuple le mépris des lois, c'est de laisser bafouer et frapper ceux qui sont chargés de les appliquer.

La conséquence de ces faiblesses a été souvent le pillage des chais, des fermes ou des usines, la destruction des denrées déjà insuffisantes, l'arrêt du commerce, l'inquiétude entravant tout développement de l'industrie. Les dégâts causés à certains moments par les manifestations collectives sont au total peu de chose, à côté des pertes résultant da développement régulier de la criminalité individuelle ; mais elles font plus de bruit, et par suite leur influence morale est beaucoup plus grave. L'idée que les foules peuvent imposer leur volonté en dépit des lois se répand, tout comme l'idée que des individus peuvent violer constamment ces lois sans avoir à en souffrir. La multiplication des malandrins qui vivent de rapines et qui n'hésitent pas à tuer pour assurer le secret de leurs vols ou la satisfaction de leurs vengeances, le soulèvement des masses marchant à l'assaut des biens privés ou du siège des autorités, sont les symptômes d'un commencement de désorganisation sociale qui ne se manifestait pas seulement en France, avant 1914, mais qui y progressait particulièrement vite et qui nous menaçait d'un véritable retour à la barbarie. Nous ne voulons pas dire par là, bien entendu, que la sécurité fût devenue moindre qu'il y a un siècle ou même trois quarts de siècle. Il n'est pas douteux que l'ordre public, la protection de la vie ou des biens des citoyens ont singulièrement progressé avec la civilisation ; sans remonter aux époques lointaines des guerres privées ou des brigandages organisés, il n'est guère contestable que les désordres, les émeutes et les crimes étaient infiniment moins fréquents, au début du XXe siècle, que jadis pendant le long délai nécessaire pour rétablir l'ordre après les troubles de la Révolution, puis pendant les périodes d'agitation qui ont marqué les débuts de la Restauration et même ceux de la monarchie de Juillet. Mais, dans la seconde moitié du XIXe siècle, il semblait y avoir une amélioration réelle, sauf en ce qui concerne les crimes et délits contre les mœurs : les augmentations dans le nombre des infractions paraissaient tenir en grande partie aux lois réprimant des faits jusqu'alors non interdits, comme l'ivresse publique ; la répression des crimes et des délits individuels semblait assez efficace et les désordres collectifs étaient devenus tout à fait rares. Au contraire, dans les années qui ont précédé immédiatement le bouleversement actuel de l'Europe, on a constaté une véritable augmentation de la criminalité, sous les formes les plus inquiétantes pour l'avenir ; cette augmentation était d'ailleurs plus grande en réalité que ne le feraient croire les chiffres officiels, où ne figurent pas une foule d'infractions que le relâchement dans la répression a empêché d'enregistrer. En même temps, les violences collectives, la rébellion contre les lois et l'autorité publique reparaissaient. Un pareil recul devait causer des préoccupations d'autant plus sérieuses que l'affaiblissement de la discipline dans les services publics et le développement des idées d'indulgence universelle rendaient de moins en moins probable une réaction efficace. On peut espérer que cette réaction aura été produite par l'élan de patriotisme et le dévouement au bien public dont on recueille tant de preuves de tous côtés. Mais il ne faudra pas laisser les heureuses dispositions de la plupart des hommes revenant des tranchées être dévoyées par ceux qui auront perdu le goût et qui reprendront difficilement l'habitude du travail régulier. C'est le sentiment de la difficulté qu'il y aurait à exercer une réelle sévérité, le jour où des mesures d'extrême rigueur deviendraient indispensables, qui porte les esprits prévoyants à insister sur la nécessité absolue de ne pas laisser renaître les graves symptômes d'anarchie dont nous avons été témoins.

Conclusions
L'évolution, le progrès économique
et le bonheur

Sommaire :

I. L'ordre social menacé par la diminution de la responsabilité individuelle, conséquence du développement de l'action collective et de l'affaiblissement des sanctions.

II. Impossibilité de compter sur une évolution de la nature humaine pour faire disparaître les dangers qui en résultent.

III. En quoi consiste le progrès économique.

IV. Impuissance des transformations économiques et sociales à rendre les hommes heureux et satisfaits.

V. Les dangers d'un recul économique, au point de vue intellectuel et moral.

I

L'ordre social menacé par la diminution de la responsabilité individuelle, conséquence du développement de l'action collective et de l'affaiblissement des sanctions.

Au moment de dégager les conclusions de cette étude, nous tenons à répéter ce que nous disions dans l'introduction qui la précède : si le fonctionnement de l'organisme économique rencontre aujourd'hui des difficultés déjà sérieuses sur certains points et surtout inquiétantes pour l'avenir, on ne saurait dire qu'avant le cataclysme actuel il fût gravement entravé, Nous restons persuadé qu'à aucune époque il n'a été, d'une manière générale et durable, aussi satisfaisant que de nos jours. De tout temps, des esprits chagrins ont parlé de décadence et annoncé des catastrophes prochaines ; mais, jusqu'à la fin du XIXe siècle, les hommes que dominent les préoccupations confessionnelles manifestaient seuls de sérieuses inquiétudes pour l'avenir, causées par le déclin évident des idées religieuses dans les niasses populaires. Pour la plupart des autres, la rapidité du progrès matériel semblait devoir réduire bientôt au silence les doctrines pessimistes. L'opinion générale voyait même l'aube d'une ère nouvelle de progrès social et moral dans la renaissance de l'esprit d'association et dans l'élargissement de la conception de la justice, plus pénétrée chaque jour de pitié pour les coupables comme pour tous les malheureux. Il a fallu des faits nombreux mettant en évidence, d'une part l'existence d'un esprit aussi oppressif chez les associations professionnelles modernes que chez les congrégations jadis si redoutées, d'autre part les facilités données à la propagande Criminelle par une indulgence excessive, pour faire envisager autrement que comme de simples paradoxes réactionnaires les opinions qui considéraient précisément ces deux prétendus progrès comme des causes sérieuses d'inquiétude.

La multiplication des associations de toute sorte, charitables, scientifiques, artistiques, sportives, etc., est un des phénomènes les plus caractéristiques des temps modernes. Il n'est plus d'institution, d'idée ou d'œuvre dont les Amis ne jugent à propos de se grouper. On disait jadis qu'un Allemand ne se sentait heureux et confortable que s'il, faisait partie de quelque douzaine de *Vereine* ; *il* est à craindre qu'il n'en soit bientôt de même en France. Les hommes capables d'employer d'une manière plus utile l'argent et le temps gaspillés dans tant de réunions sont contraints de se détourner de leurs travaux, eux aussi, pour y prendre une part active, s'ils ne veulent pas laisser aux agités ou aux intrigants la direction de ces innombrables groupements, qui finissent par faire l'opinion publique.

S'il en est quelques-uns de vraiment utiles, il en est malheureusement beaucoup qui ne se bornent pas à être inutiles. Les associations professionnelles reprennent la prédominance qu'elles avaient conquise au moyen âge et qu'elles avaient si fâcheusement conservée sous l'ancien régime, même quand l'ordre public était assez assuré pour qu'elles ne fussent plus nécessaires à la sécurité de leurs adhérents. Elles exercent aujourd'hui leur action avec le même esprit combatif et routinier qu'autrefois. Elles tendent à étouffer les supériorités et à soutenir la médiocrité, par cette passion de nivellement qui est naturelle à toute majorité. Les syndicats ouvriers minent la discipline en même temps que l'effort individuel, en couvrant les fautes des moins bons de leurs membres, en réprimant l'ardeur des meilleurs au travail et en imposant un mode de rémunération qui supprime toute différence entre les uns et les autres. Les syndicats patronaux cherchent à limiter la concurrence, avec son effet stimulant, et consacrent surtout leur effort à obtenir des pouvoirs publics des fois qui mettront les consommateurs à leur discrétion.

La plus puissante des associations, l'État, revenant elle, aussi aux traditions de l'ancien régime, entamées jadis par le courant libéral des deux derniers siècles, met volontiers sa puissance au service de ces associations professionnelles et porte partout son esprit autoritaire. Comme autrefois, il prétend entraver le commerce avec l'étranger, - réglementer les industries et interdire certains procédés de fabrication, sous prétexte de fraude, même quand la nature des produits obtenus n'est nullement dissimulée, - imposer le repos dominical et limiter la production en limitant la durée du travail, - assurer l'unité morale du pays, comme jadis son unité religieuse, - protéger tous les hommes contre leur imprévoyance let leur imprudence personnelle. De nouveau, il se croit capable de discerner mieux que les intéressés eux-mêmes leurs propres intérêts ; il agit comme si quelque inspiration supérieure mettait naturellement les hommes en qui il s'incarne au-dessus des erreurs et des faiblesses humaines.

Tandis qu'il intervient ainsi, dans toutes les manifestations de l'activité individuelle, il néglige ce qui est sa tâche propre et essentielle, la sauvegarde de la sécurité publique. Il consacre à toutes sortes d'objets, étrangers à sa fonction, des sommes dont une fraction infime suffirait à rémunérer le nombre de magistrats nécessaire pour juger les procès en temps utile et le nombre d'agents de police nécessaire pour assurer l'ordre et la répression des crimes, en allouant aux uns et aux autres le salaire indispensable pour obtenir un bon recrutement. Afin de ménager les criminels, de ne pas les exclure de la société des honnêtes gens ou de leur permettre d'y reprendre leur place, on annihile peu à peu la législation pénale et on ne fait rien pour entraver la contagion du vice. Les administrations ne parviennent plus à maintenir l'autorité des chefs, parmi leurs propres agents ; elles ne trouvent plus alors d'autre moyen, pour restreindre l'arbitraire, que de réduire à rien les récompenses accordées aux bons serviteurs et surtout les châtiments infligés aux mauvais, par la prépondérance donnée à l'ancienneté dans l'avancement et par l'indulgence sans bornes appliquée aux fautes les plus graves, pourvu qu'elles ne soulèvent pas de difficultés politiques.

Les traditions administratives et les habitudes régulières et laborieuses rendent peu sensibles, jusqu'ici, les effets de ces causes de désordre social. Cependant, elles entravent déjà le fonctionnement de l'organisme économique, en diminuant la *responsabilité individuelle,* qui en est le fondement. Pour que chacun ait intérêt à apporter un concours aussi efficace que possible à la production, pour que la direction donnée aux efforts de tous par les entreprises privées réponde bien à l'importance respective des divers besoins humains, pour que le vol ou la fraude ne constituent pas des moyens réguliers d'existence, il faut répandre partout la conviction que, en dehors de cas exceptionnels, chacun bénéficiera de l'intensité de son travail et du souci qu'il aura d'en faire un emploi vraiment utile, pâtira de sa paresse ou de ses erreurs, sera puni de ses fautes professionnelles ou de ses crimes. Quand l'action collective assure les mêmes avantages à tous les membres, laborieux ou paresseux, de chaque groupement constitué, - quand la durée et l'intensité de l'effort sont limitées par la pression syndicale ou par la loi et ne sont plus récompensées par des salaires ou des avancements exceptionnels, - quand il est pourvu par l'impôt grevant les familles laborieuses et économes aux besoins des paresseux et des imprévoyants, - quand on admet que les conditions physiques, morales et sociales sous l'influence desquelles chaque homme est devenu ce qu'il est dégagent sa responsabilité pour tout ce qu'il fait de bon ou de mauvais, le ressort qui meut l'organisme économique est fort affaibli ; il peut être, à la longue, faussé et finalement brisé.

Or, l'expérience des siècles montre que ce ressort de la responsabilité individuelle est le seul qui ait une action assez continue et assez puissante pour assurer la marche régulière et le bon rendement de la machine infiniment complexe qui pourvoit aux besoins des hommes. L'État a déjà grand'peine à faire fonctionner les services que lui seul peut assurer, en raison de leur nature ; il n'y parvient qu'avec une dépense excessive de forces. Nul système politique ne peut donner aux plus aptes des chances sérieuses d'exercer, sur la direction des services nouveaux dont on veut le charger, une influence égale à celle que la concurrence leur assure, tant que ces services restent dans le domaine de l'industrie privée. Nulle Constitution ne peut identifier les intérêts personnels des gouvernants avec les intérêts généraux qui leur sont confiés. Si le dévouement au bien public n'est certes pas une chimère, il n'est malheureusement ni assez général, ni assez soutenu pour remplacer, comme moteur universel, l'intérêt familial rendu efficace par la concurrence et par l'idée que le sort de chaque famille dépend de la conduite de ses membres. Toute mesure lui tend à assurer plus de justice dans les applications du principe de responsabilité, à corriger les erreurs qu'elles comportent malheureusement toujours, est conforme à la morale autant qu'à l'intérêt social bien entendu. Mais ce n'est pas à faire mieux jouer les responsabilités, c'est à les atténuer ou à les nier, en nivelant autant que possible la situation de tous les individus, que tend le mouvement moderne. Là est le danger qui préoccupe tous les hommes habitués à considérer l'expérience acquise de la nature humaine comme la seule donnée permettant de prévoir, avec quelque vraisemblance, les effets sociaux futurs des tendances présentes.

II
Impossibilité de compter sur une évolution de la nature humaine pour faire disparaître les dangers qui en résultent.

Pour dissiper leurs inquiétudes, on fait appel à l'Évolution. Le mot évolution est le seul peut-être qui puisse disputer aujourd'hui au mot solidarité la palme de la popularité : il sert à expliquer ce que l'intelligence ne comprend pas, comme l'autre à justifier ce que la justice ne permet pas. Il est admirable pour donner une allure scientifique à ce qu'on appelait jadis utopie. Après un siècle de progrès industriels merveilleux, dus aux applications ingénieuses des lois de la nature physique constatées par l'expérience, il est difficile de faire accepter un prétendu progrès social sans le présenter comme une application scientifique des lois de la nature morale ; aussi les soi-disant réformateurs sont-ils parfois fort embarrassés pour soutenir des mesures impliquant une méconnaissance évidente de toutes les inclinations humaines constatées par l'expérience. Tout s'arrange grâce à l'évolution, dont ils disposent d'autant plus aisément, pour justifier n'importe quoi, qu'ils établissent son siège à l'abri des atteintes de toute expérience, dans la prétendue conscience sociale.

Que l'état social actuel, de même que la forme et l'organisation de toutes les espèces végétales ou animales parmi lesquelles vit l'espèce humaine, soit le résultat d'une évolution poursuivie à travers des périodes infiniment longues, c'est ce dont personne ne doute plus guère aujourd'hui, -bien qu'aucune hypothèse satisfaisante n'ait été imaginée jusqu'ici pour expliquer cette évolution. La conception antique ou chrétienne d'un genre humain séparé par un abîme des autres êtres, et dont toutes les branches seraient douées de la même aptitude au perfectionnement intellectuel et moral, a été remplacée par celle d'une chaîne continue reliant tous les êtres organisés. Cette conception fournit d'ailleurs, soit dit en passant, un argument singulièrement puissant au rêve formé par Renan d'un monde gouverné par une petite aristocratie composée des savants les plus éminents, puisque ceux-ci représentent évidemment, à chaque époque, l'élément le plus avancé dans l'évolution humaine, comme l'homme dans l'évolution animale. Mais, plus on attribue avec raison de puissance réellement créatrice à cette évolution qui, à travers les périodes cosmogoniques, a tiré du chaos les valeurs les plus hautes, la vie de la matière inorganique, puis le vrai, le beau et le bien des perceptions rudimentaires d'un protozoaire, en passant par celles d'un Canaque, plus il importe de ne pas confondre avec elle les changements annuels ou même séculaires des modes de toute nature et de ne pas voir, à chaque instant, l'orientation durable du progrès dans la direction prise pour un instant par les idées régnantes, au cours de leurs oscillations incessantes.

Dans les études économiques et sociales, en particulier, l'insuffisance des documents et la difficulté de leur interprétation rendent singulièrement aléatoire la construction d'un tableau d'ensemble, permettant de se faire une idée précise et exacte des états anciens et de leur succession [1]. Dans la multitude des petits

1 Cette difficulté a été admirablement mise en relief par M. Seignobos, dans *la Méthode historique appliquée aux sciences sociales.*

faits qui constituent la trame de la vie économique, les annalistes ont signalé surtout ceux qui avaient frappé les contemporains par un caractère anormal et qui, par cela même, nous éclairent mal sur les conditions habituelles de cette vie. Dès que les documents deviennent nombreux, ils se contredisent trop souvent. Enfin, les dénombrements à peu près complets, offrant quelques garanties de quasi- exactitude, n'ont guère commencé que de nos jours.

Cependant, à travers ces incertitudes, une chose nous frappe, quant à nous, dans toutes les études d'histoire économique ou sociale faites aussi bien par les historiens que par les sociologues : c'est l'extraordinaire similitude du fonctionnement de l'organisme économique dans toutes les civilisations. Le champ laissé par la violence aux modes de production ou d'acquisition fondés sur la libre activité des hommes était jadis bien moindre que dans la société moderne ; mais les transactions volontaires s'y concluaient comme aujourd'hui. Le travail libre tenait une bien moindre place dans les sociétés où régnait l'esclavage ; mais les rapports entre employeurs et salariés y présentaient les mêmes modalités et les mêmes difficultés, - tout comme le travail servile engendrait des situations analogues chez un patricien romain ou chez un planteur virginien. L'étendue et la force des liens de famille, la place tenue, parmi les tendances générales, par le désir du bien-être, par l'appétit de domination, par le besoin d'activité ou la nonchalance, varient singulièrement d'un pays ou d'une époque à l'autre ; l'amour de la Patrie, la charité, le souci du salut éternel se combinent en proportions très diverses avec les préoccupations d'intérêt personnel et immédiat ; pourtant l'ensemble de ces motifs se traduit toujours parle même agencement d'offres et de demandes. À aucune époque, on n'a vu l'altruisme prévaloir sur l'égoïsme familial d'une manière assez générale et définitive pour devenir le moteur principal de l'activité, en dehors des crises comme celles que nous traversons ; nulle part on n'observe un mouvement dans ce sens assez étendu et assez soutenu pour être sérieusement envisagé comme le début d'une évolution durable.

Sans doute, l'histoire ne se répète pas et les conditions dans lesquelles s'exerce l'activité humaine ont singulièrement varié.

Clément Colson

Mais, autant qu'on en peut juger à travers les lacunes et l'incertitude des documents, les moteurs essentiels de cette activité n'ont jamais changé de nature ; leur importance relative n'a changé que faiblement et dans des sens qui varient sans obéir à aucune loi connue, du moins si l'on envisage des milieux assez analogues aux nôtres pour que nous les comprenions. Les oppositions qui nous frappent sont peu de chose, à côté des similitudes que nous ne remarquons guère. L'ordre de grandeur des modifications constatées dans les périodes historiques nous permet de dire que, dans tout le cours des siècles connus, des dispositions morales ne présentant pas de différences radicales ont engendré des manières d'agir analogues, au point de vue économique, chez tous les peuples civilisés connus de nous. Rien ne nous autorise donc à considérer des transformations essentielles dans la mentalité des hommes, à ce point de vue, nous ne dirons pas comme probables, mais même comme possibles à brève échéance.

III
En quoi consiste le progrès économique.

Ce qui a changé et on peut dire évolué dans un sens constant, sauf quelques interruptions ou régressions accidentelles, ce sont les moyens d'action dont disposent les hommes pour donner satisfaction à leurs besoins.

Les progrès les plus importants résultent des inventions de toute nature qui ont si largement accru l'efficacité productive du travail humain. Ce trésor grossit sans cesse, puisque la connaissance des nouveaux perfectionnements s'ajoute à celle des procédés antérieurement imaginés, sans que rien s'en perde jamais, sauf dans de très rares cataclysmes.

Tant que l'ingéniosité des inventeurs s'est exercée sans méthode et sans guide, cette accumulation se poursuivait lentement, car il fallait qu'une sorte de hasard infiniment rare mît un esprit observateur sur la piste d'une découverte, pour que quelque industrie se transformât. Ce qui a permis d'effectuer, depuis un siècle et demi, des transformations plus fécondes en résultats que toutes celles qui avaient été réalisées au cours de quinze siècles précédents réunis, c'est le progrès scientifique grâce auquel nous acquérons méthodiquement une connaissance chaque jour plus complète des lois de la nature et des ressources diverses qu'elle nous offre.

La production, devenue plus facile, a permis à l'épargne de s'exercer beaucoup plus efficacement, en même temps que les capitaux qu'elle constituait trouvaient un emploi assuré et rémunérateur dans la constitution des outillages, chaque jour plus complexes, nécessaires aux applications industrielles de la science.

L'augmentation qui en est résultée, dans la masse des produits obtenus en employant un même nombre de bras, n'a pas été profitable seulement aux inventeurs et aux capitalistes. L'accumulation des capitaux, devenue bientôt aussi rapide ou plus rapide que l'augmentation des besoins d'outillage résultant des progrès de l'art industriel, a mis un terme à la hausse du taux de l'intérêt, y a même substitué parfois un recul sensible, dont les effets subsistent en partie quand il n'est pas entièrement durable. Cette situation engendre une hausse rapide du salaire réel, constitué par les choses utiles à la vie qu'un ouvrier peut acheter avec la rémunération d'un même travail. La répartition des produits s'est ainsi améliorée, en même temps que leur abondance croissait, et les travailleurs peuvent aujourd'hui vivre beaucoup plus confortablement, tout en jouissant de plus de repos, par la réduction de la durée du travail journalier et par la multiplication des jours de liberté.

Cette diminution du labeur de chaque homme est une des conséquences légitimes du progrès. Mais, pour qu'elle n'amène pas, dans la masse totale des produits à répartir, une réduction aussi nuisible aux ouvriers qu'aux capitalistes, il faut qu'elle suive et ne devance jamais l'augmentation de la productivité du travail, due au progrès de l'art industriel et au développement de l'outillage. Tant que l'ordre social permet à l'organisme économique de fonctionner régulièrement, il est de toute invraisemblance que la masse ouvrière se laisse aller à réduire son effort au point d'amener un recul dans le *standard of life*, c'est-à-dire dans les conditions d'existence auxquelles elle est habituée, ou même simplement au point d'en arrêter le progrès. S'il est un assez grand nombre d'ouvriers dont la seule ambition est de gagner leur salaire habituel, en se donnant le moins de mal possible, et qui cessent de travailler dès qu'ils l'ont acquis, il en est heureusement beaucoup d'autres qui ne redoutent pas de peiner afin de mieux vivre, de mieux élever leurs enfants, de constituer une petite épargne pour la leur transmettre ou pour parer aux malheurs imprévus.

Pour ceux-là, le progrès économique se traduit par une petite diminution dans l'effort, jointe à une très notable amélioration des conditions de la vie. Mais encore faut-il que les autres ne les empêchent pas d'en profiter, en leur imposant une réduction dans la durée du travail par l'action législative, dans son rendement par la pression syndicale, dans sa régularité par la fréquence des grèves. Sans doute, la raréfaction de la main-d'œuvre efficace, qui résulte de ces interventions de la loi ou des syndicats, amène une certaine augmentation dans le prix reçu pour une même besogne accomplie, qu'elle soit payée à l'heure ou à la tâche ; mais la diminution de la production quotidienne empêche cette augmentation du prix du travail utile de se traduire par une hausse du salaire journalier, et le renchérissement des produits, qui en est la conséquence nécessaire, amène un recul ou au moins un ralentissement de l'amélioration qui se fût produite sans cela dans les conditions générales d'existence des ouvriers. Cette conséquence n'apparaît pas immédiatement et, même si elle était évidente, ne changerait peut-être pas la ligne de conduite des hommes dont le premier souci est de travailler le moins possible. Ceux qui en souffrent sont ceux qui ne craindraient pas de se donner du mal, pour améliorer leur sort et celui de leur famille, et qu'on en empêche.

Ce sont eux aussi qui pâtissent de l'uniformité dans les salaires, que les syndicats tendent à établir. De même encore, quand l'État impose aux patrons et aux contribuables de lourdes dépenses, pour mettre à la charge de la communauté les conséquences du défaut de prévoyance trop répandu chez les ouvriers, pour assurer à tous des retraites presque égales avec des versements insignifiants, les prélèvements ainsi opérés retombent en partie sur les familles qui savent se prémunir elles-mêmes contre la misère par le travail et par l'épargne, car elles subissent le renchérissement de la vie qu'engendrent toute charge grevant la production et l'incidence de tout impôt. Ce sont encore les paresseux, les imprévoyants et les incapables qui en profitent.

Au fond, il y a deux manières de concevoir le progrès dans la répartition des avantages sociaux résultant du développement de la production. Aux yeux des uns, ce qui est surtout intéressant dans ce progrès, ce sont les facilités plus grandes données à la partie vraiment méritante de la classe ouvrière pour améliorer sérieusement son sort, voire même à l'élite pour s'élever peu à peu dans l'échelle sociale, si les qualités de courage et de prévoyance se transmettent pendant plusieurs générations dans une même famille. Aux yeux des autres, l'objectif à poursuivre, c'est l'égalité de toutes les situations, dût-on entraver l'amélioration du sort des meilleurs pour soustraire les moins bons aux conséquences de leurs faiblesses ou de leurs fautes. C'est cette dernière conception qui rend certains conducteurs des syndicats les plus modérés hostiles à toute organisation donnant aux ouvriers d'élite les moyens de devenir chefs de travaux, ingénieurs ou patrons, parce qu'en sortant de leur classe, ils privent l'action syndicale du concours des hommes en qui elle trouverait les chefs les plus capables d'assurer son triomphe.

La première conception est la seule conforme à la justice ; elle répond seule aussi à l'intérêt général, par le stimulant, qu'elle donne à la production ; elle est celle dont le libre jeu de l'organisme économique assure la prédominance, sous réserve des accidents et des erreurs inévitables dans toutes les choses humaines. La seconde est inique, puisqu'elle réduit ou supprime la responsabilité des fautes comme la récompense du mérite ; elle entrave le progrès, en annihilant les raisons d'agir les plus efficaces pour développer l'effort des hommes énergiques et pour empêcher les paresseux de trop céder à leur mollesse ; c'est elle qui l'emporte, quand la puissance publique ne sait plus maintenir l'ordre social et protéger l'activité professionnelle contre l'oppression des groupements où prévalent trop souvent la médiocrité et les passions envieuses

Clément Colson

suscitées par les meneurs, enfin et surtout quand elle-même tend à détruire l'ordre économique en se soumettant à l'influence de ceux-ci.

IV
Impuissance des transformations économiques et sociales à rendre les hommes heureux et satisfaits.

L'efficacité du mécanisme des prix, pour rendre profitable aux travailleurs le développement de la production dû aux découvertes de la science et à l'accumulation des capitaux, a été démontrée par les faits dans la période de liberté relative qui s'est écoulée entre la fin des guerres consécutives à la chute de l'ancien régime et les débuts récents de l'oppression syndicale et ouvrière. Le salaire nominal, exprimé en argent, a beaucoup plus que doublé, malgré la réduction de la durée du travail ; le salaire réel, constitué parla quantité de choses utiles que peut procurer le salaire nominal, a presque doublé, malgré la hausse du prix des denrées depuis la fin du XIXe siècle. L'expérience montre cependant que cette amélioration considérable n'a nullement développé chez les masses l'attachement à l'organisation économique qui la leur a procurée ; jamais les idées de bouleversements sociaux n'ont rencontré plus d'adhérents enthousiastes et moins d'adversaires convaincus.

C'est qu'en effet, il n'est pas d'erreur plus grande que de croire que les hommes seront heureux et satisfaits, le jour où ils auront atteint un degré de bien-être qui eût apparu à leurs grands-pères comme un idéal irréalisable. Les besoins de chacun se développent exactement dans la même mesure que ses ressources. Le nécessaire, à chaque instant, pour chaque famille, c'est la jouissance plus facile et plus fréquente des satisfactions qui sont exceptionnelles pour elle et habituelles pour quelque voisin : l'ouvrier qui peut mettre la poule au pot le dimanche la voudrait aussi le jeudi, comme le bourgeois, qui peut se payer des fiacres deux ou trois fois par semaine constate la nécessité d'avoir son automobile. Le milliardaire qui n'arrive pas à dépenser ses revenus est lui-même poussé par la volonté *de puissance* à en développer indéfiniment les sources. C'est ce désir, ardent du mieux qui est la cause sans cesse agissante de tout le progrès économique ; les peuplades restées dans la barbarie primitive, comme les nations tombées dans un état de stagnation, sont celles chez qui il n'a jamais existé ou s'est éteint peu à peu.

Comme tous les désirs humains, celui-là est d'autant plus ardent qu'il aperçoit plus de chances de se satisfaire ; c'est pourquoi les époques de progrès sont celles où il y a le plus de gens mal satisfaits de leur sort, aspirant à des bouleversements sociaux. L'instabilité des fortunes, conséquence des changements rapides dans les conditions de la production, surexcite ces aspirations : tant que la seule richesse était une propriété territoriale changeant difficilement de mains, elle apparaissait comme un don providentiel intangible ; depuis que les fortunes grandissent ou disparaissent avec une extrême rapidité, selon la manière dont elles sont gérées, chacun croit mal acquis les biens rapidement acquis par autrui et ne reconnaît volontiers à personne plus de titres qu'il n'en a lui-même à une richesse née sous ses yeux. La hausse des salaires étend la zone où règne cette inquiétude d'esprit : tant que les travailleurs sont vraiment écrasés par la misère, ils ne peuvent guère songer ni a s'enrichir, ni à réformer le monde ; c'est quand beaucoup d'ouvriers ont déjà acquis le loisir de regarder autour d'eux et la possibilité de goûter à quelques jouissances que l'aspiration à plus de bien-être devient pour eux un principe d'action efficace.

Quand l'action qui en résulte est un effort des individus pour améliorer leur situation dans l'organisme économique, en y rendant plus de services, non seulement elle contribue au progrès, mais en même temps elle exerce une influence apaisante, car chacun aperçoit les limites des ambitions possibles pour lui et goûte une satisfaction sinon complète, du moins réelle, à s'en rapprocher pas à pas par son labeur. Mais, quand une action collective extorque à autrui, par la force des poings ou par le nombre des bulletins de vote, une part plus large des produits de l'activité sociale, elle tend à la fois à diminuer cette activité et à surexciter les mécontentements, en brisant l'association traditionnelle entre l'idée d'efficacité productrice et celle de rémunération. En donnant à un personnel, quel qu'il soit, l'impression que les concessions qu'il obtient dépendent uniquement de la crainte qu'il inspire, on lui enlève tout motif de mériter par son travail l'amélioration de son sort ; on le détourne aussi de se tenir provisoirement pour satisfait d'une amélioration limitée, d'admettre que la situation économique et les possibilités financières ne lui permettent pas d'obtenir davantage pour le moment.

Aucune transformation sociale tendant à améliorer le sort des masses par une répartition plus égale des biens ne pourrait amener des résultats meilleurs. Supposons si l'on veut, contrairement à toute vraisemblance, qu'avec une organisation nouvelle, assurant à peu près le même degré de bien-être à tous les hommes, ce de-ré soit, non pas inférieur, mais sensiblement supérieur à celui qu'atteignent aujourd'hui la plupart des familles ouvrières ; par cela seul que cette organisation 'supprimerait la possibilité d'un *mieux-être* résultant de l'effort individuel, qu'elle limiterait l'amélioration du sort de chacun à sa part proportionnelle dans le progrès général, toujours lent et restreint, elle anéantirait dans leur source les seules satisfactions réelles et les seules espérances consolantes que goûte l'homme, tel que nous le connaissons, en ce qui concerne les conditions matérielles de son existence. Les utopistes exaltés ou les meneurs habiles peuvent bien susciter l'enthousiasme des foules en substituant l'espoir d'une Nie facile et confortable pour tous, sur la terre, à celui du paradis céleste auquel elles ne croient plus ; ce paradis terrestre serait un séjour d'éternel ennui, si le bienêtre de chacun y était immuable et si personne n'y pouvait gagner des rangs.

Tout porte à croire, d'ailleurs, que les conditions matérielles de la vie y seraient singulièrement défectueuses, par suite du manque de stimulant efficace entretenant l'activité du travail et suscitant les initiatives ingénieuses.

Afin de rétablir ce stimulant, l'État socialiste pourrait chercher à proportionner la rémunération et la situation hiérarchique de chacun aux services rendus à la société. Même en s'écartant ainsi des idées d'égalité qui seraient sa seule raison d'être, il n'obtiendrait sans doute que de médiocres résultats, car nous avons vu combien il est difficile d'éviter l'arbitraire, dans l'avancement des fonctionnaires, autrement qu'en faisant à l'ancienneté une part tout à fait excessive. L'espoir d'amener la masse des citoyens à reconnaître la nécessité d'une culture exceptionnelle pour arriver aux hauts emplois, à conférer une autorité suffisante à des chefs se recrutant eux-mêmes par cooptation, parait purement chimérique. Dans une étude sur les régies municipales en Angleterre, le colonel Darwin émettait l'idée que, pour n'être pas très dangereux, leur développement devrait être subordonné à la condition qu'aucun agent des services gérés par une ville ne participerait plus à l'élection de ses magistrats. L'expérience française nous donne la conviction que cette condition devrait s'appliquer également aux régies nationales, si l'on voulait y maintenir l'ordre et la discipline ; mais on ne voit guère le moyen de la rendre compatible avec le suffrage universel, sous un régime socialiste où tout le monde serait fonctionnaire.

Nous sommes donc convaincu que la substitution d'un ordre social artificiel à l'organisme, économique actuel, où la concurrence assure le zèle de chacun et la prédominance des plus aptes, entraînerait l'arrêt du progrès matériel et probablement même un recul sensible à ce point de vue. Mais ce sont là des vues d'un intérêt hypothétique. Ce qui est certain, quel que soit le régime qui l'emporte, c'est que le désordre résultant de l'absence de sanction efficace pour assurer le respect des engagements contractés et des obligations qui incombent à chacun, l'insuffisance de la répression des délits et des crimes, constitueront toujours des obstacles infiniment graves à l'exercice régulier et au bon emploi de toute activité utile, en même temps qu'un encouragement pour les individus cherchant à vivre aux dépens d'autrui sans collaborer efficacement à la production. Même sans aucun bouleversement social, ces influences peuvent réduire singulièrement, à la longue, le bien-être général.

V
Les dangers d'un recul économique, au point de vue intellectuel et moral.

Clément Colson

On pourrait dire que nous sommes mal fondé à nous, en préoccuper, après avoir montré combien peu l'augmentation moderne du bien-être a réussi à rendre les hommes plus satisfaits de leur sort. Mais, si le progrès économique est impuissant à calmer l'inquiétude naturelle à l'esprit humain, il est la condition nécessaire pour que, chez une partie de plus en plus nombreuse de l'humanité, cette inquiétude se porte vers les objets qui rendent la vie digne d'être vécue. Le progrès matériel ne mériterait pas d'être désiré, s'il devait engourdir les générations futures dans ce bien-être qui est le premier objet du désir de tous, mais qui n'ajoute rien à la noblesse de la vie : comme l'a dit Stuart Mill, il vaut mieux être un homme malheureux qu'un cochon satisfait.

Or, pour être vraiment un homme, c'est-à-dire un être qui pense, il faut échapper par instants au souci exclusif d'assurer la conservation de sa vie propre et de celle, de ses proches. Pour que lés sciences et les arts soient cultivés, il faut que les ressources de l'humanité permettent à quelques esprits supérieurs de s'y adonner entièrement, à beaucoup d'autres d'acquérir la culture et de disposer des loisirs sans lesquels il est impossible de comprendre et de goûter les productions des premiers. Au point de vue moral, pour que l'idée de justice pénètre dans tous lés esprits, il faut qu'un certain ordre social lui donne une réalité concrète ; pour que l'idée de charité grandisse, il faut que le bien-être se répande, car bien peu d'hommes sont capables d'étendre leur dévouement au delà de la famille la plus étroite, tant que leurs premiers besoins n'ont pas reçu satisfaction. Enfin, pour que les tendresses humaines ne soient pas surtout une source d'angoisse et de souffrance, il faut qu'elles se développent avec quelque sécurité dans le présent et dans l'avenir.

Les progrès sans précédent accomplis depuis plus d'un siècle permettraient d'espérer voir bientôt les sociétés civilisées réaliser cet idéal, dans une certaine mesure, de penser même qu'un jour viendra où la facilité plus grande de la production laissera à tous les travailleurs le temps d'acquérir plus de culture dans leur jeunesse, de goûter ensuite plus de loisir, de manière à participer dans une mesure appréciable à ces jouissances d'un ordre supérieur, réservées jadis aux classes aisées. Les socialistes reconnaissent que la possibilité matérielle de généraliser cette vie plus facile et plus élevée est une condition nécessaire à la réalisation de leurs rêves, et leur objectif principal est précisément d'en faire jouir tous les hommes. Or, il semble bien que la diffus on de leurs doctrines, celle des tendances interventionnistes et de l'action syndicale, la prépondérance des sentiments de pitié et de solidarité sur les idées de justice et de responsabilité individuelle, engendrent un relâchement dans l'énergie productrice, dans la discipline et dans l'ordre public de nature à reculer ait contraire singulièrement l'époque où la conquête du pain n'absorbera plus toutes les forces et tout le temps de la plupart des travailleurs.

Les désastres produits par la guerre que l'Allemagne a déchaînée et volontairement rendue aussi destructrice que possible, ne pourront être réparés que si, après la tourmente, l'effort individuel et l'épargne indispensable pour reconstituer les capitaux détruits reprennent leur oeuvre de progrès. On peut espérer que les idées propres à les enrayer, les doctrines collectivistes, le socialisme d'État, les conceptions théoriques fondées sur l'inspiration supérieure des pouvoirs publics et sur le Droit résultant de leur puissance coercitive, enfin les applications pratiques. qui avaient pu en être faites sans trop de dommage dans un pays essentiellement discipliné, perdront leur prestige, quand celui du peuple qui en a été l'auteur et le propagateur principal se sera définitivement écroulé dans la défaite.

C'est parce que ces causes de désordre social, en troublant le jeu de l'organisme économique, retardent la marche du progrès, Don seulement matériel, mais aussi moral et intellectuel, parce qu'elles pourraient à la longue, amener un véritable recul vers la barbarie, que quiconque attache du prix à la civilisation a le devoir d'en observer avec soin les effets et d'en combattre sans relâche le développement.

ISBN : 978-1522771517

Clément Colson